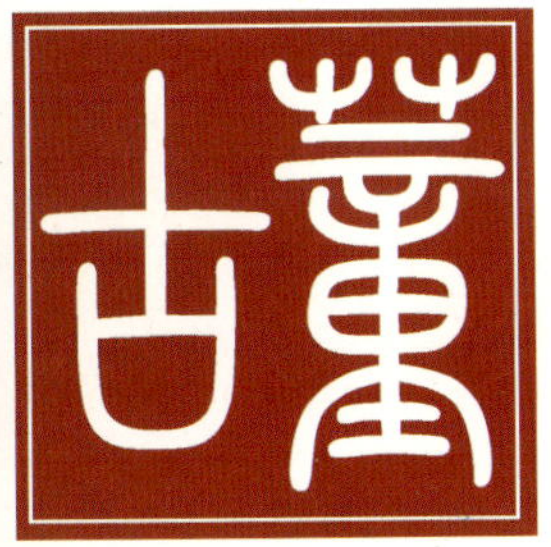

2011 ANTIQUES

CHINESE ARTS AUCTION RECORDS

拍卖年鉴 全彩版

瓷器

湖南美术出版社

图书在版编目(CIP)数据

2011古董拍卖年鉴·瓷器 / 欣弘编.—长沙：湖南美术出版社，2011.2
ISBN 978-7-5356-4286-8

I. ①2… II. ①欣… III. ①历史文物－拍卖－价格－中国－2011－年鉴②瓷器(考古)－拍卖－价格－中国－2011－年鉴 IV. ①F724.787-54

中国版本图书馆CIP数据核字(2011)第012939号

2011古董拍卖年鉴·瓷器

主　　编：欣　弘
策　　划：易兴宏　李志文
责任编辑：李　坚

湖南美术出版社出版发行(长沙市东二环一段622号)
湖南省新华书店经销
深圳雅昌彩色印刷有限公司制版、印刷
(本书彩用CIP工艺制版、印刷)
开本：787×1092　1/16　印张：15.5
2011年2月第1版　2011年2月第1次印刷
ISBN 978-7-5356-4286-8
定价：126.00元

邮购联系：0731-84787105　邮编：410016　网址：http://www.arts-press.com/
电子邮箱：market@arts-press.com
如有倒装、破损、少页等印装质量问题，请与印刷厂联系斢换。

目　录

凡　例

1.《2011古董拍卖年鉴》分瓷器卷、玉器卷、杂项卷、书画卷共四册。收录了纽约、纳高、伦敦、香港、澳门、台北、北京、上海、广州、昆明、天津、重庆、成都、安徽、云南、南京、西安、济南等城市或地区的几十家拍卖公司上百个专场的2010年度拍卖成交记录与拍品图片。

2. 本书内文条目原则上保留了原拍卖记录，按拍品号、朝代、品名、估价、成交价、尺寸、拍卖公司名称、拍卖日期等排序，部分原内容缺或不详的，即不注明，书画卷内文条目还有作者姓名、作品形式、创作年代、钤印等内容。

3. 因境外拍卖公司宿地不同，本书拍品中有多种币种：RMB人民币，USD美元，EUR欧元，GBP英磅，HKD港币，TWD台币。但本书所有拍品估价与成交价均采用按汇率转换成RMB(人民币)币种。

4. 需查看更多图片资料，请登陆“www.artron.net”进入“中国艺搜”栏目，输入要查看拍品的完整名称或名称的关键词语点击搜索即可。

陶 器

637 汉 灰陶牛(一对)
估 价：RMB 15,000~18,000
成交价：RMB 14,835
长69cm 香港淳浩 2010.11.27

74 近代 石湾人物座像
“二溪刘传”款
估 价：RMB 60,000～100,000
成交价：RMB 67,200
宽27cm 广州艺拍 2010.6.15

5249 唐 三彩刻花卉小枕
估 价：RMB 100,000～150,000
成交价：RMB 156,800
长13cm 北京保利 2010.12.6

5251 唐 三彩加蓝胡腾辨双耳扁瓶
估 价：RMB 250,000～350,000
成交价：RMB 347,200
高15cm 北京保利 2010.12.6

青 瓷

越 窑

23 西晋 越窑青釉神兽尊
估 价：RMB 500,000～800,000
成交价：RMB 392,000
高37cm 中拍国际 2010.6.19

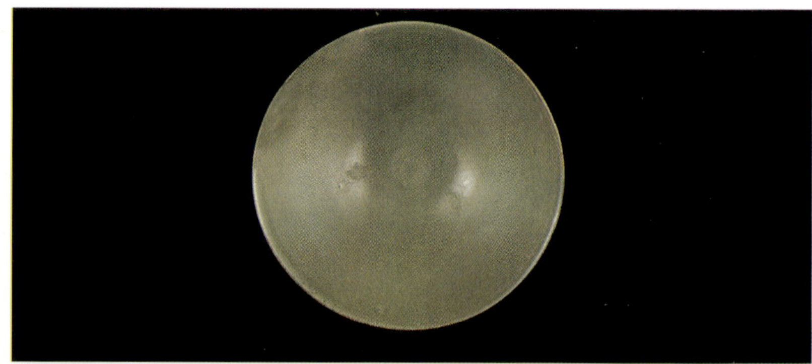

22 唐晚期 越窑秘色玉环底碗
估 价：RMB 600,000～800,000
成交价：RMB 672,000
直径17.3cm 中拍国际 2010.6.19

242 唐 越窑青瓷八角绳纹耳盖瓶
估 价：RMB 1,200,000～1,800,000
成交价：RMB 504,000
高22.3cm 老城隍庙 2010.11.6

20 五代 越窑秘色莲花双鸟盖罐
估 价：RMB 150,000～200,000
成交价：RMB 134,400
高11cm 中拍国际 2010.6.19

21唐晚期 越窑秘色八棱盖罐
估 价：RMB 800,000～1,200,000
成交价：RMB 560,000
高23cm 中拍国际 2010.6.19

1967 北宋 越窑执壶
估　价：RMB 700,000～900,000
成交价：RMB 784,000
高23cm 雍和嘉诚 2010.12.3

3098 北宋 耀州窑青瓷刻牡丹纹碗
估　价：RMB 400,000～600,000
成交价：RMB 408,500
直径14.2cm 香港佳士得 2010.12.1

耀州窑

9 五代 耀州窑青釉托盏
估　价：RMB 300,000～500,000
成交价：RMB 336,000
高7.3cm 中拍国际 2010.6.19

2669 宋 耀州窑刻牡丹纹盘
估　价：RMB 38,000～58,000
成交价：RMB 246,400
直径18.3cm 中国嘉德 2010.5.16

3212 金 耀州窑刻花大碗
估　价：RMB 200,000～250,000
成交价：RMB 347,200
直径22cm 中国嘉德 2010.11.22

汝 窑

226 宋 汝窑(清凉寺)小碟
估 价：RMB 3,800,000～4,000,000
成交价：RMB 448,000
宽14.3cm 中翰清花 2010.5.2

1 宋 汝窑天青三足洗
估 价：RMB 680,000
成交价：RMB 761,600
直径13.6cm 厦门伯瀚 2010.5.9

官 窑

260 北宋 青瓷官窑小瓶
估 价：RMB 2,600,000～3,200,000
成交价：RMB 806,400
高14.8cm 老城隍庙 2010.11.6

17 南宋 郊坛下官窑鬲式炉
估 价：RMB 1,350,000～1,550,000
成交价：RMB 1,344,000
高7.5cm 中拍国际 2010.6.19

1980 南宋 官窑袖珍方洗
估 价：RMB 400,000～600,000
成交价：RMB 439,000
宽4.8cm 香港佳士得 2010.5.31

钧窑

1216 北宋 钧窑天蓝釉胆瓶
估 价：RMB 3,000,000～5,000,000
成交价：RMB 4,480,000
高22.5cm 广州嘉德 2010.12.8

2593 宋 钧窑玫瑰紫釉花盆
估 价：RMB 3,800,000
成交价：RMB 6,160,000
高15.9cm 口径23cm 北京中嘉 2010.5.9

2144 宋 钧窑玫瑰紫釉三足洗
估 价：RMB 1,500,000
成交价：RMB 1,680,000
口径21.5cm 北京中嘉 2010.5.9

4451 宋/元 钧窑天蓝釉鼓钉式三足洗
估 价：RMB 1,500,000～2,500,000
成交价：RMB 5,488,000
直径19.7cm 北京保利 2010.12.5

3298 元 钧窑瓶
估　价：RMB 80,000～120,000
成交价：RMB 89,600
高21.2cm 中国嘉德 2010.3.20

304 宋 哥窑八方壶
成交价：RMB 11,962,088
高21.6cm 纽约苏富比 2010.9.15

2801 元/明初 钧窑玫瑰紫釉鼓钉三足洗
估　价：RMB 1,500,000～2,000,000
成交价：RMB 2,700,400
直径17.7cm 香港佳士得 2010.12.1

哥 窑

87 南宋 哥窑三足鼎式炉
估　价：RMB 2,800,000～3,500,000
成交价：RMB 4,256,000
高18cm 浙江佳宝 2010.1.2

4669 南宋/元 哥窑八方贯耳壶
估　价：RMB 3,000,000～5,000,000
成交价：RMB 4,704,000
高15.5cm 北京保利 2010.12.5

龙泉窑

3219 北宋 龙泉窑刻莲花纹盖瓶
估 价：RMB 120,000～160,000
成交价：RMB 134,400
高28cm 中国嘉德 2010.11.22

1107 南宋 龙泉粉青弦纹瓶
估 价：RMB 1,000,000～1,300,000
成交价：RMB 1,657,600
高27cm 浙江一通 2010.9.5

87 南宋 龙泉窑粉青釉鬲式炉
估 价：RMB 600,000～800,000
成交价：RMB 672,000
直径14.9cm 北京中汉 2010.5.18

2900 南宋 龙泉窑三足花盆
估 价：RMB 800,000～1,000,000
成交价：RMB 896,000
高20.4cm 西泠拍卖 2010.7.6

16 南宋 龙泉窑梅子青釉贴塑花卉纹炉
估 价：RMB 150,000～180,000
成交价：RMB 168,000
直径13.3cm 中拍国际 2010.6.19

2659 南宋 龙泉窑折沿小洗
估 价：RMB 150,000～200,000
成交价：RMB 571,200
直径12.8cm 中国嘉德 2010.5.16

1983 南宋/元 龙泉釉贴缠枝牡丹花香炉
估 价：RMB 500,000～700,000
成交价：RMB 755,080
直径14.5cm 香港佳士得 2010.5.31

5253 南宋 粉青双凤耳瓶(一对)
估 价：RMB 200,000～300,000
成交价：RMB 224,000
高19cm 北京保利 2010.12.6

4985 宋 龙泉窑双鱼龙耳瓶
估 价：RMB 120,000～180,000
成交价：RMB 168,000
高17.4cm 北京保利 2010.6.5

239 宋 龙泉菊瓣纹双耳环瓶
估 价：RMB 5,800,000～7,800,000
成交价：RMB 2,240,000
高34cm 老城隍庙 2010.11.6

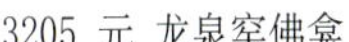

3205 元 龙泉窑佛龛
估　价：RMB 2,200,000～2,800,000
成交价：RMB 2,464,000
高56cm 北京翰海 2010.12.12

3126 元 龙泉窑青釉印花花卉纹执壶
估　价：RMB 200,000～400,000
成交价：RMB 358,400
高23cm 中拍国际 2010.11.27

1327 元 龙泉窑青釉阁楼
估　价：RMB 200,000～300,000
成交价：RMB 246,400
高29cm 广州嘉德 2010.12.8

4855 明洪武 龙泉窑青釉刻花缠枝花卉纹盘

估　价：RMB 280,000～380,000

成交价：RMB 313,600

直径18.7cm 北京保利 2010.6.5

4854 明早期 龙泉窑青釉模印神仙图四方匙箸瓶

估　价：RMB 120,000～200,000

成交价：RMB 246,400

高20.7cm 北京保利 2010.6.5

4302 明洪武 龙泉刻牡丹纹玉壶春瓶

估　价：RMB 1,300,000～1,800,000

成交价：RMB 1,344,000

高32.8cm 北京保利 2010.6.4

3105 明洪武 龙泉青釉玉壶春瓶

估　价：RMB 1,000,000～1,500,000

成交价：RMB 2,287,600

高33.5cm 香港佳士得 2010.12.1

1892 明永乐/明宣德 龙泉窑青瓷划“缠枝花卉”纹碗
估　价：RMB 350,000～450,000
成交价：RMB 418,000
直径22.1cm 香港苏富比 2010.4.8

1104 明 龙泉窑梅子青双耳鼎式炉
估　价：RMB 350,000～500,000
成交价：RMB 784,000
直径22.8cm 高24,5cm 浙江一通 2010.9.5

3104 明15世纪 龙泉窑青釉梅瓶
估　价：RMB 2,000,000～3,000,000
成交价：RMB 6,002,800
高45cm 香港佳士得 2010.12.1

3310 清乾隆 仿龙泉釉缠枝莲纹大罐
估　价：RMB 100,000～200,000
成交价：RMB 201,600
高51cm 中国嘉德 2010.9.18

4986 明 龙泉露胎观音童子像
估　价：RMB 200,000～300,000
成交价：RMB 224,000
高26cm 北京保利 2010.6.5

2265 明 龙泉窑八卦文三足洗
估　价：RMB 180,000
成交价：RMB 201,600
长27.5cm 北京中嘉 2010.5.9

其他窑

3227 五代 青釉八系盖罐
估　价：RMB 30,000～50,000
成交价：RMB 190,400
高20.5cm 中国嘉德 2010.11.22

968 高丽镶嵌青瓷芦雁纹胆瓶
估　价：RMB 2,000,000～3,000,000
成交价：RMB 1,904,000
高26cm 长风拍卖 2010.6.22

970 宋 青釉笠式碗
估 价：RMB 200,000～250,000
成交价：RMB 280,000
直径14.4cm 上海工美 2010.4.22

2660 金 河南窑青釉双鱼龙耳贴花香炉
估 价：RMB 70,000～90,000
成交价：RMB 392,000
宽15.8cm 中国嘉德 2010.5.16

黑瓷

黑釉

2404 宋 建窑兔毫盏
估 价：RMB 120,000～180,000
成交价：RMB 1,120,000
直径12cm 高6cm 中国嘉德 2010.5.16

20 南宋 吉州窑木叶碗
估 价：RMB 150,000～180,000
成交价：RMB 168,000
直径11cm 古天一 2010.6.27

2405 宋 吉州窑剪纸漏花盏
估　价：RMB 120,000～180,000
成交价：RMB 425,600
直径11.4cm 直径6cm 中国嘉德 2010.5.16

2671 金 黑釉碗油滴
估　价：RMB 15,000～25,000
成交价：RMB 72,800
直径15.3cm 中国嘉德 2010.5.16

酱 釉

158 宋 紫定塔式盖罐
估　价：RMB 3,800,000～3,900,000
成交价：RMB 4,256,000
高18.3cm 深圳市拍 2010.10.23

2472 宋 酱定盖碗
估 价：RMB 230,000
成交价：RMB 280,000
直径10.8cm 北京中嘉 2010.5.9

2214 宋 酱定盏托(一组二件)
估 价：RMB 380,000
成交价：RMB 560,000
通长11.1cm 北京中嘉 2010.5.9

844 明嘉靖 酱釉碗
估 价：RMB 120,000～150,000
成交价：RMB 448,000
直径13.8cm 北京诚轩 2010.5.17

3119 明16世纪 赭釉六方瓶
估 价：RMB 350,000～450,000
成交价：RMB 344,000
高21cm 香港佳士得 2010.12.1

882 明洪武 外酱釉内蓝釉印花云龙纹大碗
估　价：RMB 5,000,000～6,000,000
成交价：RMB 6,720,000
直径20.5cm 北京诚轩 2010.11.22

6 北宋 定窑白釉八棱瓶
估　价：RMB 1,200,000～1,500,000
成交价：RMB 896,000
高16cm 中拍国际 2010.6.19

乌金釉

1252 清康熙 乌金釉笔海
估　价：RMB 35,000～50,000
成交价：RMB 39,200
直径17cm 广州嘉德 2010.12.8

白　瓷

定窑白釉

1984 北宋 定窑刻鸳鸯纹碗
估　价：RMB 1,200,000～1,800,000
成交价：RMB 1,914,040
直径23.4cm 香港佳士得 2010.5.31

2682 宋 定窑白釉狮纹盖盒
估 价：RMB 3,800,000
成交价：RMB 6,720,000
高12.8cm 口径23cm 北京中嘉 2010.5.9

2292 宋 定窑印花龙纹芒口盘
估 价：RMB 300,000
成交价：RMB 392,000
口径21.2cm 北京中嘉 2010.5.9

3120 宋 景德镇仿定窑瓜棱执壶
估 价：RMB 200,000～300,000
成交价：RMB 336,000
高22cm 中拍国际 2010.11.27

磁州窑

7 元 磁州窑龙凤纹大罐
估 价：RMB 80,000～120,000
成交价：RMB 112,000
高30cm 谷云轩 2010.6.27

2266 宋 磁州窑白釉剔花牡丹花纹梅瓶
估 价：RMB 200,000～300,000
成交价：RMB 224,000
高33cm 中国嘉德 2010.11.21

3194 13世纪 磁州窑系剔花梅瓶
估　价：RMB 250,000～300,000
成交价：RMB 280,000
高31.5cm 中国嘉德 2010.11.22

1861 唐 邢窑白釉盈字罐
估　价：RMB 60,000
成交价：RMB 106,400
高10.3cm 北京翰海 2010.9.19

其他窑

142 唐 邢窑白釉执壶
估　价：RMB 12,000～18,000
成交价：RMB 20,160
高14.3cm 深圳市拍 2010.6.12

3320 唐 白釉罐
“盈”款
估　价：RMB 60,000～90,000
成交价：RMB 67,200
高17.2cm 中国嘉德 2010.3.20

920 南宋 官窑月白釉纸槌瓶
估　价：RMB 1,800,000～2,600,000
成交价：RMB 2,464,000
高16cm 长风拍卖 2010.6.22

359 宋 湖田窑花口镂空盏托
成交价：RMB 47,040
直径13cm 北京保利 2010.3.19

3233 辽 白瓷凤首瓶
估 价：RMB 800,000～1,200,000
成交价：RMB 896,000
高51cm 中国嘉德 2010.11.22

德化窑

886 明末清初 德化窑炉 瓶 盒一套
估 价：RMB 200,000～250,000
成交价：RMB 436,800
高10.8cm 北京诚轩 2010.11.22

1224 明 德化窑白釉仿古出戟四方鼎式炉
估 价：RMB 100,000～150,000
成交价：RMB 112,000
高14cm 广州嘉德 2010.12.8

4995 明 德化窑雕布袋和尚像
估 价：RMB 120,000～150,000
成交价：RMB 134,400
高21cm 北京保利 2010.6.5

2584 清中期 德化窑白瓷释迦像
估　价：RMB 160,000～220,000
成交价：RMB 224,000
高25cm 中国嘉德 2010.5.16

1973 清18世纪/ 19世纪 德化观音菩萨坐像
估　价：RMB 40,000～60,000
成交价：RMB 219,500
高13.5cm 香港佳士得 2010.5.31

景德镇窑白釉

1889 宋 青白釉划“牡丹纹”匜
估　价：RMB 200,000～300,000
成交价：RMB 220,000
长17.8cm 香港苏富比 2010.4.8

2419 元 枢府窑缠枝莲双凤纹印花碗(一对)
估　价：RMB 280,000～380,000
成交价：RMB 1,120,000
直径16.9cm 高7.8cm 中国嘉德 2010.5.16

4798 宋 影青佛坐像
估　价：RMB 600,000～800,000
成交价：RMB 672,000
高23cm 北京保利 2010.12.6

1896 明永乐 甜白釉内印暗龙外划莲瓣纹撇口碗
估　价：RMB 2,500,000～3,000,000
成交价：RMB 3,396,800
直径16.3cm 香港苏富比 2010.4.8

2351 明永乐 白釉暗刻花卉纹盘
估　价：RMB 600,000～800,000
成交价：RMB 728,000
直径34.2cm 中国嘉德 2010.11.20

682 明成化/正德 白釉罐
估　价：RMB 100,000～150,000
成交价：RMB 280,000
高18cm 北京保利 2010.10.23

5132 清雍正 白釉碗
“雍正年制”款
估　价：RMB 250,000～350,000
成交价：RMB 1,176,000
直径13cm 北京保利 2010.12.6

2582 清乾隆 白釉双螭耳瓶
“大清乾隆年制”六字三行篆书款
估　价：RMB 380,000～500,000
成交价：RMB 616,000
高19.6cm 中国嘉德 2010.5.16

4843 清雍正 白釉模印仿古青铜兽面纹双耳尊
“大清雍正年制”款
估　价：RMB 2,000,000～3,000,000
成交价：RMB 5,040,000
高21.3cm 北京保利 2010.6.5

5133 清雍正 甜白釉暗刻缠枝花卉玉壶春
“大清雍正年制”款
估　价：RMB 3,000,000～5,000,000
成交价：RMB 7,280,000
高26.7cm 北京保利 2010.12.6

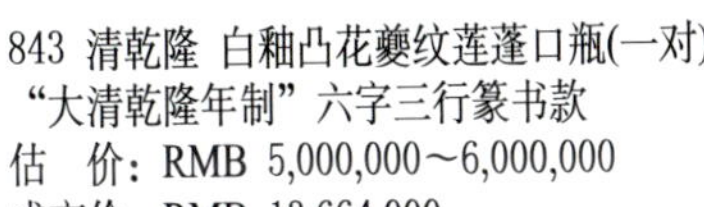

843 清乾隆 白釉凸花夔纹莲蓬口瓶(一对)
"大清乾隆年制"六字三行篆书款
估　价：RMB 5,000,000～6,000,000
成交价：RMB 13,664,000
高27cm 北京诚轩 2010.11.22

1972 清18世纪/19世纪 德化白釉和合二仙像
估　价：RMB 250,000～[illegible]
成交价：RMB 597,040
高31.7cm 香港佳士得 2010.8.31

彩瓷

褐彩

109 南宋 吉州窑褐彩波涛纹梅瓶
估　价：RMB 500,000～600,000
成交价：RMB 425,600
高26cm 中翰清花 2010.12.12

2672 金 磁州窑黑釉褐彩玉壶春瓶
估　价：RMB 25,000～35,000
成交价：RMB 313,600
高30.5cm 中国嘉德 2010.5.16

4301 金 长治窑白地褐彩花鸟虎形枕
估　价：RMB 500,000～800,000
成交价：RMB 560,000
长35cm 北京保利 2010.6.4

2751 元 青花人物故事印龙纹盘
估　价：RMB 1,200,000
成交价：RMB 2,016,000
直径24cm 北京中嘉 2010.5.9

1958 清康熙 绿地暗花褐彩“赶珠云龙”图盘
“大清康熙年制”款
估　价：RMB 100,000～150,000
成交价：RMB 242,000
直径13.2cm 香港苏富比 2010.4.8

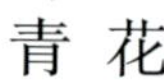

青花

2596 元 青化折肩罐
估　价：RMB 1,200,000
成交价：RMB 1,792,000
高17.7cm 北京中嘉 2010.5.9

4455 元 青花孔雀牡丹带盖梅瓶
估　价：RMB 10,000,000～15,000,000
成交价：RMB 15,680,000
高45cm 北京保利 2010.12.5

5273 元 青花孔雀牡丹纹大梅瓶
估 价：RMB 7,000,000～9,000,000
成交价：RMB 12,880,000
高52.5cm 北京保利 2010.12.6

2734 元 青花三友图捧盒
估 价：RMB 2,100,000
成交价：RMB 6,160,000
高17cm 口径25cm 北京中嘉 2010.5.9

290 元 青花八方四开光凤纹玉壶春瓶
估 价：RMB 18,000,000
成交价：RMB 24,640,000
高55.5cm 中都国际 2010.9.25

3109 元 青花花卉纹八方执壶
估 价：RMB 2,500,000～3,500,000
成交价：RMB 4,351,600
高35.8cm 香港佳士得 2010.12.1

1985 元 青花缠枝牡丹纹罐
估　价：RMB 2,800,000～3,500,000
成交价：RMB 5,707,000
高28.6cm 香港佳士得 2010.5.31

1890 元 青花“缠枝花卉”纹匜
估　价：RMB 400,000～500,000
成交价：RMB 440,000
长16.2cm 香港苏富比 2010.4.8

2616 明早期 青花莲花纹梅瓶
估　价：RMB 150,000～200,000
成交价：RMB 280,000
高33.7cm 中国嘉德 2010.5.16

2667 明早期 青花莲池鸳鸯菱口盘
估　价：RMB 250,000
成交价：RMB 291,200
口径23cm 北京中嘉 2010.5.9

286 明早期 青花缠枝莲纹盏托
估　价：RMB 300,000～350,000
成交价：RMB 504,000
直径19.5cm 北京匡时 2010.12.4

849 明永乐/宣德 青花折枝花卉纹小罐
估　价：RMB 180,000～250,000
成交价：RMB 582,400
高4.7cm 北京诚轩 2010.5.17

1850 明永乐 青花缠枝花卉纹如意开光式"莲纹"执壶
估　价：RMB 12,000,000～15,000,000
成交价：RMB 16,350,400
高28cm 香港苏富比 2010.4.8

1852 明永乐 青花缠枝花卉纹花口盘
估　价：RMB 3,000,000～4,000,000
成交价：RMB 5,285,560
直径38cm 香港佳士得 2010.5.31

2973 明永乐 青花折枝莲花纹执壶
估 价：RMB 6,000,000～8,000,000
成交价：RMB 11,200,000
高29.4cm 北京翰海 2010.6.7

2612 明永乐 青花一把莲纹大盘
估 价：RMB 2,600,000～3,600,000
成交价：RMB 4,368,000
直径40.9cm 中国嘉德 2010.5.16

1206 明永乐 青花卷草纹投壶
估 价：RMB 4,500,000～5,000,000
成交价：RMB 8,288,000
高19.5cm 北京匡时 2010.6.6

4456 明永乐 青花披肩花缠枝莲花盖罐
估　价：RMB 6,000,000～8,000,000
成交价：RMB 14,000,000
高27.5cm 北京保利 2010.12.5

173 明永乐 青花菊瓣纹鸡心碗
估　价：RMB 1,200,000～1,500,000
成交价：RMB 1,904,000
直径20.8cm 上海道明 2010.6.17

2328 明永乐 青花海水葡萄纹大盘
估　价：RMB 4,500,000～5,000,000
成交价：RMB 6,496,000
直径38cm 北京翰海 2010.12.11

967 明永乐 青花四折枝花菱口盘
估　价：RMB 3,200,000～3,800,000
成交价：RMB 3,864,000
直径38cm 长风拍卖 2010.6.22

2184 明宣德 青花鹦鹉花果纹折沿盘
估　价：RMB 1,800,000
成交价：RMB 4,480,000
直径41.5cm 北京中嘉 2010.5.9

1851 明永乐 青花莲子碗
估　价：RMB 2,000,000～3,000,000
成交价：RMB 6,865,960
直径21cm 香港佳士得 2010.5.31

954 明永乐 青花船形水滴
估　价：RMB 500,000～600,000
成交价：RMB 392,000
长16cm 长风拍卖 2010.6.22

1268 明永乐 青花折枝葡萄菱口盘
估　价：RMB 1,500,000～1,800,000
成交价：RMB 1,904,000
直径19.4cm 北京匡时 2010.6.6

4553 明宣德 青花云龙纹十棱洗
估 价：RMB 8,000,000～12,000,000
成交价：RMB 26,880,000
直径20.7cm 北京保利 2010.12.5

2025 明宣德 青花松竹梅高足盖杯
估 价：RMB 1,500,000
成交价：RMB 3,584,000
高25.5cm 北京中嘉 2010.5.9

848 明宣德 青花云龙纹钵
“大明宣德年制”楷书款
估 价：RMB 800,000～1,000,000
成交价：RMB 2,128,000
直径26cm 北京诚轩 2010.5.17

1856 明宣德 青花折枝花果纹葵口碗
“大明宣德年制”双圈双行六字楷书款
估 价：RMB 3,500,000～4,500,000
成交价：RMB 7,919,560
直径22.6cm 香港佳士得 2010.5.31

2170 明宣德 青花轮花绶带葫芦扁瓶
“大明宣德年制”款
估 价：RMB 15,000,000～20,000,000
成交价：RMB 23,064,660
高26cm 香港苏富比 2010.10.7

1032 明宣德 青花缠枝花纹罐
“大明宣德年制”款
估　价：RMB 8,000,000～12,000,000
成交价：RMB 8,960,000
高19cm 直径24cm 北京荣宝 2010.11.14

233 明宣德 青花双龙戏珠钵
“大明宣德年制”款
估　价：RMB 4,500,000～5,800,000
成交价：RMB 8,064,000
宽27cm 福建拍卖 2010.1.10

2517 明宣德 青花龙凤纹桃形盖盒
估　价：RMB 1,200,000
成交价：RMB 1,904,000
高10.5cm 北京中嘉 2010.5.9

2974 明宣德 青花缠枝花卉大碗
“大明宣德年制”楷书款
估　价：RMB 6,000,000～8,000,000
成交价：RMB 8,960,000
直径28.9cm 北京翰海 2010.6.7

2006 明成化 青花花叶纹碗
估　价：RMB 6,800,000
成交价：RMB 7,616,000
高7.2cm 直径15.4cm 北京中嘉 2010.5.9

1040 明宣德 青花缠枝葫芦形鸟食罐
“大明宣德年制”青花楷书款
成交价：RMB 1,344,000
长11.5cm 辽宁中正 2010.10.31

65 明宣德 青花松竹梅纹盘
“大明宣德年制”
估 价：RMB 2,800,000～4,000,000
成交价：RMB 3,360,000
直径30.6cm 北京中汉 2010.5.18

927 明弘治 黄釉青花折枝花果盘
“大明弘治年制”青花楷书款
估 价：RMB 3,800,000～4,800,000
成交价：RMB 4,480,000
直径26.3cm 上海新华 2010.9.5

298 明成化 青花高士图盖罐
成交价：RMB 7,616,000
高40cm 中翰清花 2010.5.2

3154 明成化 青花荷塘罐
“大明成化年制”楷书款
估 价：RMB 8,000,000～12,000,000
成交价：RMB 19,040,000
高10.3cm 北京翰海 2010.12.12

3550 明正德 青花二龙戏珠图盘
“大明正德年制”款
估 价：RMB 250,000～350,000
成交价：RMB 448,000
直径17.7cm 中国嘉德 2010.6.19

2805 明正德 黄地青花石榴花纹盘
“大明正德年制”楷书款
估 价：RMB 2,000,000～3,000,000
成交价：RMB 4,970,800
直径29.5cm 香港佳士得 2010.12.1

2806 明正德 青化灵芝阿拉伯文五峰笔山
估 价：RMB 1,200,000～1,800,000
成文价：RMB 3,938,800
长21.9cm 香港佳士得 2010.12.1

4459 明嘉靖 青花群仙祝寿大葫芦瓶
“人明嘉靖年制”款
估 价：RMB 4,000,000～6,000,000
成交价：RMB 6,608,000
高55cm 北京保利 2010.12.5

4802 明嘉靖 青花凤纹圆形水盂
估 价：RMB 100,000～150,000
成交价：RMB 235,200
直径13cm 北京保利 2010.6.5

1031 明景泰 青花三国人物故事大罐
估 价：RMB 1,600,000～2,000,000
成交价：RMB 2,016,000
高36cm 北京荣宝 2010.11.14

2614 明景泰 青花琴棋书画人物图大罐
估 价：RMB 300,000～500,000
成交价：RMB 940,800
高40.3cm 中国嘉德 2010.5.16

4458 明嘉靖 青花鱼藻纹缸
"大明嘉靖年制"款
估　价：RMB 1,000,000～1,500,000
成交价：RMB 1,680,000
直径42cm 北京保利 2010.12.5

21 明嘉靖 青花寿字龙纹大缸
"大明嘉靖年制"楷书款
成交价：RMB 4,256,000
直径57cm 高58cm 中鸿信 2010.9.19

2275 明嘉靖 青花开光人物故事六棱盖罐
估　价：RMB 1,500,000
成交价：RMB 4,704,000
高42cm 北京中嘉 2010.5.9

1990 明嘉靖 青花岁寒三友纹盘
"大明嘉靖年制"楷书款
估　价：RMB 600,000～800,000
成交价：RMB 1,597,960
直径25cm 香港佳士得 2010.5.31

1901 明嘉靖 青花“荷塘鱼藻”图大碗
“大明嘉靖年制”款
估 价：RMB 500,000～700,000
成交价：RMB 809,600
直径37.5cm 香港苏富比 2010.4.8

2231 明万历 青花云龙纹方盒
“大明万历年制”楷书款
估 价：RMB 350,000～450,000
成交价：RMB 369,600
长17.3cm 中国嘉德 2010.5.16

4464 明万历 青花庭园凤凰纹大盖罐
估 价：RMB 2,300,000～3,300,000
成交价：RMB 3,584,000
高67cm 北京保利 2010.12.5

4990 明万历 青花龙纹笔
估 价：RMB 250,000～350,000
成交价：RMB 336,000
长20cm 北京保利 2010.6.5

4460 明万历 青花镂空云龙盖盒
“大明万历年制”款
估 价：RMB 1,500,000～2,500,000
成交价：RMB 1,680,000
直径21.3cm 北京保利 2010.12.5

4463 明万历 青花高士人物提梁壶
“大明万历年制”款
估 价：RMB 500,000～800,000
成交价：RMB 873,600
高23.5cm 北京保利 2010.12.5

2622 明万历 青花莲花形盘
“大明万历年制”楷书款
估 价：RMB 85,000～120,000
成交价：RMB 504,000
直径19.2cm 中国嘉德 2010.5.16

1902 明万历 青花“游龙图”笔山
估 价：RMB 250,000～300,000
成交价：RMB 492,800
长15.2cm 香港苏富比 2010.4.8

1617 明崇祯 青花人物故事笔筒
估 价：RMB 600,000～800,000
成交价：RMB 1,288,000
高21.3cm 北京翰海 2010.6.6

4462 明天启 米万钟制青花洞石花卉出戟觚
“天启年米石隐制”款
估　价：RMB 6,000,000～8,000,000
成交价：RMB 12,320,000
高32cm 北京保利 2010.12.5

615 明末清初 青花婴戏图大笔海
估　价：RMB 1,500,000～2,000,000
成交价：RMB 2,128,000
直径25cm 北京永乐 2010.11.23

4170 明 青花折枝花果梅瓶
估　价：RMB 1,500,000～2,500,000
成交价：RMB 3,360,000
高36cm 北京保利 2010.6.4

48 清顺治 青花渔家乐图盖罐
估　价：RMB 100,000～150,000
成交价：RMB 112,000
高21cm 上海国拍 2010.6.26

1605 清顺治 青花缠枝花卉八宝纹长颈瓶
估　价：RMB 150,000～200,000
成交价：RMB 207,200
高40cm 朵云轩 2010.12.17

956 清康熙 青花三瑞兽纹胆瓶
“大明成化年制”青花楷书款
估 价：RMB 600,000～800,000
成交价：RMB 616,000
高43.4cm 长风拍卖 2010.6.22

1993 清康熙 青花夔凤纹双鹿尊
“大清康熙年制”楷书款
估 价：RMB 1,500,000～2,000,000
成交价：RMB 2,335,480
高19.2cm 香港佳士得 2010.5.31

47 清康熙 青花通景婴戏纹捧盒
估 价：RMB 280,000～380,000
成交价：RMB 336,000
直径24cm 上海国拍 2010.6.26

306 清康熙 青花山水人物纹水洗
估 价：RMB 100,000～150,000
成交价：RMB 313,600
高16.2cm 北京荣宝 2010.3.14

1274 清康熙 青花竹林七贤图笔筒
估　价：RMB 90,000～110,000
成交价：RMB 246,400
高14.5cm 北京匡时 2010.6.6

4829 清康熙 青花留白云龙纹小碗(一对)
“大清康熙年制”款
估　价：RMB 220,000～320,000
成交价：RMB 246,400
直径10.3cm 北京保利 2010.6.5

2309 清康熙 青花花卉纹杯(二件)
“大清康熙年制”楷书款
估　价：RMB 500,000～800,000
成交价：RMB 1,008,000
直径5.7cm 北京翰海 2010.12.11

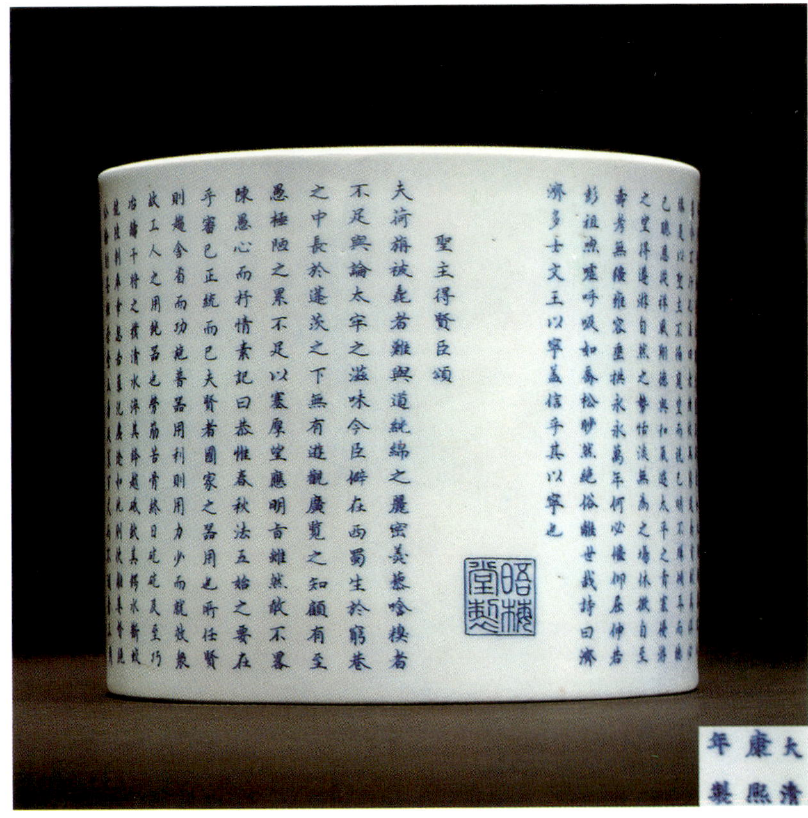

2920 清康熙 青花圣主得贤臣颂笔筒
“大清康熙年制”楷书款
估　价：RMB 550,000～650,000
成交价：RMB 1,288,000
高16.3cm 北京翰海 2010.6.7

5005 清康熙 青花花蝶大印盒
估　价：RMB 500,000～700,000
成交价：RMB 694,400
直径16.5cm 北京保利 2010.6.5

3045 清康熙 青花福寿康宁碗
“大明嘉靖年制”楷书款
估　价：RMB 40,000～60,000
成交价：RMB 1,736,000
直径13cm 北京翰海 2010.12.12

85 清雍正 青花婴戏图方瓶
“大清雍正年制”款
估　价：RMB 500,000～800,000
成交价：RMB 672,000
高11.2cm 广州艺拍 2010.6.15

1161 清雍正 青花缠枝纹灯笼瓶
“大清雍正年制”款
估　价：RMB 4,500,000～6,000,000
成交价：RMB 5,040,000
高25cm 北京匡时 2010.6.6

4831 清雍正 青花龙纹碗(一对)
“大清雍正年制”款
估　价：RMB 250,000～350,000
成交价：RMB 448,000
直径9.5cm 北京保利 2010.6.5

5078 清雍正 青花龙纹捧寿大盘
“大清雍正年制”款
估　价：RMB 600,000～800,000
成交价：RMB 1,232,000
直径45cm 北京保利 2010.6.5

5076 清雍正 青花灵芝八方小瓶
“大清雍正年制”款
估　价：RMB 300,000～400,000
成交价：RMB 336,000
高11cm 北京保利 2010.6.5

5219 清雍正 青花松竹梅杯
“大清雍正年制”款
估　价：RMB 600,000～800,000
成交价：RMB 672,000
直径8.5cm 北京保利 2010.12.6

1272 清雍正 青花缠枝莲纹小罐(一对)
“大清雍正年制”款
估 价：RMB 600,000～650,000
成交价：RMB 616,000
高11cm 北京匡时 2010.6.6

4936 清雍正 黄地青花花卉小玉壶春
估 价：RMB 150,000～200,000
成交价：RMB 2,072,000
高9cm 北京保利 2010.12.6

261 清雍正 仿宣德青花开光花果纹高足杯
“大明宣德年制”款
估 价：RMB 300,000～500,000
成交价：RMB 728,000
高6.5cm 北京荣宝 2010.3.14

3051 清雍正 青花花鸟图八方扁壶
“大清雍正年制”篆书款
估 价：RMB 10,000,000～15,000,000
成交价：RMB 67,991,600
高48.5cm 香港佳士得 2010.12.1

1270 清雍正 青花寿字海水纹贯耳瓶
“大清雍正年制”款
估　价：RMB 1,200,000～1,500,000
成交价：RMB 2,240,000
高44.5cm 北京匡时 2010.6.6

1875 清雍正 青花缠枝“灵芝寿莲”图贴双环绶带纹壶
“大清雍正年制”款
估　价：RMB 800,000～1,200,000
成交价：RMB 1,812,800
高25.5cm 香港苏富比 2010.4.8

2816 清雍正 青花缠枝花卉梵纹杯(一对)
“大清雍正年制”楷书款
估　价：RMB 400,000～600,000
成交价：RMB 784,000
直径6cm 北京翰海 2010.6.7

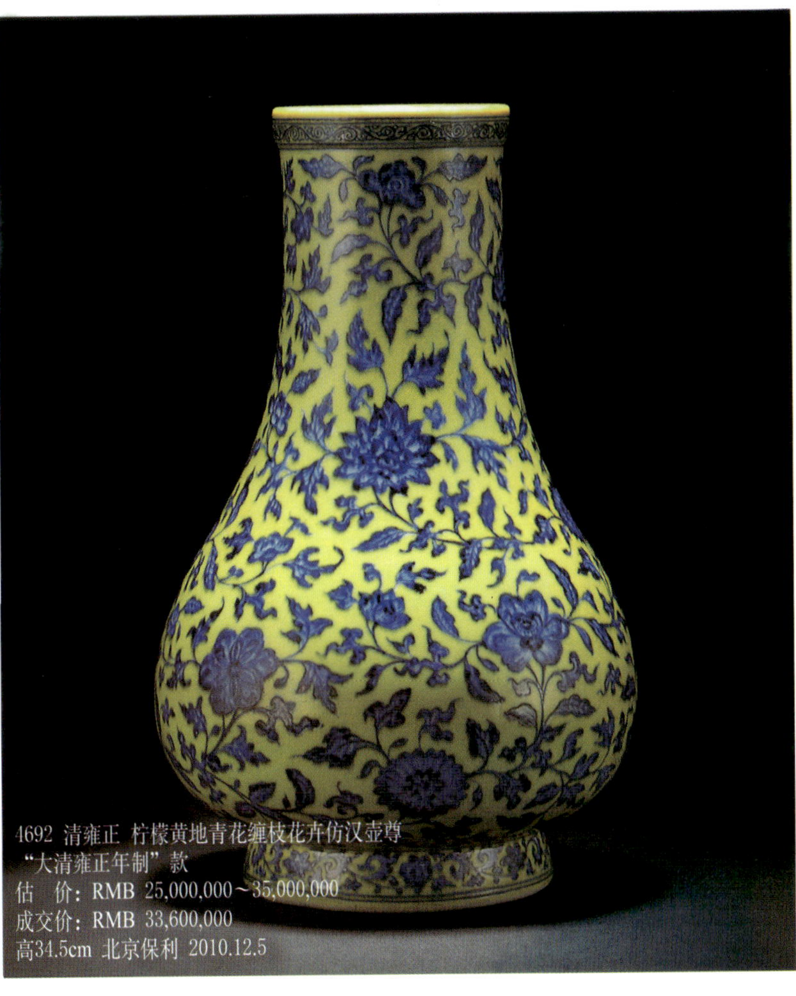

4692 清雍正 柠檬黄地青花缠枝花卉仿汉壶尊
“大清雍正年制”款
估　价：RMB 25,000,000～35,000,000
成交价：RMB 33,600,000
高34.5cm 北京保利 2010.12.5

89 清乾隆 唐英制青花缠枝莲纹花觚
估　价：RMB 30,000,000～35,000,000
成交价：RMB 66,080,000
高64.1cm 北京匡时 2010.12.4

5294 清乾隆 青花岁寒三友盘(一对)
“大清乾隆年制”款
估 价：RMB 300,000～500,000
成交价：RMB 470,400
直径17.8cm 北京保利 2010.6.5

833 清雍正 青花缠枝花鸟图大盘
估 价：RMB 500,000～700,000
成交价：RMB 560,000
直径38.5cm 北京诚轩 2010.5.17

2121 清乾隆 青花山茶花纹太平有象瓶
“大清乾隆年制”篆书款
估 价：RMB 12,000,000～18,000,000
成交价：RMB 16,240,000
高27cm 中国嘉德 2010.11.20

5292 清乾隆 青花万寿无疆碗(一对)
“大清乾隆年制”款
估 价：RMB 250,000～350,000
成交价：RMB 403,200
直径17.8cm 北京保利 2010.6.5

204 清乾隆 青花鱼化龙纹高足盘
“大清乾隆年制”款
估 价：RMB 600,000～800,000
成交价：RMB 672,000
直径22.5cm 北京荣宝 2010.5.30

207 清乾隆 青花云龙纹小卷缸
“大清乾隆年制”款
估 价：RMB 500,000～700,000
成交价：RMB 616,000
直径21.5cm 北京荣宝 2010.5.30

5320 清乾隆 青花山水人物双龙耳扁瓶
“大清乾隆年制”款
估 价：RMB 2,600,000～3,600,000
成交价：RMB 5,152,000
高52cm 北京保利 2010.12.6

1162 清乾隆 青花五蝠捧寿贯耳瓶
“大清乾隆年制”款
估　价：RMB 7,000,000～8,000,000
成交价：RMB 12,320,000
高50cm 北京匡时 2010.6.6

1612 清乾隆 青花三果梅瓶
"大清乾隆年制"篆书款
估　价：RMB 3,500,000～4,000,000
成交价：RMB 7,728,000
高32.4cm 北京翰海 2010.6.6

4162 清乾隆 青花西番莲纹贯耳扁瓶
"大清乾隆年制"款
估　价：RMB 5,000,000～8,000,000
成交价：RMB 8,288,000
高35cm 北京保利 2010.6.4

2967 清乾隆 青花折枝花果六方瓶
"大清乾隆年制"篆书款
估　价：RMB 5,000,000～8,000,000
成交价：RMB 7,952,000
高68.7cm 北京翰海 2010.6.7

4171 清乾隆 青花开光折枝花果带盖执壶
“大清乾隆年制”款
估　价：RMB 1,500,000～2,000,000
成交价：RMB 1,904,000
高29cm 北京保利 2010.6.4

196 清乾隆 青花海水蝠纹马蹄碗
“大清乾隆年制”款
估　价：RMB 150,000～200,000
成交价：RMB 168,000
直径14.7cm 北京保利 2010.7.31

195 清乾隆 青花开光桃纹执壶
“大清乾隆年制”款
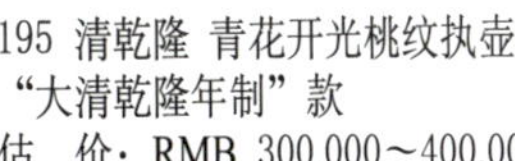
估　价：RMB 300,000～400,000
成交价：RMB 336,000
高26cm 北京保利 2010.7.31

1611 清乾隆 青花花卉开光花果执壶
“大清乾隆年制”篆书款
估　价：RMB 1,200,000～1,600,000
成交价：RMB 2,576,000
高29.9cm 北京翰海 2010.6.6

1802 清乾隆 青花开光式“八吉祥”图双灵芝耳大扁壶
“大清乾隆年制”款
估　价：RMB 4,000,000～6,000,000
成交价：RMB 7,409,600
49cm 香港苏富比 2010.4.8

101 清乾隆 青花花卉纹长颈瓶
“大清乾隆年制”款
估　价：RMB 600,000～1,000,000
成交价：RMB 2,128,000
高30cm 四川嘉禾 2010.7.25

1821 清乾隆 青花缠枝灵芝花卉图双如意耳平底葫芦瓶
“大清乾隆年制”款
估　价：RMB 5,000,000～7,000,000
成交价：RMB 7,409,600
高18.1cm 香港苏富比 2010.4.8

2832 清乾隆 青花海水云龙纹镗锣洗(一对)
估　价：RMB 400,000～600,000
成交价：RMB 1,874,800
直径15.4cm×2 香港佳士得 2010.12.1

1907 清乾隆 青花缠枝莲纹贯耳壶
"大清乾隆年制"篆书款
估　价：RMB 3,800,000～4,500,000
成交价：RMB 8,938,040
高50.8cm 香港佳士得 2010.5.31

5082 清乾隆 青花福庆有余团龙小鹿头尊
"大清乾隆年制"款
估　价：RMB 3,200,000～4,200,000
成交价：RMB 4,032,000
高31cm 北京保利 2010.6.5

4695 清乾隆 青花鹤鹿同春胆式瓶
“大清乾隆年制”款
估 价：RMB 5,500,000～8,500,000
成交价：RMB 15,120,000
高26.3cm 北京保利 2010.12.5

85 清乾隆 青花缠枝莲纹铺首尊
“大清乾隆年制”款
估 价：RMB 3,200,000～4,000,000
成交价：RMB 7,840,000
高49cm 北京匡时 2010.12.4

43 清乾隆 青花缠枝四季花卉海浪纹双龙耳尊
“大清乾隆年制”款
估 价：RMB 1,500,000～2,200,000
成交价：RMB 2,016,000
高51cm 北京中汉 2010.5.18

4307 清乾隆 青花缠枝莲托八宝纹双蝠耳扁瓶
"大清乾隆年制"款
估　价：RMB 3,000,000～5,000,000
成交价：RMB 3,920,000
高30.5cm 北京保利 2010.6.4

1238 清乾隆 青花缠枝莲螭龙纹双耳海棠瓶
"大清乾隆年制"款
估　价：RMB 300,000
成交价：RMB 672,000
高37cm 北京纳高 2010.7.15

2323 清乾隆 青花缠枝莲纹天球瓶
"大清乾隆年制"篆书款
估　价：RMB 5,000,000～8,000,000
成交价：RMB 11,088,000
高38.8cm 北京翰海 2010.12.11

1159 清乾隆 青花缠枝莲花卉寿字如意尊
"大清乾隆年制"款
估　价：RMB 12,000,000～14,000,000
成交价：RMB 22,400,000
高23.2cm 北京匡时 2010.6.6

4143 清乾隆 青花穿花龙纹梅瓶
“大清乾隆年制”款
估　价：RMB 7,000,000～9,000,000
成交价：RMB 35,840,000
高33cm 北京保利 2010.6.4

819 清乾隆 青花缠枝什锦花卉纹缸
“大清乾隆年制”篆书款
估　价：RMB 1,000,000～1,200,000
成交价：RMB 5,712,000
直径32.8 高22.3cm 北京诚轩 2010.5.17

3057 清乾隆 青花缠枝莲纹凤耳背壶
“大清乾隆年制”篆书款
估　价：RMB 10,000,000～15,000,000
成交价：RMB 17,905,200
高45.4cm 香港佳士得 2010.12.1

3054 清乾隆 青花缠枝莲绶带耳如意尊
"大清乾隆年制"篆书款
估　价：RMB 9,000,000～12,000,000
成交价：RMB 20,794,800
高23.3cm 香港佳士得 2010.12.1

1203 清乾隆 青花缠枝莲鹿头尊
"大清乾隆年制"款
估　价：RMB 2,000,000～2,500,000
成交价：RMB 2,464,000
高45cm 北京匡时 2010.6.6

1127 清乾隆 青花缠枝莲托八宝纹盉
"大清乾隆年制"篆书款
估　价：RMB 900,000
成交价：RMB 1,008,000
高22cm 辽宁中正 2010.1.10

3053 清乾隆 青花缠枝花卉缸
"大清乾隆年制"篆书款
估　价：RMB 1,500,000～1,800,000
成交价：RMB 2,800,000
高22.7cm 北京翰海 2010.6.7

4694 清乾隆 青花缠枝花卉三羊开泰尊
“大清乾隆年制”款
估　价：RMB 30,000,000～50,000,000
成交价：RMB 38,640,000
高33.5cm 北京保利 2010.12.5

2826 清乾隆 青花八吉祥纹双螭耳抱月瓶
“大清乾隆年制”篆书款瓶
估　价：RMB 3,000,000～5,000,000
成交价：RMB 15,978,800
高49cm 香港佳士得 2010.12.1

5293 清乾隆 青花八仙碗
“大清进隆年制”款
估　价：RMB 150,000～180,000
成交价：RMB 268,800
直径15cm 北京保利 2010.6.5

2981 清乾隆 青花缠枝花卉赏瓶
“大清乾隆年制”篆书款
估　价：RMB 500,000～600,000
成交价：RMB 1,792,000
高36.5cm 北京翰海 2010.6.7

84 清乾隆 青花变体夔龙纹折肩洗口瓶
“大清乾隆年制”款
估　价：RMB 800,000～1,000,000
成交价：RMB 1,120,000
高20cm 北京匡时 2010.12.4

2120 清乾隆 青花苍龙教子双螭耳扁壶
“大清乾隆年制”篆书款
成交价：RMB 28,000,000
高29.8cm 中国嘉德 2010.11.20

2322 清乾隆 青花缠枝花卉八吉祥铺耳尊
“大清乾隆年制”篆书款
估 价：RMB 4,500,000～5,000,000
成交价：RMB 6,944,000
高49.2cm 北京翰海 2010.12.11

1160 清乾隆 青花芭蕉竹石玉壶春瓶(一对)
“大清乾隆年制”款
估 价：RMB 3,200,000～3,500,000
成交价：RMB 5,600,000
高28cm 高29cm 北京匡时 2010.6.6

4311 清乾隆 青花八吉祥大抱月瓶
“大清乾隆年制”款
估 价：RMB 5,000,000～8,000,000
成交价：RMB 6,496,000
高50cm 北京保利 2010.6.4

2978 清乾隆 青花缠枝花卉铺耳尊
“大清乾隆年制”篆书款
估 价：RMB 800,000～1,200,000
成交价：RMB 6,160,000
高39.3cm 北京翰海 2010.6.7

5295 清乾隆 青花八吉祥大扁瓶
“大清乾隆年制”款
估　价：RMB 800,000～1,200,000
成交价：RMB 985,600
高51cm 北京保利 2010.6.5

5321 清乾隆 柠檬黄地青花九桃
“大清乾隆年制”款
估　价：RMB 800,000～1,200,000
成交价：RMB 2,464,000
直径26.8cm 北京保利 2010.12.6

4552 清嘉庆 青花海水九龙葫芦瓶
“大清嘉庆年制”款
估　价：RMB 5,500,000～8,500,000
成交价：RMB 13,440,000
高30cm 北京保利 2010.12.5

2125 清乾隆 青花缠枝花卉纹叶形洗
"乾隆年制"款
估 价：RMB 600,000～800,000
成交价：RMB 2,950,740
长13cm 香港苏富比 2010.10.7

5304 清嘉庆 青花八吉祥纹三足炉
"大清嘉庆年制"款
估 价：RMB 100,000～150,000
成交价：RMB 492,800
直径22cm 北京保利 2010.6.5

1876 清嘉庆 青花水波祥云"九龙"图直颈撇口瓶
"大清嘉庆年制"款
估 价：RMB 1,800,000～2,200,000
成交价：RMB 1,918,400
高30.5cm 香港苏富比 2010.4.8

2005 清嘉庆/道光 青花九龙大缸
估 价：RMB 500,000～800,000
成交价：RMB 1,808,680
直径79cm 香港佳士得 2010.5.31

576 清嘉庆 青花缠枝花卉纹小渣斗
"大清嘉庆年制"篆书款
估 价：RMB 350,000～380,000
成交价：RMB 1,568,000
高8.3cm 北京永乐 2010.11.23

2003 清道光 青花诗文携琴访友图茶壶
估　价：RMB 120,000～180,000
成交价：RMB 702,400
宽15.4cm 香港佳士得 2010.5.31

4839 清道光 青花花卉直颈瓶
"大清道光年制"款
估　价：RMB 400,000～600,000
成交价：RMB 560,000
高30.5cm 北京保利 2010.6.5

68 清道光 青花折枝花果纹执壶
"大清道光年制"款
估　价：RMB 900,000～1,500,000
成交价：RMB 1,008,000
高27.1cm 北京中汉 2010.5.18

2558 清道光 青花云龙蝙蝠纹双耳瓶
"大清道光年制"篆书款
估　价：RMB 450,000～650,000
成交价：RMB 918,400
高31.5cm 中国嘉德 2010.11.20

809 清道光 青花折枝花果纹蒜头瓶
"大清道光年制"篆书款
估　价：RMB 450,000～500,000
成交价：RMB 728,000
高28cm 北京诚轩 2010.5.17

1877 清道光 青花“穿花祥凤”图椭圆碗
估　价：RMB 150,000～200,000
成交价：RMB 308,000
直径26.6cm 香港苏富比 2010.4.8

389 清道光 青花婴戏图碗
“大清道光年制”篆书款
估　价：RMB 250,000
成交价：RMB 286,000
直径15cm 天津文物 2010.5.24

2559 清道光 青花缠枝莲纹赏瓶(一对)
“大清道光年制”篆书款
估　价：RMB 900,000～1,200,000
成交价：RMB 1,097,600
高37.3cm 中国嘉德 2010.11.20

2979 清同治 青花缠枝花卉赏瓶
“大清同治年制”楷书款
估　价：RMB 150,000～200,000
成交价：RMB 504,000
高38.7cm 北京翰海 2010.6.7

3032 清光绪 青花凤纹盘(一对)
“大清光绪年制”款
成交价：RMB 47,040
直径16.4cm 中国嘉德 2010.3.20

2953 清 青花花卉天球瓶
估 价：RMB 10,000
成交价：RMB 403,200
高56cm 北京翰海 2010.1.21

29 清17世纪早期 李朝白瓷青花诗文八棱玉壶春瓶
估 价：RMB 300,000～400,000
成交价：RMB 336,000
高21cm 中拍国际 2010.6.19

805 清光绪 青花五蝠捧寿图捧盒
“大清光绪年制”楷书款
估 价：RMB 80,000～120,000
成交价：RMB 112,000
直径26.5cm 长风拍卖 2010.6.22

83 清光绪 青花婴戏图碗
“大清光绪年制”款
估 价：RMB 600,000～800,000
成交价：RMB 672,000
直径21.8cm 广州艺拍 2010.6.15

53 清 青花山水笔筒
“木石居”款
估 价：RMB 35,000～55,000
成交价：RMB 61,600
直径20cm 北京保利 2010.7.31

802 清光绪 青花缠枝莲托八吉祥纹花觚
“光绪癸巳年制”楷书款
估 价：RMB 250,000～300,000
成交价：RMB 358,400
高42.2cm 北京诚轩 2010.5.17

532 清 青花缠枝莲托八宝小玉壶春瓶
“大清乾隆年制”款
估 价：RMB 80,000～120,000
成交价：RMB 448,000
高22.4cm 北京保利 2010.3.19

966 清 青花鱼藻纹碗
“大明嘉靖年制”楷书款
估　价：RMB 120,000～160,000
成交价：PMB 123,200
直径16.3cm 长风拍卖 2010.6.22

76 清光绪 黄地青花缠枝莲纹盘
“储秀宫制”款
估　价：RMB 450,000～600,000
成交价：RMB 515,200
直径47.5cm 广州艺拍 2010.6.15

267 民国 王步青花山水人物瓶
“愿闻吾过之斋”篆书款
估　价：RMB 1,800,000～2,500,000
成交价：RMB 2,016,000
高21cm 福建拍卖 2010.6.21

20 19世纪 青花牡丹凤纹大瓶
估 价：RMB 600,000～1,000,000
成交价：RMB 672,000
高76cm 广州艺拍 2010.6.15

842 王芝文 微书青花山水《传世唐涛》画筒
估 价：RMB 250,000～300,000
成交价：RMB 280,000
高35cm 广州嘉德 2010.6.16

448 民国 青花缠枝莲纹天球瓶
“大清乾隆年制”篆书款
估 价：RMB 150,000
成交价：RMB 165,000
高57.5cm 天津文物 2010.5.24

40 日本明治早期 青花人物纹广口梅瓶
估 价：RMB 400,000～600,000
成交价：RMB 470,400
高42cm 中拍国际 2010.6.19

2902 王步 九寿图青花梅瓶
钤印：大清康熙年制
估 价：RMB 120,000～150,000
成交价：RMB 224,000
高27.8cm 中国嘉德 2010.5.17

2844 2010年作 吕金泉 又见春天 青花瓷盖罐
钤印：金泉、庚寅
估 价：RMB 220,000～280,000
成交价：RMB 358,400
高45cm 中国嘉德 2010.5.17

釉里红

180 元 釉里红缠枝莲纹玉壶春瓶
估　价：RMB 1,800,000～1,900,000
成交价：RMB 1,993,600
高22.1cm 深圳市拍 2010.10.23

869 清康熙 釉里红三兽纹直颈瓶
估　价：RMB 150,000～200,000
成交价：RMB 168,000
高23.5cm 北京诚轩 2010.11.22

3136 元 釉里红船形水注
估　价：RMB 300,000～500,000
成交价：RMB 425,600
长14.5cm 中拍国际 2010.11.27

229 明洪武 釉里红水草凤纹冬瓜瓶
估　价：RMB 1,900,000～2,300,000
成交价：RMB 4,256,000
高44.5cm 中翰清花 2010.5.2

38 明洪武 釉里红缠枝牡丹纹罐
估　价：RMB 8,000,000～12,000,000
成交价：RMB 8,736,000
高23cm 中鸿信 2010.3.28

64 明洪武 釉里红缠枝花卉纹碗
估　价：RMB 1,100,000～1,800,000
成交价：RMB 1,232,000
直径20.5cm 北京中汉 2010.5.18

2407 明洪武 釉里红缠枝花卉执壶
估　价：RMB 1,000,000～1,500,000
成交价：RMB 1,848,000
高33.7cm 北京翰海 2010.6.7

2133 清康熙 釉里红“缠枝葫芦花果”图葫芦瓶
估　价：RMB 500,000～700,000
成交价：RMB 5,255,460
高18cm 香港苏富比 2010.10.7

288 清康熙 釉里红加彩花卉纹石榴尊
“大清康熙年制”款
估　价：RMB 900,000～1,100,000
成交价：RMB 1,176,000
高9cm 北京匡时 2010.12.4

276 清乾隆 釉里红团龙葫芦瓶
估　价：RMB 2,300,000～2,500,000
成交价：RMB 2,464,000
高31.5cm 中翰清花 2010.5.2

1867 清乾隆 釉里红“穿枝螭龙”图葫芦瓶
“大清乾隆年制”款
估　价：RMB 9,000,000～12,000,000
成交价：RMB 38,033,600
高34cm 香港苏富比 2010.4.8

2310 清雍正 釉里红五蝠碗(二件)
“大清雍正年制”楷书款
估　价：RMB 500,000～800,000
成交价：RMB 918,400
直径15cm 北京翰海 2010.12.11

198 清乾隆 釉里红灵仙祝寿撇口瓶
“大清乾隆年制”款
估　价：RMB 600,000～1,000,000
成交价：RMB 2,464,000
高25cm 北京保利 2010.7.31

2958 清乾隆 釉里红双凤象耳扁方尊
“大清乾隆年制”篆书款
估　价：RMB 1,800,000～2,800,000
成交价：RMB 3,360,000
高22.5cm 北京翰海 2010.6.7

4308 清乾隆 釉里红缠枝莲梅瓶
“大清乾隆年制”款
估　价：RMB 2,200,000～3,200,000
成交价：RMB 4,592,000
高24.5cm 北京保利 2010.6.4

青花釉里红

1277 清康熙 青花釉里红龙纹瓶
“大清康熙年制”款
估　价：RMB 750,000～800,000
成交价：RMB 806,400
高22cm 北京匡时 2010.6.6

303 明 青花釉里红灯笼杯(一对)
估　价：RMB 60,000～80,000
成交价：RMB 76,160
高6.5cm 老城隍庙 2010.11.6

2700 清乾隆 青花釉里红云龙双耳瓶
估　价：RMB 700,000～900,000
成交价：RMB 1,568,000
直30cm 中国嘉德 2010.5.16

4697 清乾隆/嘉庆 青花釉里红海水云龙大缸
估　价：RMB 1,800,000～2,800,000
成交价：RMB 3,248,000
口径52cm 高48.5cm 北京保利 2010.12.5

526 清乾隆 青花釉里红瑞兽瑞果双蝶耳铺首尊“大明嘉靖年制”款
估　价：RMB 600,000～800,000
成交价：RMB 806,400
高41cm 北京保利 2010.3.19

4309 清乾隆 唐英制青花釉里红狮子戏球蒜头瓶
“大清乾隆年制”款
估 价：RMB 5,800,000～8,800,000
成交价：RMB 16,800,000
高38cm 北京保利 2010.6.4

262 清康熙 青花釉里红仕女婴戏纹盆
估 价：RMB 500,000～800,000
成交价：RMB 616,000
直径36.5cm 北京荣宝 2010.3.14

2104 清乾隆 青花釉里红加彩海水云龙纹背壶
估 价：RMB 4,000,000～6,000,000
成交价：RMB 7,168,000
高45cm 中国嘉德 2010.11.20

4696 清乾隆 青花釉里红缠枝花卉梅瓶
估 价：RMB 1,500,000～2,000,000
成交价：RMB 1,680,000
高35cm 北京保利 2010.12.5

5316 清乾隆 青花釉里红八仙庆寿大碗
“大清乾隆年制”款
估 价：RMB 200,000～300,000
成交价：RMB 448,000
直径22cm 北京保利 2010.12.6

1895 清乾隆 青花釉里红海水云龙纹背壶
估 价：RMB 4,000,000～6,000,000
成交价：RMB 6,339,160
高44.7cm 香港佳士得 2010.5.31

2533 清 青花釉里红人物故事图大笔筒
估 价：RMB 130,000
成交价：RMB 179,200
高17.5cm 口21.5cm 北京中嘉 2010.5.9

5324 清嘉庆 青花釉里红鱼龙变化大天球瓶
“大清嘉庆年制”款
估 价：RMB 50,000～80,000
成交价：RMB 336,000
高57cm 北京保利 2010.12.6

釉下多彩

3098 清康熙 釉下三彩“一路连科”纹将军罐
估 价：RMB 150,000～250,000
成交价：RMB 201,600
高31cm 中拍国际 2010.11.27

262 清宣统 釉下粉彩花鸟瓶
“大清宣统三年湖南瓷业公司”款
成交价：RMB 649,600
高52cm 北京保利 2010.10.23

2865 2010年 白磊 器韵三味 青花釉里红瓷瓶(三件)
估 价：RMB 150,000～180,000
成交价：RMB 201,600
高43cm 中国嘉德 2010.5.17

2838 2007年 熊声贵 葡萄秋色 釉下五彩瓷板
钤印：熊氏、声贵
估 价：RMB 80,000～100,000
成交价：RMB 112,000
82cm×45cm 中国嘉德 2010.5.17

4316 王坚义 釉下五彩“万花赏”瓶
估 价：RMB 50,000～150,000
成交价：RMB 2,296,000
高48cm 北京保利 2010.12.5

2882 王修功 多彩釉盘
估 价：RMB 180,000～250,000
成交价：RMB 257,600
直径51.5cm 中国嘉德 2010.5.17

青花加彩

4801 明嘉靖 青花五彩花卉罐
“大明嘉靖年制”款
估 价：RMB 100,000～150,000
成交价：RMB 347,200
高15cm 北京保利 2010.6.5

2332 明万历 青花五彩进宝图盘
“大明万历年制”楷书款
估 价：RMB 150,000～250,000
成交价：RMB 560,000
直径15.4cm 中国嘉德 2010.11.20

2329 明嘉靖 青花五彩鱼藻纹盖罐
“大明嘉靖年制”楷书款
估　价：RMB 20,000,000～30,000,000
成交价：RMB 23,520,000
高40cm 北京翰海 2010.12.11

5217 清康熙 青花五彩花神杯(六只)
“大清康熙年制”款
估　价：RMB 680,000～880,000
成交价：RMB 1,176,000
直径6.4cm 北京保利 2010.12.6

2330 明崇祯 青花五彩人物小罐
估　价：RMB 68,000～88,000
成交价：RMB 95,200
高15.3cm 中国嘉德 2010.11.20

2169 明万历 青花绿彩“缠枝蕃莲”纹罐
“大明万历年制”款
估　价：RMB 1,000,000～1,500,000
成交价：RMB 1,065,060
高11.5cm 香港苏富比 2010.10.7

5036 清雍正 青花粉彩花卉夔凤纹菱口折沿洗
估　价：RMB 250,000～350,000
成交价：RMB 907,200
直径20cm 北京中汉 2010.11.22

4815 清康熙 青花五彩花鸟图盖罐
估　价：RMB 150,000～200,000
成交价：RMB 324,800
高33cm 北京保利 2010.6.5

2103 清康熙 矾红海水青花龙纹盘(一对)
“大清康熙年制”楷书款
估　价：RMB 2,000,000～3,000,000
成交价：RMB 4,704,000
直径18.2cm 中国嘉德 2010.11.20

2485 清雍正 青花矾红彩云蝠碗(一对)
“大清雍正年制”楷书款
估　价：RMB 1,200,000～1,800,000
成交价：RMB 1,344,000
直径9.8cm 中国嘉德 2010.11.20

2114 清乾隆 御制青花粉彩无量寿佛
估　价：RMB 6,000,000～8,000,000
成交价：RMB 9,856,000
高15.5cm 中国嘉德 2010.11.20

5302 清康熙 青花五彩龙凤穿花盘
“大清康熙年制”款
估　价：RMB 1,300,000～1,800,000
成交价：RMB 1,680,000
直径32.5cm 北京保利 2010.12.6

4836 清乾隆 青花五彩龙凤纹碗(一对)
“大清乾隆年制”款
估　价：RMB 400,000～600,000
成交价：RMB 504,000
直径15.8cm 北京保利 2010.6.5

2968 清乾隆 青花胭脂红料双凤戏珠纹龙耳扁壶
“大清乾隆年制”篆书款
成交价：RMB 106,519,600
高48.9cm 香港佳士得 2010.12.1

2487 清乾隆 青花胭脂红缠枝莲纹瓶(一对)
“大清乾隆年制”篆书款
估 价：RMB 2,000,000～3,000,000
成交价：RMB 2,240,000
高19.5cm 中国嘉德 2010.11.20

2314 清乾隆 青花红彩云龙温酒壶
“养和堂制”楷书款
估 价：RMB 1,500,000～1,800,000
成交价：RMB 2,912,000
高19.2cm 北京翰海 2010.12.11

820 清乾隆 青花胭脂红加金彩花卉纹折沿洗
估 价：RMB 250,000～300,000
成交价：RMB 817,600
宽46.1cm 北京诚轩 2010.5.17

353 清乾隆 青花斗彩婴戏纹笔筒
“乾隆年制”篆书款
估 价：RMB 180,000～250,000
成交价：RMB 280,000
高9.8cm 福建拍卖 2010.1.10

247 清乾隆 青花斗彩福寿缠枝纺瓜棱梅瓶
“大清乾隆年制”篆书款
估 价：RMB 1,800,000～2,200,000
成交价：RMB 2,352,000
高26cm 福建拍卖 2010.6.21

2215 清乾隆 青花红彩云龙纹贲巴壶
“大清乾隆年制”篆书款
估 价：RMB 12,000,000～18,000,000
成交价：RMB 35,840,000
高19.5cm 中国嘉德 2010.5.15

3214 清宣统 青花胭脂红八仙过海纹碗
“大清宣统年制”楷书款
估 价：RMB 300,000～500,000
成交价：RMB 791,200
直径22.5cm 香港佳士得 2010.12.1

818 清嘉庆 青花加黄彩云龙纹盘(一对)
“大清嘉庆年制”篆书款
估 价：RMB 200,000~250,000
成交价：RMB 504,000
直径25.1cm 北京诚轩 2010.5.17

965 清道光 青花矾红莲托八宝纹碗(一对)
“大清道光年制”篆书款
估 价：RMB 500,000～600,000
成交价：RMB 526,400
直径10cm 长风拍卖 2010.6.22

3034 清光绪 青花粉彩荷花碗(一对)
“大清光绪年制”楷书款
估 价：RMB 60,000～80,000
成交价：RMB 235,200
直径17.5cm 北京翰海 2010.6.7

3159 清宣统 青花云纹红彩描金蝠纹扁瓶
“大清宣统年制”楷书款
估 价：RMB 180,000～220,000
成交价：RMB 358,400
高33.5cm 北京翰海 2010.12.12

1068 清道光 青花矾红莲花纹六方印泥盒
估 价：RMB 260,000～360,000
成交价：RMB 336,000
高4cm 北京荣宝 2010.11.14

806 清 青花矾红龙纹盏托(一对)
“大清雍正年制”篆书款。
估 价：RMB 150,000～200,000
成交价：RMB 190,400
直径11.8cm 长风拍卖 2010.6.22

3346 王恩怀 玉堂春色 青花斗彩瓷瓶
钤印：怀山、景德镇
估 价：RMB 250,000～300,000
成交价：RMB 985,600
高39cm 中国嘉德 2010.11.20

3180 清 青花红彩龙纹罐
“大清乾隆年制”款
成交价：RMB 347,200
直径16.5cm 中国嘉德 2010.3.20

斗 彩

318 明成化 斗彩海水兽纹盘
估 价：RMB 3,500,000～4,500,000
成交价：RMB 1,344,000
直径18.5cm 老城隍庙 2010.11.6

2037 明成化 斗彩缠枝莲纹天字罐
估 价：RMB 2,800,000
成交价：RMB 5,824,000
高10.1cm 北京中嘉 2010.5.9

2462 明成化 斗彩云龙纹天字罐
估 价：RMB 3,800,000
成交价：RMB 6,160,000
高11.5cm 北京中嘉 2010.5.9

311 明成化 斗彩花卉纹小碟
估 价：RMB 3,200,000～4,800,000
成交价：RMB 1,064,000
直径8.6cm 老城隍庙 2010.11.6

2581 明 斗彩葡萄纹笔洗
估 价：RMB 90,000
成交价：RMB 100,800
长11.8cm 北京中嘉 2010.5.9

2369 清康熙 斗彩团寿纹盘
“大清康熙年制”楷书款
估 价：RMB 600,000～800,000
成交价：RMB 806,400
直径21.1cm 中国嘉德 2010.11.20

2683 清康熙 斗彩荷塘鸳鸯图花盆(一对)
“大清康熙年制”款
估 价：RMB 250,000～350,000
成交价：RMB 313,600
长34.7cm 中国嘉德 2010.12.18

1871 清康熙 斗彩描金八吉祥折腰盘
“大清康熙年制”楷书款
估 价：RMB 1,500,000～2,000,000
成交价：RMB 2,019,400
直径26.3cm 香港佳士得 2010.5.31

4673 清雍正 斗彩云龙纹水盂
估 价：RMB 1,000,000～1,500,000
成交价：RMB 1,288,000
直径9cm 北京保利 2010.12.5

2816 清雍正 斗彩祥云纹马蹄式水盂(一对)
估 价：RMB 5,000,000～8,000,000
成交价：RMB 11,162,800
高5.3cm 香港佳士得 2010.12.1

2203 清雍正 斗彩三多杯(一对)
“大清雍正年制”楷书款
估 价：RMB 2,200,000～2,800,000
成交价：RMB 2,464,000
直径7.1cm 中国嘉德 2010.5.15

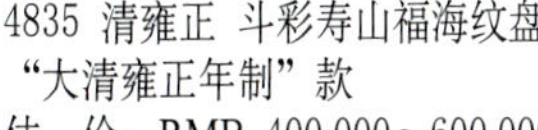

4835 清雍正 斗彩寿山福海纹盘
“大清雍正年制”款
估 价：RMB 400,000～600,000
成交价：RMB 739,200
直径15.4cm 北京保利 2010.6.5

4834 清雍正 仿成化斗彩团灵芝纹小杯
“大清雍正年制”款
估 价：RMB 100,000～150,000
成交价：RMB 268,800
直径10.3cm 北京保利 2010.6.5

4304 清雍正 斗彩灵仙祝寿盘
“大清雍正年制”款
估　价：RMB 1,200,000～1,800,000
成交价：RMB 1,680,000
直径20.5cm 北京保利 2010.6.4

2818 清雍正 斗彩富寿三多纹杯(一对)
“大清雍正年制”楷书款
估　价：RMB 2,000,000～3,000,000
成交价：RMB 3,319,600
直径7.2cm 香港佳士得 2010.12.1

4674 清雍正 斗彩夔龙团寿花卉卧足碗
“大清雍正年制”款
估　价：RMB 700,000～900,000
成交价：RMB 1,904,000
直径15cm 北京保利 2010.12.5

5042 清雍正 斗彩开光四季花卉团蝶纹斗笠碗
“大清雍正年制”楷书款
估　价：RMB 1,600,000～2,200,000
成交价：RMB 3,192,000
直径22.2cm 北京中汉 2010.11.22

377 清雍正 斗彩团菊纹罐
估　价：RMB 500,000
成交价：RMB 550,000
高23cm 天津文物 2010.5.24

1882 清雍正 斗彩缠枝番莲纹长颈瓶
“大清雍正年制”楷书款
估　价：RMB 5,000,000～7,000,000
成交价：RMB 9,429,720
高25cm 香港佳士得 2010.5.

4306 清雍正 斗彩鸡缸碗
“大清雍正年制”款
估　价：RMB 3,500,000～5,500,000
成交价：RMB 4,704,000
直径15cm 北京保利 2010.6.4

828 清雍正 斗彩缠枝花卉纹碗(一对)
“大清雍正年制”楷书款
估　价：RMB 800,000～1,000,000
成交价：RMB 2,856,000
直径12.5cm 北京诚轩 2010.5.17

1876 清雍正 斗彩八仙图撇口碗(一对)
“大清雍正年制”楷书款
估　价：RMB 2,000,000～2,500,000
成交价：RMB 10,413,080
直径10.6cm 香港佳士得 2010.5.31

1863 清雍正 斗彩“云蝠”图碗(一对)
“大清雍正年制”款
估 价：RMB 1,000,000～1,500,000
成交价：RMB 1,918,400
直径10cm 香港苏富比 2010.4.8

1862 清雍正 斗彩“五色祥云”图长颈撇口胆瓶
“大清雍正年制”款
估 价：RMB 15,000,000～25,000,000
成交价：RMB 19,307,200
高25.5cm 香港苏富比 2010.4.8

2311 清雍正 斗彩暗八仙碗(二件)
“大清雍正年制”楷书款
估 价：RMB 3,800,000～4,800,000
成交价：RMB 5,152,000
直径13.4cm 北京翰海 2010.12.11

723 清乾隆 斗彩云蝠如意纹罐
“大清乾隆年制”篆书款
估 价：RMB 2,800,000～3,800,000
成交价：RMB 3,360,000
高18cm 广州嘉德 2010.6.16

3054 清乾隆 斗彩云龙八吉祥盖罐
“大清乾隆年制”篆书款
估 价：RMB 600,000～800,000
成交价：RMB 2,016,000
高20.5cm 北京翰海 2010.6.7

1818 清乾隆 斗彩加粉彩描金“如意蕃莲”图撇口荸荠瓶
“大清乾隆年制”款
估 价：RMB 2,000,000～3,000,000
成交价：RMB 8,465,600
直径19cm 香港苏富比 2010.4.8

1123 清乾隆 斗彩花卉纹八棱瓶
估 价：RMB 250,000
成交价：RMB 280,000
高22.5cm 辽宁中正 2010.1.10

4937 清乾隆 斗彩团菊纹罐
估 价：RMB 300,000～500,000
成交价：RMB 560,000
高11.2cm 北京保利 2010.12.6

3103 清乾隆 斗彩福寿纹将军罐
估 价：RMB 250,000～350,000
成交价：RMB 481,600
高49.5cm 中国嘉德 2010.9.18

2603 清乾隆 斗彩团菊纹尊
“大清乾隆年制”款
估 价：RMB 1,500,000～2,500,000
成交价：RMB 1,680,000
高22cm 中国嘉德 2010.12.18

809 清乾隆 斗彩团花马蹄碗
“大清乾隆年制”篆书款
估 价：RMB 280,000～350,000
成交价：RMB 313,600
直径18cm 长风拍卖 2010.6.22

372 清中期 斗彩团菊纹卷口瓶
估 价：RMB 250,000
成交价：RMB 275,000
高44.5cm 天津文物 2010.5.24

1276 清乾隆 斗彩缠枝花卉纹双耳瓶
“大清乾隆年制”款
估 价：RMB 750,000～800,000
成交价：RMB 840,000
高18.5cm 北京匡时 2010.6.6

2121 清乾隆 斗彩“宝相花卉纹”葵式三足盘
“大清乾隆年制”款
估 价：RMB 500,000～700,000
成交价：RMB 8,398,260
直径21.3cm 香港苏富比 2010.10.7

357 清乾隆 斗彩福山寿海大捧盒
“大清乾隆年制”篆书款
估 价：RMB 380,000～480,000
成交价：RMB 492,800
宽15.5cm 福建拍卖 2010.1.10

2261 清 斗彩凤穿花军持
估 价：RMB 160,000
成交价：RMB 201,600
高24.3cm 北京中嘉 2010.5.9

472 清道光 斗彩绿龙盖罐
“大清道光年制”篆书款
估 价：RMB 300,000～400,000
成交价：RMB 336,000
高21cm 云南典藏 2010.4.25

4837 清道光 斗彩缠枝花卉纹碗(一对)
“大清道光年制”款
估 价：RMB 350,000～550,000
成交价：RMB 470,400
直径14.3cm 北京保利 2010.6.5

1213 清道光 斗彩荷塘鸳鸯墩式碗
“大清道光年制”款
估 价：RMB 180,000～200,000
成交价：RMB 291,200
直径16.8cm 北京匡时 2010.6.6

520 清 斗彩鸡纹笔筒
“大清乾隆年制”款
估 价：RMB 40,000～60,000
成交价：RMB 246,400
高15cm 北京保利 2010.3.19

31 清 斗彩梵文纹碗
“大清雍正年制”款
成交价：RMB 1,848,000
直径9cm 北京保利 2010.10.23

857 清 斗彩八仙人物兽耳大尊
估 价：RMB 450,000～500,000
成交价：RMB 504,000
高53cm 长风拍卖 2010.6.22

红绿彩

1864 唐 长沙窑铜红釉红绿彩小枕
估 价：RMB 20,000
成交价：RMB 42,560
长16.2cm 北京翰海 2010.9.19

560 清康熙 红绿彩鱼纹盘
估 价：RMB 8,000～12,000
成交价：RMB 50,400
直径15.5cm 北京保利 2010.10.23

86 明万历 红绿彩描金带盖执壶
“大明嘉靖年制”楷书款
估 价：RMB 80,000～120,000
成交价：RMB 84,000
高28.5cm 福建拍卖 2010.6.21

五 彩

2569 明宣德 五彩奔牛摆件
估 价：RMB 600,000
成交价：RMB 728,000
长27cm 北京中嘉 2010.5.9

2810 明万历 五彩龙凤纹笔船
“大明万历年制”款
估 价：RMB 2,000,000～3,000,000
成交价：RMB 6,209,200
长31.2cm 香港佳士得 2010.12.1

411 明万历 五彩人物狮纹碗(一对)
“大明万历年制”楷书款
估 价：RMB 60,000～100,000
成交价：RMB 212,800
直径10.5cm 云南典藏 2010.4.25

4461 明万历 五彩龙纹盖盒
“大明万历年制”款
估 价：RMB 350,000～550,000
成交价：RMB 3,024,000
长29.5cm 北京保利 2010.12.5

4689 明万历 五彩四爱图水盂
估 价：RMB 500,000～800,000
成交价：RMB 1,176,000
直径12cm 北京保利 2010.12.5

2354 明万历 五彩鱼藻纹花口洗
估　价：RMB 2,000,000～3,000,000
成交价：RMB 3,024,000
直径35cm 中国嘉德 2010.11.20

1865 明万历 五彩“穿花赶珠云龙”图蒜头瓶
“大明万历年制”款
估　价：RMB 2,000,000～3,000,000
成交价：RMB 8,254,400
高43.5cm 香港苏富比 2010.4.8

5281 明万历 五彩花卉腰圆盆
估　价：RMB 150,000～200,000
成交价：RMB 336,000
长46cm 北京保利 2010.12.6

1992 明万历 五彩花果人物图攒盒
估　价：RMB 700,000～900,000
成交价：RMB 1,018,480
直径25.5cm 香港佳士得 2010.5.31

1991 明万历 五彩高仕赏游图方尊
“大明万历年制”款
估　价：RMB 700,000～900,000
成交价：RMB 1,281,880
高12.7cm 香港佳士得 2010.5.31

1030 明崇祯 五彩龙纹盘
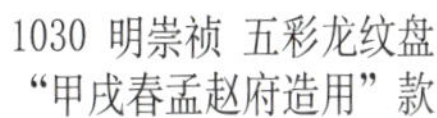
“甲戌春孟赵府造用”款
估　价：RMB 800,000～1,200,000
成交价：RMB 918,400
口径26.5cm 北京荣宝 2010.11.14

3204 清康熙 五彩山水人物图凤尾尊
估　价：RMB 280,000～380,000
成交价：RMB 560,000
高79cm 中国嘉德 2010.9.18

2410 明 五彩鱼藻纹花口大碗
估　价：RMB 880,000
成交价：RMB 1,344,000
直径32.8cm 北京中嘉 2010.5.9

1868 清早期 五彩牡丹纹撇口笔筒
估　价：RMB 80,000
成交价：RMB 134,400
高15cm 北京翰海 2010.9.19

75 清康熙 五彩鱼化龙纹摇铃瓶
估　价：RMB 380,000～500,000
成交价：RMB 425,600
高24cm 广州艺拍 2010.6.15

1869 清康熙 五彩龙凤赶珠纹碗(一对)
“大清康熙年制”楷书款
估　价：RMB 1,500,000～2,000,000
成交价：RMB 2,335,480
直径13cm 香港佳士得 2010.5.31

5216 清康熙 五彩桃花题诗花神杯
“大清康熙年制”款
估　价：RMB 300,000～500,000
成交价：RMB 1,232,000
直径6.3cm 北京保利 2010.12.6

2349 清康熙 五彩荷花诗文杯
“大清康熙年制”楷书款
估　价：RMB 400,000～600,000
成交价：RMB 1,344,000
直径6.5cm 中国嘉德 2010.11.20

3084 清康熙 五彩钟馗图棒槌瓶
估　价：RMB 100,000～200,000
成交价：RMB 257,600
高46cm 中国嘉德 2010.9.18

2922 清康熙 五彩花鸟笔筒
“大清康熙年制”楷书款
估　价：RMB 250,000～300,000
成交价：RMB 280,000
高16.4cm 北京翰海 2010.6.7

3048 清康熙 五彩龙凤戏牡丹纹盘
“大清康熙年制”楷书款
估　价：RMB 2,000,000～3,000,000
成交价：RMB 1,874,800
直径25.1cm 香港佳士得 2010.12.1

4465 清康熙 五彩缠枝莲大盘(一对)
“大清康熙年制”款
估　价：RMB 400,000～600,000
成交价：RMB 1,568,000
直径47cm 北京保利 2010.12.5

2812 清康熙 五彩“寿”字桃纹小盘
“大清康熙年制”楷书款
估　价：RMB 1,000,000～1,500,000
成交价：RMB 3,835,600
直径7cm 香港佳士得 2010.12.1

1803 清雍正 珊瑚红地五彩“九秋同庆”图盘
“雍正御制”款
估　价：RMB 2,500,000～3,000,000
成交价：RMB 2,763,200
直径11.3cm 香港苏富比 2010.4.8

4671 清雍正 珊瑚红地五彩加珐琅彩九秋花卉碗
“雍正御制”款
估　价：RMB 2,600,000～3,600,000
成交价：RMB 3,584,000
直径13cm 北京保利 2010.12.5

1207 清乾隆 五彩龙凤纹碗(一对)
“大清乾隆年制”款
估　价：RMB 350,000～400,000
成交价：RMB 492,800
直径13cm 北京匡时 2010.6.6

3033 清同治 五彩佛花盘(二件)
“大清同治年制”楷书款
估　价：RMB 50,000～70,000
成交价：RMB 123,200
直径21.9cm 北京翰海 2010.6.7

903 清康熙 五彩飞鸣宿食图纹盘
“大清康熙年制”楷书款
估　价：RMB 900,000～1,500,000
成交价：RMB 1,008,000
直径25.3cm 上海新华 2010.9.5

2771 清康熙 五彩赤鲤朝日洗
估　价：RMB 300,000～500,000
成交价：RMB 940,800
直径14.4cm 中国嘉德 2010.11.22

476 清中期 五彩麻姑献寿盘
“大明成化年制”楷书款
估　价：RMB 400,000～500,000
成交价：RMB 492,800
直径40cm 云南典藏 2010.4.25

三 彩

1860 明嘉靖 素三彩云龙纹方斗杯
“大明嘉靖年制”楷书款
估　价：RMB 1,500,000～2,000,000
成交价：RMB 1,597,960
高13.3cm 香港佳士得 2010.5.31

1148 清康熙 素三彩虎皮斑碗
“大清康熙年制”款
估　价：RMB 40,000
成交价：RMB 179,200
直径17.3cm 北京纳高 2010.7.15

1163 清康熙 黄地素三彩双龙戏珠折沿盘
“大清康熙年制”款
估　价：RMB 5,500,000～6,500,000
成交价：RMB 6,720,000
直径40.5cm 北京匡时 2010.6.6

3100 清康熙 素三彩花果暗刻龙纹盘
“大清康熙年制”款
估　价：RMB 400,000～600,000
成交价：RMB 1,288,000
直径25.1cm 中国嘉德 2010.3.20

164 清康熙 黄地素三彩龙纹盘
“大清康熙年制”款
成交价：RMB 481,600
直径36cm 北京保利 2010.10.23

5294 清康熙 素三彩暗刻龙纹花卉碗
“大清康熙年制”款
估 价：RMB 250,000～350,000
成交价：RMB 324,800
直径15cm 北京保利 2010.12.6

1104 清康熙 豆青地釉下三彩八骏图花觚
估 价：RMB 280,000～320,000
成交价：RMB 358,400
高45cm 北京荣宝 2010.11.14

1078 清康熙 黄地素三彩龙纹镗锣洗
估 价：RMB 200,000
成交价：RMB 224,000
直径24.5cm 辽宁中正 2010.4.18

701 清康熙 绿地素三彩海水飞马图观音尊
估　价：RMB 380,000～480,000
成交价：RMB 425,600
高54cm 广州嘉德 2010.6.16

52 清 黄地素三彩花卉纹象耳瓶
估　价：RMB 120,000～150,000
成交价：RMB 212,800
高39cm 中拍国际 2010.6.19

2963 清康熙 白地素三彩暗花石榴纹盘
“大清康熙年制”楷书款
估　价：RMB 1,200,000～1,800,000
成交价：RMB 2,184,400
直径24.8cm 香港佳士得 2010.12.1

51 清 黄地素三彩贴塑松鼠葡萄纹五管瓶
估　价：RMB 80,000～100,000
成交价：RMB 235,200
高20.2cm 中拍国际 2010.6.19

粉 彩

308 明成化 粉彩龙纹小杯
估　价：RMB 2,800,000～3,800,000
成交价：RMB 1,008,000
直径5cm 老城隍庙 2010.11.6

2813 清康熙 外胭脂红内粉彩果实纹马蹄杯(一对)
“大清康熙年制”楷书款
估　价：RMB 4,000,000～6,000,000
成交价：RMB 7,963,600
直径9.8cm 香港佳士得 2010.12.1

3155 清雍正 胭脂釉粉彩蔬果碗(二件)
“大清雍正年制”楷书款
估　价：RMB 1,500,000～2,000,000
成交价：RMB 3,000,000
直径8.3cm 北京翰海 2010.12.12

2480 清雍正 墨地粉彩花卉盘
“大清雍正年制”楷书款
估　价：RMB 280,000～480,000
成交价：RMB 336,000
直径11.3cm 中国嘉德 2010.11.20

545 清康熙 粉彩花蝶纹盘(一对)
“大清康熙年制”楷书款
估　价：RMB 100,000～150,000
成交价：RMB 128,800
直径16cm 云南典藏 2010.4.25

1874 清雍正 粉彩玉堂富贵碗(一对)
“大清雍正年制”楷书款
估　价：RMB 7,000,000～10,000,000
成交价：RMB 19,263,320
直径10.1cm 香港佳士得 2010.5.31

5308 清雍正 粉彩花鸟太白罐
估 价：RMB 150,000～200,000
成交价：RMB 168,000
高34.5cm 北京保利 2010.6.5

1873 清雍正 粉彩石竹蝴蝶碗
“大清雍正年制”楷书款
估 价：RMB 1,500,000～2,000,000
成交价：RMB 4,021,240
直径9.6cm 香港佳士得 2010.5.31

2601 清雍正 粉彩仕女图茶壶
估 价：RMB 35,000～55,000
成交价：RMB 39,200
宽27cm 中国嘉德 2010.5.16

3031 清雍正 粉彩云龙纹大盘
“大清雍正年制”楷书款
估 价：RMB 800,000～1,000,000
成交价：RMB 896,000
直径55.4cm 北京翰海 2010.6.7

729 清雍正 粉彩渔家乐盖罐(一对)
估 价：RMB 190,000～250,000
成交价：RMB 224,000
高21cm 广州嘉德 2010.6.16

1880 清雍正 粉彩过枝福寿双全盘(一对)
“大清雍正年制”楷书款
估　价：RMB 8,000,000～10,000,000
成交价：RMB 14,346,520
直径13.4cm 香港佳士得 2010.5.31

1209 清雍正 粉彩花卉草虫纹碗
“大清雍正年制”款
估　价：RMB 550,000～600,000
成交价：RMB 3,360,000
直径12.5cm 北京匡时 2010.6.6

2364 清雍正 蓝地粉彩福禄纹茶具(一套五件)
估　价：RMB 880,000
成交价：RMB 1,344,000
高12cm 北京中嘉 2010.5.9

2542 清雍正 粉彩山水花卉绣墩
估　价：RMB 300,000～350,000
成交价：RMB 224,000
高22.3cm 北京翰海 2010.6.7

1615 清雍正 粉彩花卉卧足碗
“大清雍正年制”楷书款
估　价：RMB 600,000～800,000
成交价：RMB 672,000
直径6.7cm 北京翰海 2010.6.6

2831 清雍正 粉彩花蝶盘
“大清雍正年制”楷书款
估　价：RMB 80,000～100,000
成交价：RMB 190,400
直径15cm 北京翰海 2010.6.7

557 清乾隆 御制霁蓝描金御题莲诗粉彩堆荷花连仿紫檀木釉座大壁瓶
“大清乾隆年制”篆书款
估 价：RMB 800,000～1,000,000
成交价：RMB 6,720,000
高51cm 北京永乐 2010.11.23

3076 清雍正 / 乾隆 粉彩鱼藻纹鱼浅
估 价：RMB 200,000～300,000
成交价：RMB 313,600
直径61.3cm 中国嘉德 2010.3.20

4163 清雍正 粉彩过枝福寿双全八桃五蝠盘
“大清雍正年制”款
估 价：RMB 2,000,000～3,000,000
成交价：RMB 3,360,000
直径15.5cm 北京保利 2010.6.4

747 清乾隆 胭脂地粉彩莲托八吉祥纹三足炉
“大清乾隆年制”篆书款
估 价：RMB 1,350,000～1,700,000
成交价：RMB 1,792,000
高45.6cm 北京九歌 2010.6.22

4685 清乾隆 松石绿描金粉彩莲花观音瓶
“大清乾隆年制”款
估　价：RMB 8,000,000～12,000,000
成交价：RMB 13,440,000
高35cm 北京保利 2010.12.5

1852 清乾隆 孔雀绿地粉彩描金缠枝花卉“福寿”图双兽耳瓶
“大清乾隆年制”款
估　价：RMB 4,000,000～6,000,000
成交价：RMB 9,451,200
高54cm 香港苏富比 2010.4.8

91 清乾隆 松石绿地粉彩八宝纹小天球瓶
“大清乾隆年制”款
估　价：RMB 6,500,000～8,000,000
成交价：RMB 8,960,000
长27.2cm 北京匡时 2010.12.4

1192 清雍正 粉彩花卉人物杯
“大清雍正年制”款
估　价：RMB 70,000～80,000
成交价：RMB 84,000
直径8.2cm 北京匡时 2010.6.6

4164 清乾隆 绿地粉彩宝相花观音瓶
“大清乾隆年制”款
估　价：RMB 1,000,000～1,500,000
成交价：RMB 1,904,000
高19cm 北京保利 2010.6.4

92 清乾隆 松石绿地粉彩花卉纹五子登科敞口瓶
“大清乾隆年制”款
估　价：RMB 8,000,000～12,000,000
成交价：RMB 13,440,000
高41.5cm 北京匡时 2010.12.4

2132 清乾隆 孔雀蓝地粉彩缠枝花卉“八吉祥”图双如意耳瓶
“大清乾隆年制”款
估　价：RMB 25,000,000～35,000,000
成交价：RMB 35,775,540
高55cm 香港苏富比 2010.10.7

2325 清乾隆 黄地粉彩缠枝花卉八吉祥纹喷巴瓶
“大清乾隆年制”篆书款
估　价：RMB 2,800,000～3,500,000
成交价：RMB 12,320,000
高26.5cm 北京翰海 2010.12.11

847 清乾隆 粉彩三多纹敦式碗
“大清乾隆年制”篆书款
估　价：RMB 380,000～450,000
成交价：RMB 414,400
直径15cm 长风拍卖 2010.6.22

1892 清乾隆 粉彩题诗鸡缸杯
“大清乾隆仿古”篆书款
估　价：RMB 1,500,000～2,000,000
成交价：RMB 3,389,080
直径8.2cm 香港佳士得 2010.5.31

1965 清乾隆 粉彩瑞兽
“乾隆御制”款
估　价：RMB 800,000～1,200,000
成交价：RMB 1,736,000
高28.5cm 雍和嘉诚 2010.12.3

2130 清乾隆 粉红地“锦上添花”粉彩通景“山水庭廓”图双耳撇口瓶(一对)
“大清乾隆年制”款
估　价：RMB 20,000,000～30,000,000
成交价：RMB 86,619,060
高36.5cm 香港苏富比 2010.10.7

2327 清乾隆 粉彩福禄尊
“大清乾隆年制”篆书款
估 价：RMB 5,000,000～8,000,000
成交价：RMB 11,088,000
高44.3cm 北京翰海 2010.12.11

826 清乾隆 粉彩锦地西番莲纹葵花式花盆(一对)
估 价：RMB 400,000～500,000
成交价：RMB 1,108,400
宽17cm 北京诚轩 2010.5.17

2698 清乾隆 粉彩鸡缸杯
“大清乾隆仿古”篆书款
估 价：RMB 1,500,000～1,800,000
成交价：RMB 2,240,000
直径8cm 中国嘉德 2010.11.21

208 清乾隆 粉彩荷花纹盘
“大清乾隆年制”款
估 价：RMB 1,000,000～1,500,000
成交价：RMB 1,120,000
直径17.3cm 北京荣宝 2010.5.30

5316 清乾隆 粉彩山水题诗小灯笼瓶
“翰墨”、“陶署”款
估 价：RMB 1,000,000～1,500,000
成交价：RMB 1,120,000
高10.2cm 北京保利 2010.6.5

2410 清乾隆 粉彩描金花卉八吉祥供器(二件)
"大清乾隆年制"篆书款
估　价：RMB 1,200,000～1,500,000
成交价：RMB 1,680,000
高50cm 北京翰海 2010.6.7

2061 清乾隆 粉彩番莲纹如意冠架
估　价：RMB 400,000～600,000
成交价：RMB 329,250
高25.5cm 香港佳士得 2010.5.31

2326 清乾隆 粉彩缠枝花卉蝠纹双耳瓶(二件)
"大清乾隆年制"篆书款
估　价：RMB 3,000,000～3,800,000
成交价：RMB 5,152,000
高18.5cm 北京翰海 2010.12.11

570 清乾隆 松石绿地开光粉彩"锦上添花"图束腰瓶
"大清乾隆年制"篆书款
估　价：RMB 600,000～900,000
成交价：RMB 840,000
高40cm 云南典藏 2010.4.25

4686 清乾隆 粉彩百花不露地葫芦瓶
“大清乾隆年制”款
估　价：RMB 12,000,000～22,000,000
成交价：RMB 22,400,000
高32cm 北京保利 2010.12.5

1942 清乾隆 粉彩缠枝花卉“五蝠捧寿”图双象耳瓶
“大清乾隆年制”款
估　价：RMB 900,000～1,200,000
成交价：RMB 968,000
高27.8cm 香港苏富比 2010.4.8

1853 清乾隆 粉彩缠枝花卉开光式“山水庭廓”图四棱瓶
“大清乾隆年制”款
估　价：RMB 2,200,000～3,200,000
成交价：RMB 5,508,800
高47cm 香港苏富比 2010.4.8

2966 清乾隆 仿石釉粉彩开光山水图瓶
“大清乾隆年制”篆书款
估　价：RMB 5,000,000～6,000,000
成交价：RMB 6,608,000
高15.3cm 北京翰海 2010.6.7

54 清乾隆 茶叶末釉捏塑粉彩福寿灵芝纹笔筒
“大清乾隆年制”款
估　价：RMB 1,500,000～2,500,000
成交价：RMB 2,464,000
高12cm 北京中汉 2010.5.18

3005 清乾隆 宝石红地粉彩轧道花卉纹盘矾红
“大清乾隆年制”篆书款
估　价：RMB 1,500,000～2,000,000
成交价：RMB 8,754,800
直径29cm 香港佳士得 2010.12.1

750 清乾隆 粉彩缠枝西番莲纹多孔折沿盘
“大清乾隆年制”篆书款
估　价：RMB 1,000,000～1,350,000
成交价：RMB 1,344,000
直径38.3cm 北京九歌 2010.6.22

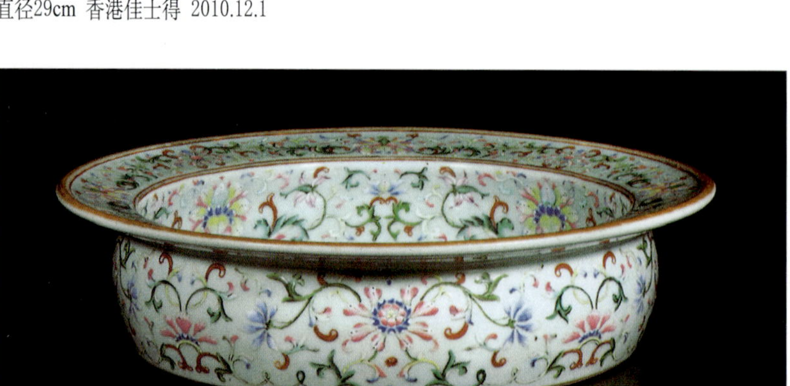

214 清乾隆 粉彩宝相花纹折沿洗
估　价：RMB 800,000～1,200,000
成交价：RMB 963,200
直径32cm 北京荣宝 2010.5.30

4603 清乾隆 白地粉彩八吉祥炉
“大清乾隆年制”款
估　价：RMB 1,500,000～2,500,000
成交价：RMB 2,688,000
高31cm 北京保利 2010.12.5

286 清乾隆 粉彩雕山水瓷板
估　价：RMB 250,000～300,000
成交价：RMB 425,600
43cm x 36cm 北京保利 2010.7.31

1945 清乾隆 粉彩仿石纹镂雕金钱纹墨床
估　价：RMB 120,000～150,000
成交价：RMB 440,000
长7.9cm 香港苏富比 2010.4.8

2163 清嘉庆 胭脂红缠枝花卉纹粉彩通景“海屋添筹”图灯笼瓶
“大清嘉庆年制”款
估　价：RMB 4,000,000～6,000,000
成交价：RMB 5,045,940
高30cm 香港苏富比 2010.10.7

3206 清嘉庆 柠檬绿地粉彩福寿纹茶壶
“大清嘉庆年制”篆书款
估　价：RMB 480,000～550,000
成交价：RMB 688,000
高15.5cm 香港佳士得 2010.12.1

813 清嘉庆 绿地粉彩缠枝莲托喜字纹云耳瓶
"大清嘉庆年制"篆书款
估　价：RMB 1,500,000 1,800,000
成交价：RMB 2,688,000
高31cm 北京诚轩 2010.5.17

3156 清嘉庆 松石绿地开光粉彩人物大瓶
估　价：RMB 2,000,000～3,000,000
成交价：RMB 2,240,000
高81.5cm 北京翰海 2010,12.12

2610 清嘉庆 粉彩双鹿桃纹双耳瓶
"大清嘉庆年制"篆书款
估　价：RMB 500,000～800,000
成交价：RMB 560,000
高31.8cm 中国嘉德 2010.5.16

2957 清嘉庆 紫地粉彩八吉祥喷巴瓶
"大清嘉庆年制"篆书款
估　价：RMB 800,000～1,200,000
成交价：RMB 1,176,000
高25.2cm 北京翰海 2010.6.7

2981 清嘉庆 黄地粉彩福寿万年云口瓶
“大清嘉庆年制”篆书款
估　价：RMB 18,000,000～25,000,000
成交价：RMB 77,623,600
高28cm 香港佳士得 2010.12.2

83 清嘉庆 粉彩缠枝花卉纹福寿连年茶壶
“大清嘉庆年制”款
估 价：RMB 3,200,000～4,000,000
成交价：RMB 4,032,000
高14.7cm 北京匡时 2010.12.4

1616 清嘉庆 粉彩八吉祥双耳三足炉
“大清嘉庆年制”篆书款
估 价：RMB 300,000～500,000
成交价：RMB 806,400
高27cm 北京翰海 2010.6.6

752 清嘉庆 胭脂红地粉彩莲托八宝纹花觚
“大清嘉庆年制”篆书款
估 价：RMB 450,000～560,000
成交价：RMB 616,000
高26.6cm 北京九歌 2010.6.22

3028 清嘉庆 绿地粉彩八吉祥长方水仙盆
估　价：RMB 600,000～800,000
成交价：RMB 694,400
长43cm 北京翰海 2010.6.7

1856 清嘉庆 粉彩描金“福寿”纹“婴戏图”双凤耳瓶
“大清嘉庆年制”款
估　价：RMB 2,500,000～3,000,000
成交价：RMB 2,657,600
高32cm 香港苏富比 2010.4.8

1910 清嘉庆 粉彩嵌剔红榴开百子图双铜耳瓶
“大清嘉庆年制”篆书款
估　价：RMB 5,000,000～7,000,000
成交价：RMB 8,446,360
高25.3cm 香港佳士得 2010.5.31

1147 清道光 松石绿地粉彩福寿海棠形盘
“大清道光年制”款
估　价：RMB 150,000
成交价：RMB 313,600
长14.8cm 北京纳高 2010.7.15

1946 清嘉庆 粉彩过枝“竹蝶石榴”图碗(一对)
“大清嘉庆年制”款
估　价：RMB 350,000～450,000
成交价：RMB 545,600
直径10.9cm 香港苏富比 2010.4.8

2982 清道光 黄地粉彩花卉五福宫碗(一对)
“大清道光年制”篆书款
估　价：RMB 1,200,000～1,800,000
成交价：RMB 5,693,200
直径14.8cm 香港佳士得 2010.12.2

1344 清道光 黄地粉彩开光花卉内青花碗(一对)
“大清道光年制”款
估　价：RMB 350,000～400,000
成交价：RMB 425,600
直径15cm 北京匡时 2010.6.6

2129 清道光 柠檬黄地粉彩折枝“梅竹图”直颈瓶
“慎德堂制”款
估　价：RMB 800,000～1,200,000
成交价：RMB 1,798,380
高31cm 香港苏富比 2010.10.7

2162 清道光 孔雀蓝地缠枝花卉粉彩通景“五子登科”图瓶
“大清道光年制”款
估 价：RMB 1,500,000～2,000,000
成交价：RMB 2,531,700
高33cm 香港苏富比 2010.10.7

235 清中期 粉彩“福寿”纹八棱式天球瓶
“大清乾隆年制”款
估 价：RMB 380,000～480,000
成交价：RMB 436,800
高51cm 北京荣宝 2010.3.14

3207 清道光 粉彩粉红地轧道开光花卉玉兔碗(一对)
“大清道光年制”篆书款
估 价：RMB 300,000～400,000
成交价：RMB 2,906,800
直径14.8cm 香港佳士得 2010.12.1

730 清中期 松石绿地粉彩宝相花鼎式熏炉
估 价：RMB 250,000～350,000
成交价：RMB 212,800
高48cm 广州嘉德 2010.6.16

2127 清道光 粉彩仿剔红雕漆锦地“万福”图盖罐(一对)
“慎德堂制”款
估 价：RMB 3,000,000～5,000,000
成交价：RMB 6,826,860
高26cm 香港苏富比 2010.10.7

2164 清18世纪 天蓝釉地粉彩“福耋图”菊瓣式盏托
估　价：RMB 500,000～700,000
成交价：RMB 1,903,140
直径18cm 香港苏富比 2010.10.7

4699 清光绪 御制黄地粉彩百鸟朝凤大瓶(一对)
估　价：RMB 1,600,000～2,000,000
成交价：RMB 2,464,000
高140cm 北京保利 2010.12.5

1932 清宣统 粉彩麻姑献寿瓶
估　价：RMB 800,000～1,000,000
成交价：RMB 1,071,160
高18.5cm 香港佳士得 2010.5.31

1950 清宣统 粉彩“百鸡图”赏瓶
“大清宣统年制”款
估　价：RMB 80,000～100,000
成交价：RMB 330,000
高39.5cm 香港苏富比 2010.4.8

842 清 粉彩百鹿尊
“大清乾隆年制”篆书款
估 价：RMB 300,000～350,000
成交价：RMB 313,600
高47cm 长风拍卖 2010.6.22

2411 清 粉彩寿星
“福建会馆，阮凯敬造”款
估 价：RMB 80,000～120,000
成交价：RMB 89,600
高29.8cm 北京翰海 2010.6.7

3158 清咸丰 粉彩宝相花纹喜字罐
“大清咸丰年制”楷书款
估 价：RMB 600,000～800,000
成交价：RMB 672,000
高29cm 北京翰海 2010.12.12

133 清 粉彩花鸟纹帽筒(一对)
估 价：RMB 100,000～150,000
成交价：RMB 190,400
高36cm 中拍国际 2010.6.19

2429 清 粉彩描金龙纹烛台
估 价：RMB 60,000
成交价：RMB 84,000
高26.5cm 北京中嘉 2010.5.9

2750 清 粉彩花卉纹镂空高足盘
"大清嘉庆年制"篆书款
估 价：RMB 80,000～100,000
成交价：RMB 212,800
直径39cm 中国嘉德 2010.5.16

132 民国 粉彩通景山水纹帽筒(一对)
"乾隆年制"款
估 价：RMB 120,000～180,000
成交价：RMB 224,000
高28.3cm 中拍国际 2010.6.19

102 民国 徐仲南粉彩《清江泛舟图》琴炉(一对)
估 价：RMB 120,000～180,000
成交价：RMB 179,200
高8.6cm 长风拍卖 2010.6.21

954 民国 粉彩动物纹瓷板
估 价：RMB 350,000
成交价：RMB 440,000
长83cm 天津文物 2010.11.21

483 民国 粉彩八仙人物像(八件)
"福建会馆"篆书刻款
估 价：RMB 300,000～400,000
成交价：RMB 392,000
尺寸不一 云南典藏 2010.4.25

3448 民国 粉彩花鸟纹瓷板
“郭葆昌”款
估　价：RMB 80,000～120,000
成交价：RMB 582,400
42cm x 29cm 中国嘉德 2010.3.20

2836 1994年 张松茂 白梅 粉彩瓷瓶
钤印：雅月斋
估　价：RMB 100,000～120,000
成交价：RMB 784,000
高46.5cm 中国嘉德 2010.5.17

234 民国 粉彩“十二花神”纹龙耳方瓶(一对)
估　价：RMB 280,000～380,000
成交价：RMB 336,000
高32cm 北京荣宝 2010.3.14

290 文革时期 粉彩手绘我们一定要解放台湾瓷板
估　价：RMB 1,500,000～2,200,000
成交价：RMB 1,120,000
70.7cm x 43.5cm 老城隍庙 2010.11.6

2837 张松茂 玉兰黄鹂图 粉彩瓷盘
钤印：制、张
估　价：RMB 200,000～250,000
成交价：RMB 470,400
直径36.2cm 中国嘉德 2010.5.17

3456 王云泉 春夏秋冬 粉彩瓷板(四件)
钤印：之印
估 价：RMB 160,000～200,000
成交价：RMB 672,000
141cm x 36cm 中国嘉德 2010.11.20

2846 2010年 宁钢 和合图粉彩综合装饰瓷板
题识：宁钢
估 价：RMB 320,000～420,000
成交价：RMB 504,000
80cm x 80cm 中国嘉德 2010.5.17

5335 20世纪 王锡良绘 粉彩牧牛图瓷板
估 价：RMB 150,000～200,000
成交价：RMB 336,000
49.5cm x 29.5cm 北京保利 2010.6.5

珐琅彩

269 清康熙 珐琅彩胆瓶
估 价：RMB 2,500,000～3,000,000
成交价：RMB 1,008,000
高15.8cm 老城隍庙 2010.11.6

2123 清乾隆 御制珐琅彩“祥云瑞蝠”开光式“四季花卉”图纹槌瓶
“乾隆年制”款
估　价：RMB 60,000,000～80,000,000
成交价：RMB 122,796,180
高18.4cm 香港苏富比 2010.10.7

2124 清乾隆 御制珐琅彩“祥云瑞蝠”开光式“四季花卉”图纹抛瓶
“乾隆年制”款
估 价：RMB 8,000,000～12,000,000
成交价：RMB 27,953,460
高19cm 香港苏富比 2010.10.7

1021 清乾隆 珊瑚红地珐琅彩花卉纹碗
“大清乾隆年制”款
估 价：RMB 90,000
成交价：RMB 470,400
直径11.8cm 北京纳高 2010.7.15

1125 清乾隆 珐琅彩盘龙瓜叶葫芦瓶
“乾隆年制”楷书款
成交价：RMB 2,240,000
通高12.3cm 辽宁中正 2010.1.10

4672 清康熙 御制珊瑚红地珐琅彩九秋同庆碗
“康熙御制”款
估 价：RMB 3,000,000～4,000,000
成交价：RMB 4,480,000
直径11cm 北京保利 2010.12.5

42 清乾隆 珐琅彩双龙碗
“大清乾隆年制”
估 价：RMB 380,000～400,000
成交价：RMB 414,400
直径14.8cm 深圳市拍 2010.10.23

543 民国 叶震嘉珐琅彩绘爱菊图小棒槌瓶
估 价：RMB 200,000～250,000
成交价：RMB 347,200
高14cm 北京永乐 2010,11.23

281 清乾隆 珐琅彩郎世宁绘诗文花卉梅瓶
估 价：RMB 8,000,000～13,000,000
成交价：RMB 4,480,000
高19.7cm 老城隍庙 2010.11.6

1022 清乾隆 珐琅彩蓝地花草纹盘
“大清乾隆年制”款
估 价：RMB 100,000
成交价：RMB 728,000
直径16.6cm 北京纳高 2010.7.15

4313 民国(1947年) 珐琅彩开光山水如意万代尊
“中华民国三十六年中正”款
估　价：RMB 350,000～550,000
成交价：RMB 2,240,000
高32cm 北京保利 2010.6.4

1079 清 珐琅彩薄胎西洋人物纹小罐(一对)
“大清乾隆年制”篆书款
估　价：RMB 200,000
成交价：RMB 616,000
高7cm 辽宁中正 2010.4.18

421 民国 珐琅彩人物纹蒜头瓶
“乾隆年制”楷书款
估　价：RMB 250,000
成交价：RMB 440,000
高19cm 天津文物 2010.5.24

广 彩

1643 清乾隆 广彩洋人归航图大碗
估　价：RMB 190,000～230,000
成交价：RMB 224,000
直径29.5cm 广州嘉德 2010.12.8

91 清道光 广彩通景人物故事图盆
估　价：RMB 50,000～80,000
成交价：RMB 56,000
直径37.3cm 广州艺拍 2010.6.15

3201 清 广彩人物纹大碗
估　价：RMB 12,000～22,000
成交价：RMB 145,600
直径41cm 中国嘉德 2010.3.20

1110 清同治 广彩开光人物故事大瓶
估　价：RMB 250,000～350,000
成交价：RMB 403,200
高93cm 北京荣宝 2010.11.14

珐华彩

3118 明16世纪 法华寿老八仙图盖罐
估　价：RMB 1,500,000～2,500,000
成交价：RMB 3,629,200
高43.2cm 香港佳士得 2010.12.1

746 明中期 珐华釉一鹭莲科八宝纹大罐
估　价：RMB 1,500,000～1,800,000
成交价：RMB 1,904,000
高43cm 北京九歌 2010.6.22

2355 明 珐华八仙人物大罐
估　价：RMB 600,000～800,000
成交价：RMB 952,000
高41cm 中国嘉德 2010.11.20

4810 清康熙 珐华缠枝莲罐
估　价：RMB 100,000～150,000
成交价：RMB 201,600
高19cm 北京保利 2010.6.5

浅绛彩

150 清 程焕文浅绛彩松鹤山水纹象耳尊
估　价：RMB 250,000～350,000
成交价：RMB 392,000
高36cm 中拍国际 2010.6.19

160 清 詹鸿宝浅绛彩花鸟纹帽筒(一对)
估　价：RMB 120,000～150,000
成交价：RMB 235,200
高28.5cm 中拍国际 2010.6.19

2896 清 金品卿鸟语花香 浅绛彩瓷板
钤印：金氏
估 价：RMB 80,000～120,000
成交价：RMB 448,000
43cm×33cm 中国嘉德 2010.5.17

3444 金品卿 花鸟浅绛彩瓷板
钤印：金诰、品卿
估 价：RMB 80,000～100,000
成交价：RMB 280,000
43cm×28cm 中国嘉德 2010.11.20

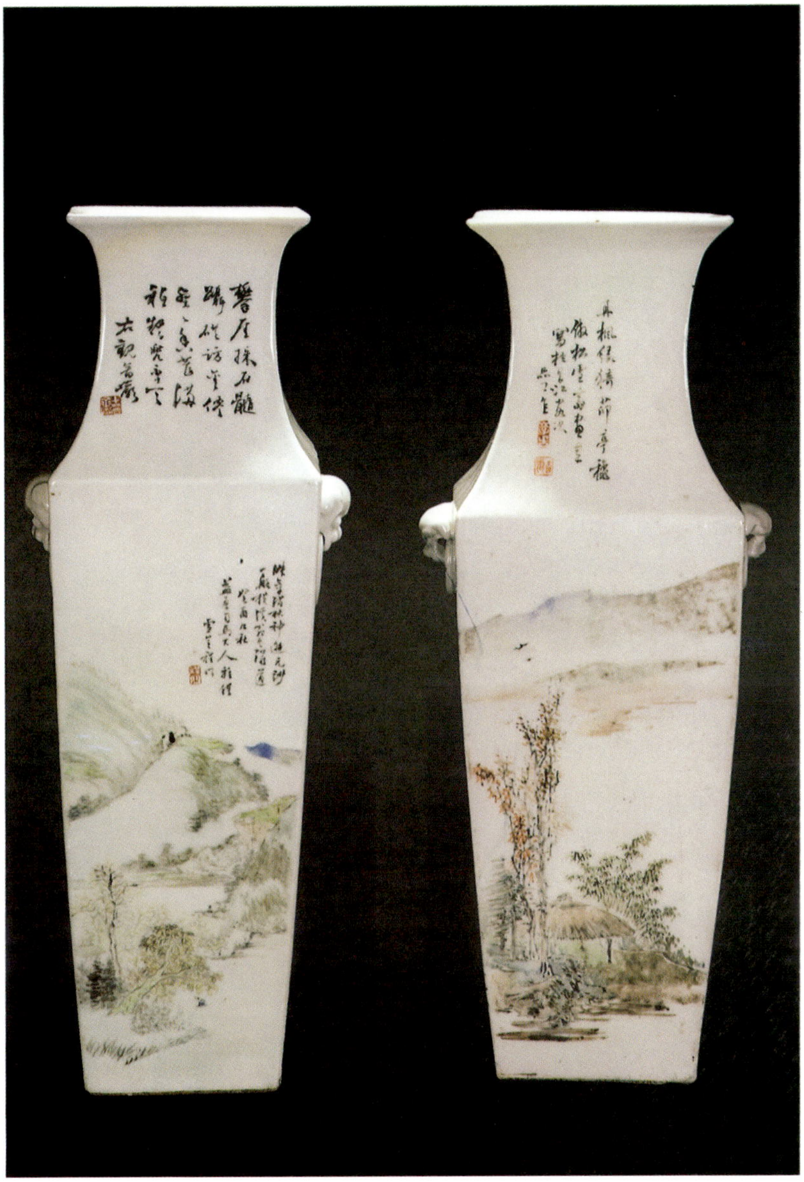

98 清同治 程门、金品卿浅绛彩书画集锦兽耳四方大瓶
“程门”款
估 价：RMB 500,000～800,000
成交价：RMB 666,000
高57cm 高56cm 长风拍卖 2010.6.21

762 浅绛彩山水人物瓷板(一套四块)
估 价：RMB 250,000～350,000
成交价：RMB 380,800
长39cm 宽25cm 上海新华 2010.9.5

3149 民国 马庆云浅绛彩“渔樵耕渎”纹四方瓶(一对)
估 价：RMB 100,000～150,000
成交价：RMB 190,400
高57.6cm 中拍国际 2010.11.27

236 民国 浅绛彩“轻舟已过万重山”诗景图纹尊
钤印：介眉
估 价：RMB 300,000～500,000
成交价：RMB 358,400
高26.6cm 北京荣宝 2010.3.14

红 彩

3025 清雍正 梵红彩云龙团寿纹盘(二件)
“大清雍正年制”楷书款
估 价：RMB 600,000～800,000
成交价：RMB 806,400
直径15.6cm 北京翰海 2010.12.12

4142 清乾隆 矾红彩翼龙天鸡高足盖碗(一对)
“大清乾隆年制”款
估 价：RMB 1,800,000～2,800,000
成交价：RMB 2,688,000
高20cm 北京保利 2010.6.4

5310 清乾隆 松石绿地矾红夔龙壁瓶
“大清乾隆年制”款
估　价：RMB 1,000,000～1,500,000
成交价：RMB 1,344,000
高26cm 北京保利 2010.12.6

3035 清乾隆 梵红彩花卉甘露瓶
估　价：RMB 320,000～380,000
成交价：RMB 358,400
高22cm 北京翰海 2010.6.7

5062 明正德 矾红游鱼纹碗
估　价：RMB 450,000～600,000
成交价：RMB 1,400,000
直径16.3cm 北京中汉 2010.11.22

827 清乾隆 白地轧道海水矾红龙纹盏托(一对)
“大清乾隆年制”楷书款
估　价：RMB 110,000～150,000
成交价：RMB 291,200
直径12.2cm 北京诚轩 2010.5.17

2409 清嘉庆 梵红彩云龙双耳三足炉
“大清嘉庆年制”篆书款
估　价：RMB 250,000～350,000
成交价：RMB 280,000
高27.3cm 北京翰海 2010.6.7

53 清康熙 矾红龙纹碗
“大清康熙年制”款
估　价：RMB 500,000～800,000
成交价：RMB 560,000
直径15.8cm 广州艺拍 2010.6.15

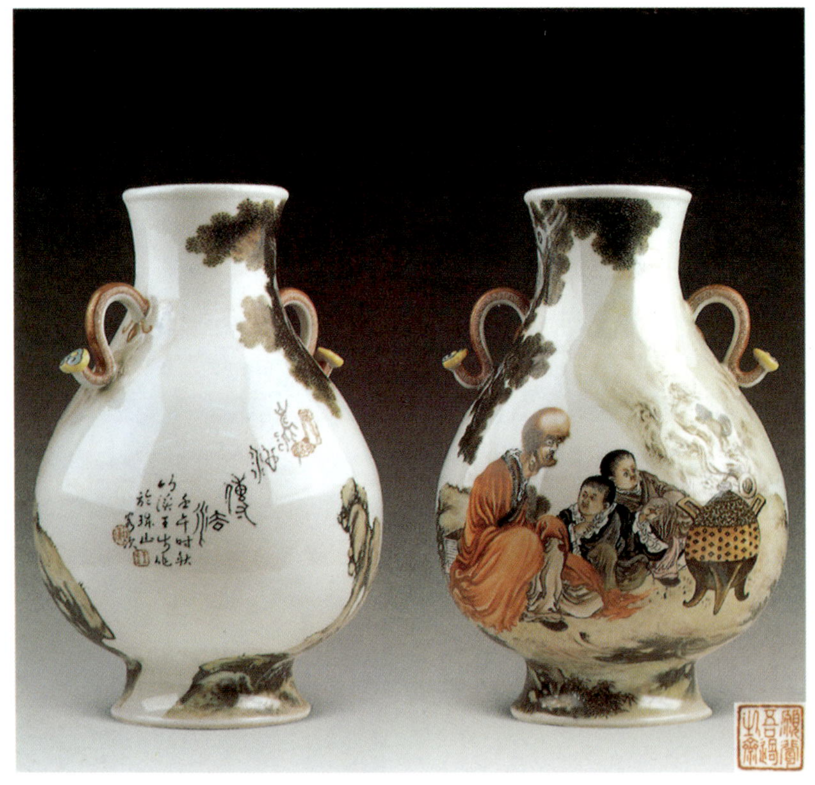

294 民国 王步红彩罗汉如意瓶
估　价：RMB 200,000～250,000
成交价：RMB 224,000
高47.4cm 广东古今 2010.6.20

868 清康熙 红彩描金海水龙纹瓶
估　价：RMB 100,000～120,000
成交价：RMB 313,600
高27.7cm 北京诚轩 2010.11.22

3199 清道光 矾红双龙赶珠纹水盂
估　价：RMB 180,000～250,000
成交价：RMB 236,500
直径7cm 香港佳士得 2010.12.1

黄 彩

1124 清嘉庆 蓝地黄龙赶珠纹盘
“大清嘉庆年制”篆书款
估 价：RMB 120,000～180,000
成交价：RMB 168,000
直径25cm 广州嘉德 2010.12.8

5026 清康熙 蓝地绿彩云龙纹盘
“大清康熙年制”楷书款
估 价：RMB 300,000～500,000
成交价：RMB 627,200
直径36.8cm 北京中汉 2010.11.22

2358 清康熙 豇豆红釉绿彩螭龙瓶
“大清康熙年制”楷书款
估 价：RMB 400,000～600,000
成交价：RMB 985,600
高19.7cm 中国嘉德 2010.11.20

603 清雍正 黄地绿彩暗刻团龙纹碗
“大清雍正年制”楷书款
估 价：RMB 550,000～650,000
成交价：RMB 1,344,000
直径14.2cm 北京永乐 2010.11.23

绿 彩

879 明成化 青金蓝地孔雀绿釉刻花鱼藻纹大罐
估 价：RMB 4,000,000～5,000,000
成交价：RMB 4,480,000
高42cm 北京诚轩 2010.11.22

2087 明成化 绿彩缠枝灵芝纹香炉
估　价：RMB 15,000,000
成交价：RMB 16,800,000
高14cm 北京中嘉 2010.5.9

602 清雍正 黄地绿彩婴戏图碗
“大清雍正年制”楷书款
估　价：RMB 400,000～500,000
成交价：RMB 1,680,000
直径15cm 北京永乐 2010.11.23

5039 清雍正 黄地绿彩祥云八鹤纹碗(一对)
“大清雍正年制”楷书款
估　价：RMB 800,000～1,200,000
成交价：RMB 2,800,000
直径15.2cm 北京中汉 2010.11.22

2479 清雍正 墨地绿彩水仙纹盘
“大清雍正年制”楷书款
估　价：RMB 160,000～200,000
成交价：RMB 392,000
直径18.2cm 中国嘉德 2010.11.20

1868 清康熙 黄地绿彩云龙戏珠橄榄瓶
“大清康熙年制”楷书款
估　价：RMB 7,000,000～9,000,000
成交价：RMB 7,392,760
高25.5cm 香港佳士得 2010.5.31

1215 清雍正 绿彩龙纹罐
“大清雍正年制”款
估　价：RMB 1,800,000～2,200,000
成交价：RMB 2,464,000
高19.5cm 北京匡时 2010.6.6

566 清道光 绿彩苍龙教子图撇口瓶
“大清道光年制”篆书款
估　价：RMB 320,000～380,000
成交价：RMB 840,000
高33cm 北京永乐 2010.11.23

2831 清乾隆 白地绿彩云龙八宝纹盖罐
“大清乾隆年制”篆书款
估　价：RMB 400,000～600,000
成交价：RMB 2,081,200
高20.7cm 香港佳士得 2010.12.1

4820 清乾隆 黄地绿彩龙纹碗
“大清乾隆年制”款
估　价：RMB 150,000～200,000
成交价：RMB 392,000
直径15cm 北京保利 2010.6.5

1952 清光绪 墨地绿彩“兰芝祝寿”图圆盖盒
“体和殿制”款
估　价：RMB 250,000～300,000
成交价：RMB 651,200
长32.2cm 香港苏富比 2010.4,8

2814 黑地绿彩山水图葵瓣洗
估　价：RMB 500,000～800,000
成交价：RMB 1,771,600
宽14cm 香港佳士得 2010.12.1

5140 清乾隆 紫金釉金彩宝相花碗
“大清乾隆年制”款
估　价：RMB 300,000～400,000
成交价：RMB 470,400
直径17cm 北京保利 2010.12.6

金彩

2128 清乾隆 炉钧釉地金酱彩浮雕“夔龙拱福”图仿古铜式双耳瓶
“大清乾隆年制”款
估　价：RMB 18,000,000～25,000,000
成交价：RMB 39,686,580
高37.5cm 香港苏富比 2010.10.7

1687 清乾隆 珊瑚红描金花卉纹葫芦瓶
估 价：RMB 2,800,000～3,800,000
成交价：RMB 4,144,000
高36cm 朵云轩 2010.12.17

825 清乾隆 珊瑚红釉描金缠枝莲纹花尊
“大清乾隆年制”篆书款
估 价：RMB 250,000～300,000
成交价：RMB 952,000
高17.5cm 北京诚轩 2010.5.17

2122 清乾隆 天蓝彩地金彩“九龙”图长颈瓶
“大清乾隆年制”款
估 价：RMB 7,000,000～10,000,000
成交价：RMB 19,153,620
高30cm 香港苏富比 2010.10.7

4684 清乾隆 御制松石绿描金云纹《古稀说》瓷板(六块)
估　价：RMB 6,800,000～9,800,000
成交价：RMB 10,304,000
58.5cm x 25cm x 6 北京保利 2010.12.5

3147 清乾隆 金彩山水人物小碗(二件)
“大清乾隆年制”篆书款
估　价：RMB 2,200,000～3,200,000
成交价：RMB 2,464,000
直径8.3cm 北京翰海 2010.12.12

74 清乾隆 祭蓝描金缠枝纹四系小瓶
“大清乾隆年制”篆书款
估　价：RMB 500,000～700,000
成交价：RMB 616,000
高11.8cm 福建拍卖 2010.6.21

2682 清乾隆 酱地描金兽面纹觯
估　价：RMB 300,000～500,000
成交价：RMB 336,000
高20.5cm 中国嘉德 2010.11.21

3163 清乾隆 茶叶末釉描金花卉五联瓶
“大清乾隆年制”篆书款
估 价：RMB 2,500,000～3,000,000
成交价：RMB 2,800,000
高19.5cm 北京翰海 2010.12.12

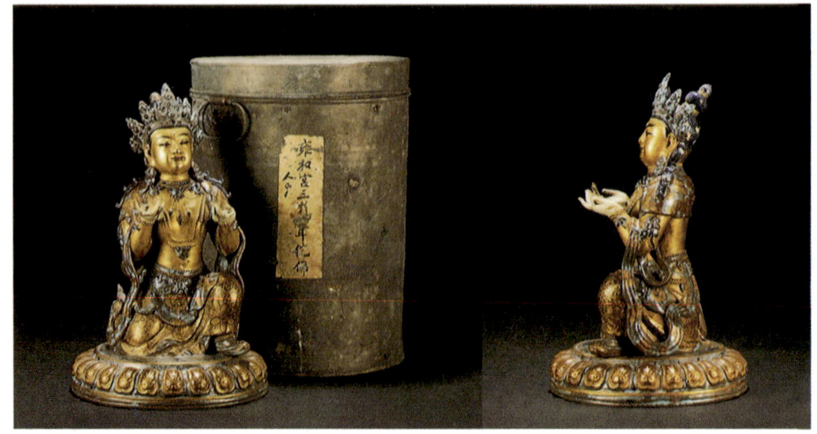

216 清乾隆 炉钧釉描金佛像
成交价：RMB 694,400
高29cm 北京保利 2010.10.23

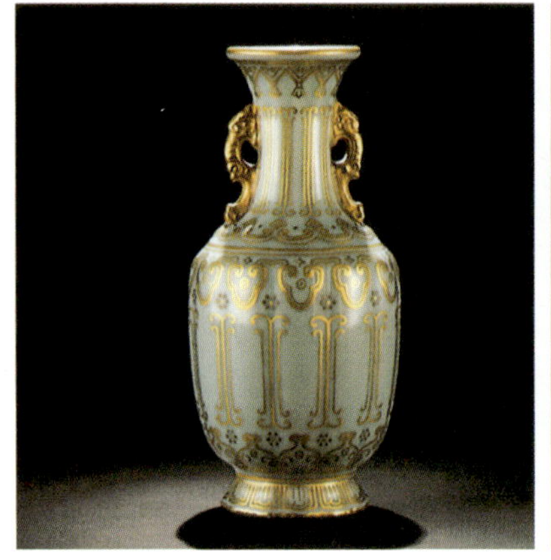

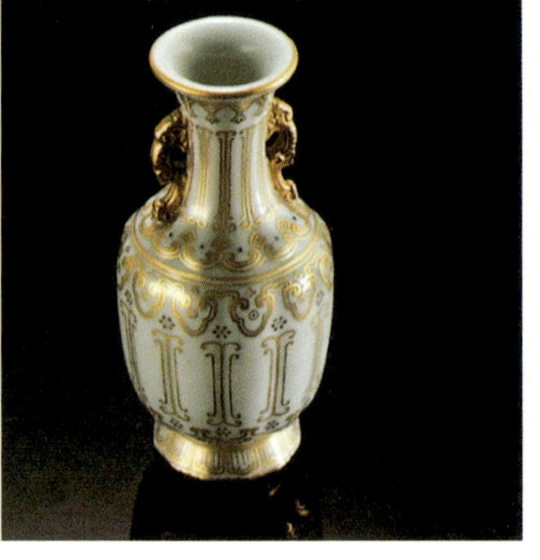

4161 清乾隆 青釉描金双耳瓜棱小瓶
“大清乾隆年制”款
估 价：RMB 3,800,000～5,800,000
成交价：RMB 5,376,000
高13.8cm 北京保利 2010.6.4

580 清嘉庆 豆青釉描金蒜头瓶
“大清嘉庆年制”篆书款
估 价：RMB 1,500,000～2,000,000
成交价：RMB 1,792,000
高30.7cm 云南典藏 2010.4.25

2824 清乾隆 仿朱漆描金御题诗菊瓣盘
“乾隆年制”描金篆书款
估 价：RMB 600,000～800,000
成交价：RMB 1,462,000
直径10.3cm 香港佳士得 2010.12.1

45 清乾隆 矾红描金云龙戏珠纹双耳罐
估 价：RMB 900,000～1,100,000
成交价：RMB 672,000
高43cm 中翰清花 2010.12.12

1803A 清乾隆 粉青地金彩“交锁夔龙”图兽耳瓶(一对)
“大清乾隆年制”款
估　价：RMB 8,000,000～12,000,000
成交价：RMB 31,134,400
高26.6cm 香港苏富比 2010.4.8

5336 清道光 粉青釉描金福寿花卉荸荠瓶
“大清道光年制”款
估 价：RMB 2,600,000～3,600,000
成交价：RMB 2,912,000
高27cm 北京保利 2010.12.6

1844 清18世纪 酱釉描金仿古“饕餮图”弦纹壶
估 价：RMB 100,000～120,000
成交价：RMB 220,000
高20.5cm 香港苏富比 2010.4.8

5354 清光绪 矾红描金九龙豆
估 价：RMB 350,000～450,000
成交价：RMB 504,000
高28cm 北京保利 2010.12.6

紫彩

82 清康熙 绿地紫彩龙纹盘
“大清康熙年制”款
估 价：RMB 600,000～800,000
成交价：RMB 873,600
直径31.5cm 北京匡时 2010.12.4

白花

286 元 霁蓝釉留白龙纹梅瓶
估　价：RMB 1,800,000
成交价：RMB 2,016,000
高31cm 中都国际 2010.9.25

2230 元 蓝釉堆白龙纹罐
估　价：RMB 8,800,000
成交价：RMB 9,856,000
高25.2cm 北京中嘉 2010.5.9

5088 清雍正 蓝地白花鱼藻纹盉式碗
“大清雍正年制”楷书款
估　价：RMB 120,000～180,000
成交价：RMB 1,086,400
直径17.3cm 北京中汉 2010.11.22

2341 明 蓝釉留白花叶纹抱月瓶
估　价：RMB 380,000
成交价：RMB 425,600
高31cm 北京中嘉 2010.5.9

259 清道光 珊瑚红釉留白竹纹碗(一对)
"大清道光年制"款
估 价：RMB 220,000～320,000
成交价：RMB 369,600
直径18cm 北京荣宝 2010.3.14

1997 清雍正 蓝地留白双龙赶珠纹碗
"大清雍正年制"楷书款
估 价：RMB 200,000～300,000
成交价：RMB 597,040
直径15cm 香港佳士得 2010.5.31

1122 清嘉庆 松石绿釉堆白花卉纹葫芦瓶
"大清嘉庆年制"篆书款
估 价：RMB 800,000
成交价：RMB 1232,000
高28.5cm 辽宁中正 2010.1.10

2211 清乾隆 豆青白龙双耳扁瓶
估 价：RMB 400,000～500,000
成交价：RMB 448,000
高23cm 朵云轩 2010.6.30

墨彩

5093金 磁州窑褐地黑花老虎枕
估 价：RMB 120,000～180,000
成交价：RMB 134,400
长33.7cm 北京中汉 2010.11.22

5259 宋/金 磁州窑绿地黑花诗文梅瓶
估 价：RMB 60,000～80,000
成交价：RMB 100,800
高30.5cm 北京保利 2010.12.6

746 清雍正 墨彩暗刻龙纹一苇渡江杯
“大明成化年制”款
估　价：RMB 30,000～42,000
成交价：RMB 89,600
直径9.5cm 北京保利 2010.10.23

592 清乾隆 唐英制墨彩诗句马蹄式水丞
估　价：RMB 150,000～200,000
成交价：RMB 168,000
直径6cm 北京永乐 2010.11.23

2404 清乾隆 墨彩山水纹墨床
估　价：RMB 50,000～70,000
成交价：RMB 50,000
长7.5cm 北京翰海 2010.6.7

2746 清光绪 黄地墨彩花卉纹长方花盆
“体和殿制”篆书款
估　价：RMB 40,000～60,000
成交价：RMB 134,400
宽14.5cm 中国嘉德 2010.5.16

3047 清康熙 矾红黑彩群仙纹碗
“大清康熙年制”楷书款
估　价：RMB 800,000～1,200,000
成交价：RMB 1,255,600
直径17cm 香港佳士得 2010.12.1

542 20世纪 张志汤墨彩绘瑞雪山居图大瓷板 张志汤绘山水人物图轴
估 价：RMB 300,000～350,000
成交价：RMB 425,600
100.5cm×44.5cm 北京永乐 2010.11.23

1341 清宣统 墨彩山水纹尊
估 价：RMB 160,000～180,000
成交价：RMB 201,600
高46cm 北京匡时 2010.6.6

仿古铜彩

1152 清乾隆 仿古铜彩弦纹长颈双耳瓶“乾隆年制”款
估 价：RMB 120,000
成交价：RMB 336,000
高9cm 北京纳高 2010.7.15

340清中期 古铜彩双鹿头尊
成交价：RMB 89,600
高38cm 北京保利 2010.10.23

585 清 古铜彩暗刻博古纹盘口尊
“大清乾隆年制”篆书刻款
估　价：RMB 150,000～250,000
成交价：RMB 235,200
高38cm 云南典藏 2010.4.25

293 清乾隆 蓝地包金鱼藻纹观音瓶
估　价：RMB 3,500,000～3,800,000
成交价：RMB 4,256,000
高33cm 中翰清花 2010.5.2

其他彩

3099 北宋/金 磁州窑白地褐花小口瓶
估　价：RMB 300,000～400,000
成交价：RMB 739,600
高22.9cm
香港佳士得 2010.12.1

4165 清乾隆 孔雀绿地洋彩加胭脂料彩宝相花螭龙福寿耳瓶
“大清乾隆年制”款
估　价：RMB 6,800,000～8,800,000
成交价：RMB 19,040,000
高28cm 北京保利 2010.6.4

1025 清乾隆 洋彩厂官釉榴开百子瓶(一对)
“大清乾隆年制”款
估 价：RMB 8,000,000～12,000,000
成交价：RMB 34,720,000
高20.5cm 北京荣宝 2010.11.14

2951 清乾隆 洋彩花卉碗
“大清乾隆年制”篆书款
估 价：RMB 2,000,000～2,600,000
成交价：RMB 7,280,000
直径11.2cm 北京翰海 2010.6.7

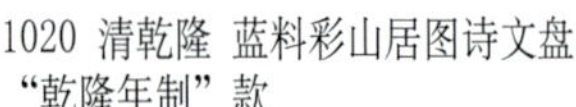

1020 清乾隆 蓝料彩山居图诗文盘
“乾隆年制”款
估 价：RMB 120,000
成交价：RMB 190,400
直径31.3cm 北京纳高 2010.7.15

88 清嘉庆 松绿地八宝纹觚
“大清嘉庆年制”款
估 价：RMB 900,000～1,500,000
成交价：RMB 1,008,000
高32cm 广州艺拍 2010.6.15

430 清 瓷胎大漆嵌螺钿山水人物纹瓶
估 价：RMB 80,000
成交价：RMB 88,000
高48cm 天津文物 2010.5.24

2126 清乾隆 浅黄地洋彩锦上添花“万寿连延”图长颈葫芦瓶
“大清乾隆年制”款
估 价：RMB 30,000,000～50,000,000
成交价：RMB 220,572,180
高40cm 香港苏富比 2010.10.7

5037 清乾隆 黄地洋彩缠枝宝相花卉纹折沿花盆
估　价：RMB 250,000～350,000
成交价：RMB 1,321,600
直径30cm 北京中汉 2010.11.22

3018 清光绪 黄地彩云龙大盘
“储秀宫制”篆书款
估　价：RMB 450,000～600,000
成交价：RMB 1,120,000
直径53.7cm 北京翰海 2010.12.12

5315 清乾隆 黄地洋彩花卉纹碗
“乾隆年制”方栏款
估　价：RMB 500,000～800,000
成交价：RMB 728,000
直径16cm 北京保利 2010.6.5

4346 范敏祺 重工古彩仕女琴棋书画四方镶器
估　价：RMB 280,000～580,000
成交价：RMB 1,792,000
高108cm 北京保利 2010.12.5

4858 清道光 磁胎洋彩黄地团花四季山水膳碗(一对)
“大清道光年制”款
估　价：RMB 500,000～800,000
成交价：RMB 694,400
直径15cm 北京保利 2010.6.5

300 黄松坚 大龙之尊者
估　价：RMB 2,000,000～2,500,000
成交价：RMB 3,360,000
高55cm 深圳市拍 2010.6.12

4293 朱乐耕 “禅意”一组(12件)
估　价：RMB 550,000～850,000
成交价：RMB 5,600,000
高120cm 北京保利 2010.12.5

242 清嘉庆 瓜皮绿地赭龙纹碗
“大清嘉庆年制”款
估　价：RMB 180,000～280,000
成交价：RMB 224,000
直径11cm 北京荣宝 2010.3.14

4306 张松茂 雪景昭君出塞瓶
估　价：RMB 380,000～680,000
成交价：RMB 952,000
高36cm 北京保利 2010.12.5

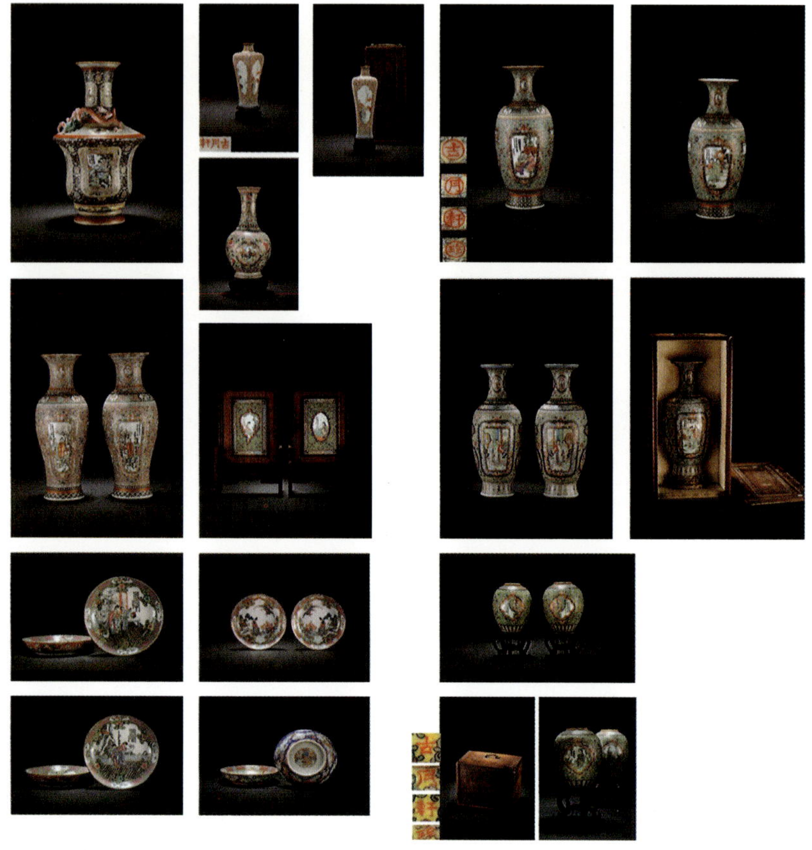

4700 民国 “古月轩珍”款洋彩人物瓷器(一组十三套)
“古月轩珍”款
估　价：RMB 4,500,000～6,500,000
成交价：RMB 7,280,000
尺寸不一北京保利 2010.12.5

2816 1985年作 李峻 露浓花瘦 新彩瓷板
钤印：峻
估　价：RMB 150,000～180,000
成交价：RMB 246,400
60cm×44cm 中国嘉德 2010.5.17

2853 钟莲生 2009年作 梦回清水湾 新彩瓷板
估　价：RMB 900,000～1,200,000
成交价：RMB 1,232,000
200cm×100cm 中国嘉德 2010.5.17

2811 李菊生 2009年作 关云长夜读春秋 高温颜色釉瓷镶器
估　价：RMB 1,200,000～1,500,000
成交价：RMB 2,016,000
高108cm 中国嘉德 2010.5.17

色釉瓷

青 釉

3186 清康熙 粉青釉暗刻夔凤纹笔筒
“宣和年制”楷书款
估 价：RMB 380,000～480,000
成交价：RMB 425,600
高15.3cm 北京翰海 2010.12.12

5119 清雍正 天青釉模印五蝠纹碗
“大清雍正年制”款
估 价：RMB 350,000～450,000
成交价：RMB 952,000
直径15cm 北京保利 2010.12.6

2815 清康熙 冬青釉刻祥云纹马蹄式水盂
估 价：RMB 2,000,000～3,000,000
成交价：RMB 3,629,200
高7.5cm 香港佳士得 2010.12.1

5061 清雍正 青釉刻花灵芝小盘(一对)
“大清雍正年制”款
估 价：RMB 100,000～150,000
成交价：RMB 224,000
直径11.5cm 北京保利 2010.6.5

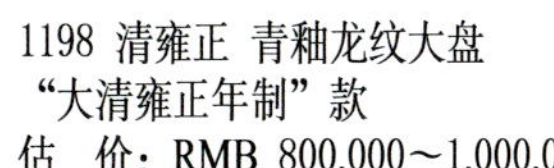

1198 清雍正 青釉龙纹大盘
“大清雍正年制”款
估 价：RMB 800,000～1,000,000
成交价：RMB 840,000
直径49cm 北京匡时 2010.6.6

3004 清雍正 仿龙泉青釉暗灵芝纹五岳真形图三孔扁瓶
“大清雍正年制”篆书款
估　价：RMB 4,000,000～6,000,000
成交价：RMB 17,905,200
高50.8cm 香港佳士得 2010.12.1

30 清雍正 粉青釉小口灯笼瓶
“大清雍正年制”款
估　价：RMB 600,000～800,000
成交价：RMB 1,568,000
高25.7cm 北京中汉 2010.5.18

2028 清雍正 仿汝青灰釉贯耳扁方尊
估　价：RMB 1,000,000～2,000,000
成交价：RMB 2,464,000
高49.5cm 辽宁建投 2010.11.15

1926 清雍正 冬青釉印”穿花飞凤“图高足碗(一对)
“雍正年制”款
估　价：RMB 1,000,000～1,500,000
成交价：RMB 1,073,600
直径9cm 香港苏富比 2010.4.8

1177 清雍正 粉青釉莲瓣观音瓶
"大清雍正年制"款
估 价：RMB 2,500,000～3,000,000
成交价：RMB 3,920,000
高42.5cm 北京匡时 2010.6.6

212 清乾隆 粉青釉月牙耳罐
"大清乾隆年制"款
估 价：RMB 250,000～350,000
成交价：RMB 280,000
高18cm 北京荣宝 2010.5.30

842 清乾隆 青釉月牙盖罐
"大清乾隆年制"篆书款
估 价：RMB 120,000～150,000
成交价：RMB 313,600
高21.5cm 北京诚轩 2010.11.22

48 清乾隆 粉青釉撇口海棠尊
"大清乾隆年制"款
估 价：RMB 3,800,000～5,000,000
成交价：RMB 6,944,000
高39.1cm 北京中 汉 2010.5.18

44 清乾隆 粉青釉凸夔龙纹鸠耳尊
估 价：RMB 800,000～1,200,000
成交价：RMB 896,000
高19.3cm 十竹斋 2010.7.11

825 清乾隆 天青釉包袱瓶
"大清乾隆年制"篆书款
估 价：RMB 400,000
成交价：RMB 448,000
高24cm 上海大众 2010.1.3

2316 清乾隆 粉青釉如意耳葫芦瓶
“大清乾隆年制”篆书款
估 价：RMB 800,000～1,200,000
成交价：RMB 6,496,000
高23cm 北京翰海 2010.12.11

2591 清乾隆 青釉印花云蝠纹镗锣洗
估 价：RMB 80,000～100,000
成交价：RMB 168,000
直径11.5cm 中国嘉德 2010.5.16

2853 清乾隆 粉青釉辅耳鼓式罐
“大清乾隆年制”篆书款
估 价：RMB 150,000～200,000
成交价：RMB 481,600
高16.5cm 北京翰海 2010.6.7

5081 清乾隆 仿龙泉青釉暗刻八吉祥纹模印金刚杵纹洗
估 价：RMB 600,000～900,000
成交价：RMB 1,736,000
直径25.9cm 北京中 汉 2010.11.22

5113 清乾隆 仿汝天青釉碟
“大清乾隆年制”款
估 价：RMB 80,000～120,000
成交价：RMB 156,800
直径14.5cm 北京保利 2010.12.6

3196 清乾隆 豆青釉铺耳鼓式罐
“大清乾隆年制”篆书款
估 价：RMB 80,000～100,000
成交价：RMB 358,400
高16.2cm 北京翰海 2010.12.12

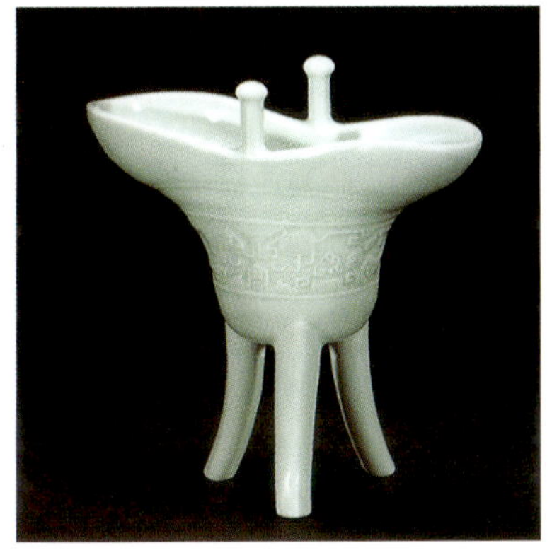

824 清乾隆 豆青釉暗刻饕餮纹爵杯
“大清乾隆年制”篆书款
估 价：RMB 180,000
成交价：RMB 201,600
高17.3cm 上海大众 2010.1.3

2096 清 豆青釉夔纹太白尊
估 价：RMB 80,000
成交价：RMB 98,560
高9cm 北京中嘉 2010.5.9

4690 清乾隆 粉青釉浮雕夔龙纹六方贯耳瓶
“大清乾隆年制”款
估 价：RMB 4,800,000～6,800,000
成交价：RMB 5,824,000
高45.5cm 北京保利 2010.12.5

1156 清乾隆 冬青釉如意纹水丞
估 价：RMB 380,000～480,000
成交价：RMB 425,600
高5cm 广州嘉德 2010.12.8

2988 清 豆青釉三羊尊
估　价：RMB 100,000～200,000
成交价：RMB 3,472,000
高32cm 中国嘉德 2010.11.22

2384 清道光 粉青釉刻花三足洗
估　价：RMB 140,000
成交价：RMB 224,000
直径14.5cm 北京中嘉 2010.5.9

2802 2010年作 毛正聪 槐叶纹 梅子青釉瓷钵
钤印：正聪
估　价：RMB 10,000～20,000
成交价：RMB 336,000
直径20.5cm 中国嘉德 2010.5.17

红　釉

3108 明宣德 红釉盘
“大明宣德年制”楷书款
估　价：RMB 2,500,000～3,500,000
成交价：RMB 6,209,200
直径20.2cm 香港佳士得 2010.12.1

836 清康熙 郎窑红釉水盂
估　价：RMB 80,000～100,000
成交价：RMB 246,400
宽7.4cm 北京诚轩 2010.5.17

550 清康熙 豇豆红釉菊瓣瓶
"大清康熙年制"楷书款
估　价：RMB 650,000～750,000
成交价：RMB 1,512,000
高21.2cm 北京永乐 2010.11.23

140 清康熙 豇豆红釉镗锣洗
估　价：RMB 1,500,000～2,200,000
成交价：RMB 1,568,000
直径11.9cm 北京中汉 2010.5.18

2367 清康熙 豇豆红釉洗
估　价：RMB 120,000～180,000
成交价：RMB 358,400
直径11.2cm 中国嘉德 2010.11.20

618 清康熙 豇豆红大红袍釉太白尊
“大清康熙年制”楷书款
估　价：RMB 600,000～700,000
成交价：RMB 1,512,000
直径12.9cm 北京永乐 2010.11.23

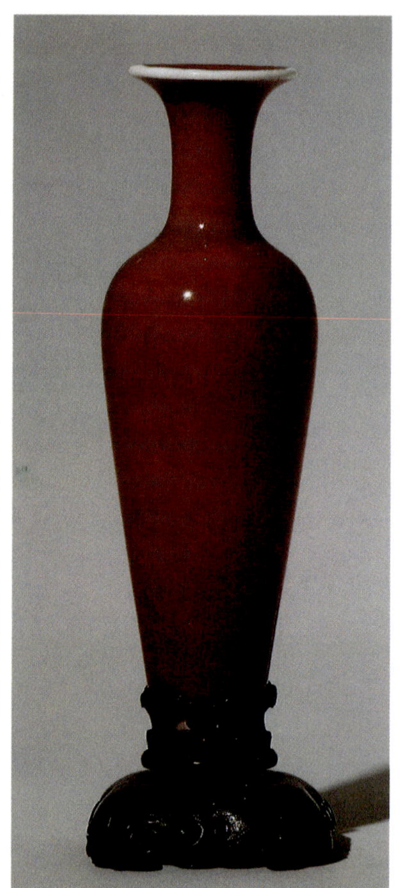

5117 清康熙 豇豆红柳叶瓶
“大清康熙年制”款
估　价：RMB 1,000,000～2,000,000
成交价：RMB 2,800,000
高16cm 北京保利 2010.12.6

4825 清康熙 仿永乐红釉模印暗刻龙纹高足碗
“永乐年制”款
估　价：RMB 200,000～300,000
成交价：RMB 280,000
直径14cm 北京保利 2010.6.5

5135 清雍正 胭脂红釉小杯(一对)
“大清雍正年制”款
估　价：RMB 1,200,000～2,200,000
成交价：RMB 2,016,000
直径5.5cm 北京保利 2010.12.6

2318 清雍正 霁红釉橄榄瓶
“大清雍正年制”楷书款
估　价：RMB 1,200,000～1,500,000
成交价：RMB 2,800,000
高30.5cm 北京翰海 2010.12.11

715 清道光 胭脂红釉梅瓶
“大清道光年”篆书款
估　价：RMB 130,000～160,000
成交价：RMB 179,200
高24.5cm 北京九歌 2010.6.22

4823 清乾隆 胭脂红釉茶壶
“大清乾隆年制”款
估　价：RMB 800,000～1,200,000
成交价：RMB 896,000
长19.5cm 北京保利 2010.6.5

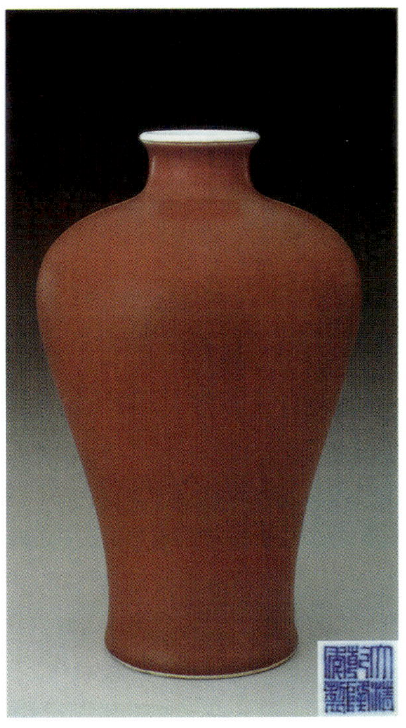

2971 清乾隆 祭红釉梅瓶
“大清乾隆年制”篆书款
估　价：RMB 680,000～750,000
成交价：RMB 963,200
高21cm 中国嘉德 2010.11.22

4826 清雍正 祭红釉蒜头瓶
“大清雍正年制”款
估　价：RMB 800,000～1,200,000
成交价：RMB 896,000
高17cm 北京保利 2010.6.5

黄 釉

5250 唐 绞胎黄釉 绿釉脉枕(两件)
估 价：RMB 150,000～200,000
成交价：RMB 168,000
长13cm 长12.5cm 北京保利 2010.12.6

1042 明弘治 娇黄釉大碗
“大明弘治年制”楷书款
估 价：RMB 150,000～200,000
成交价：RMB 168,000
直径19.5cm 辽宁中正 2010.10.31

1858 明正德 黄釉碗
“大明正德年制”楷书款
估 价：RMB 500,000～600,000
成交价：RMB 913,120
直径16.3cm 香港佳士得 2010.5.31

2047 明嘉靖 黄釉暗刻云龙纹盘(一对)
估 价：RMB 350,000
成交价：RMB 448,000
口径22cm 北京中嘉 2010.5.9

1867 清康熙 御制明黄釉大碗
“大清康熙年制”楷书款
估 价：RMB 1,500,000～2,000,000
成交价：RMB 1,597,960
直径31.4cm 香港佳士得 2010.5.31

355 清康熙 黄釉大碗
“大清康熙年制”楷书款
估 价：RMB 400,000
成交价：RMB 440,000
直径31cm 天津文物 2010.5.24

4824 清雍正 黄釉弦纹洗口瓶
“大清雍正年制”款
估 价：RMB 1,000,000～1,500,000
成交价：RMB 2,408,000
高27.5cm 北京保利 2010.6.5

2350 清雍正 柠檬黄釉小碗(一对)
“大清雍正年制”楷书款
估 价：RMB 600,000～800,000
成交价：RMB 2,128,000
直径9.8cm 中国嘉德 2010.11.20

552 清康熙 黄釉浅浮雕苍龙教子图长方形盏托(两件)
估 价：RMB 250,000～300,000
成交价：RMB 1, 120,000
高13.3cm 北京永乐 2010.11.23

5060 清乾隆 黄釉小碟(一对)
“大清乾隆年制”款
估 价：RMB 200,000～300,000
成交价：RMB 470,400
直径8.8cm 北京保利 2010.6.5

2468 清乾隆 黄釉暗刻龙纹碗(一对)
“大清乾隆年制”篆书款，乾隆本朝
估 价：RMB 480,000～680,000
成交价：RMB 873,600
直径15.1cm 中国嘉德 2010.11.20

572 清道光 娇黄釉小天球瓶
“大清道光年制”篆书款
估 价：RMB 250,000～280,000
成交价：RMB 414,400
高16.4cm 北京永乐 2010.11.23

830 清雍正 娇黄釉杯
“大清雍正年制”楷书款
估 价：RMB 150,000～200,000
成交价：RMB 470,400
直径6.1cm 北京诚轩 2010.5.17

3185 清道光 黄釉雕瓷山水人物笔筒
“大清道光年制”篆书款
估 价：RMB 300,000～500,000
成交价：RMB 481,600
高13.5cm 北京翰海 2010.12.12

165 清雍正 黄釉四系双穿孔串带瓶
“大清雍正年制”篆书款
估 价：RMB 200,000～300,000
成交价：RMB 280,000
高13.8cm 福建拍卖 2010.6.21

绿 釉

5087 北宋 钧窑绿釉莲子碗
估 价：RMB 120,000～180,000
成交价：RMB 134,400
直径14.1cm 北京中汉 2010.11.22

1032 清康熙 郎绿梅瓶
估 价：RMB 120,000～180,000
成交价：RMB 112,000
高18cm 雍和嘉诚 2010.6.3

2471 清乾隆 瓜皮绿釉大碗
“大清乾隆年制”篆书款
估 价：RMB 60,000～80,000
成交价：RMB 448,000
直径17.4cm 中国嘉德 2010.11.20

823 清雍正 苹果绿釉杯
“大清雍正年制”楷书款
估 价：RMB 150,000
成交价：RMB 224,000
口径9cm 上海大众 2010.1.3

2344 清乾隆 松石绿釉菊瓣盘
“大清乾隆年制”篆书款
估 价：RMB 250,000～450,000
成交价：RMB 425,600
直径18.2cm 中国嘉德 2010.11.20

2964 清雍正 绿釉直颈瓶
“大清雍正年制”楷书款
估 价：RMB 2,600,000～3,200,000
成交价：RMB 2,912,000
高22.4cm 北京翰海 2010.6.7

2576 清乾隆 松石绿釉蕉叶螭龙纹小花觚
“大清乾隆年制”篆书款
估 价：RMB 120,000～180,000
成交价：RMB 694,400
高13.1cm 中国嘉德 2010.5.16

3052 清乾隆 孔雀绿釉双龙耳尊
“大清乾隆年制”篆书款
估 价：RMB 2,800,000～3,500,000
成交价：RMB 10,199,600
高30.1cm 香港佳士得 2010.12.1

741 清乾隆 浅绿釉模印云鹤纹碗
“大清乾隆年制”篆书款
估 价：RMB 180,000～220,000
成交价：RMB 224,000
高12.6cm 北京九歌 2010.6.22

4811 明万历 祭蓝大碗
“大明万历年制”款
估 价：RMB 100,000～150,000
成交价：RMB 246,400
直径30cm 北京保利 2010.6.5

蓝 釉

877 明嘉靖 洒蓝釉凤纹盘
“大明嘉靖年制”楷书款
估 价：RMB 80,000～100,000
成交价：RMB 560,000
直径15.7cm 北京诚轩 2010.11.22

271 明成化 蓝釉龙纹高足碗
估 价：RMB 8,000,000～11,000,000
成交价：RMB 4,368,000
高9.4cm 老城隍庙 2010.11.6

5111 清雍正 天蓝釉小碟
“大清雍正年制”款
估 价：RMB 80,000～120,000
成交价：RMB 134,400
直径13cm 北京保利 2010.12.6

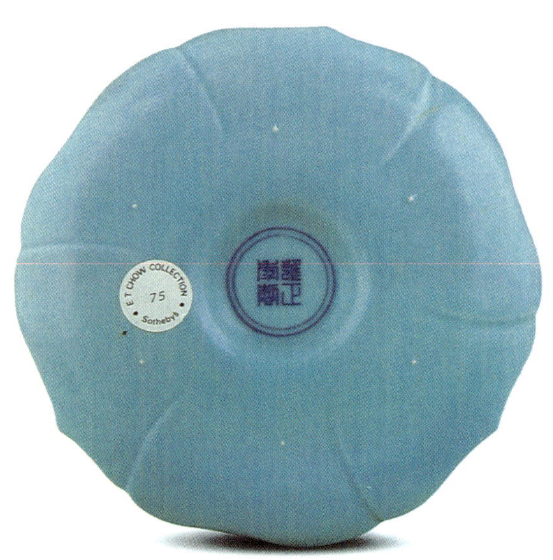

2817 清雍正 天蓝釉团寿心葵花式盏托
“雍正年制”篆书款
估　价：RMB 700,000～900,000
成交价：RMB 2,700,400
宽14cm 香港佳士得 2010.12.1

348 清雍正 霁蓝釉盘
“大清雍正年制”书款
估　价：RMB 40,000
成交价：RMB 132,000
直径20.5cm 天津文物 2010.5.24

3126 清康熙 天蓝釉百条缸
估　价：RMB 500,000～800,000
成交价：RMB 2,800,000
直径25cm 中国嘉德 2010.9.18

1239 清乾隆 天蓝釉双耳瓶
“大清乾隆年制”款
估　价：RMB 3,000,000
成交价：RMB 4,368,000
高36cm 北京纳高 2010.7.15

1801 清雍正 蓝釉撇口观音瓶
“大清雍正年制”款
估　价：RMB 800,000～1,000,000
成交价：RMB 2,763,200
高38.3cm 香港苏富比 2010.4.8

5137 清乾隆 孔雀蓝釉小缸
“大清乾隆年制”款
估　价：RMB 800,000～1,200,000
成交价：RMB 1,680,000
直径21.5cm 北京保利 2010.12.6

80 清乾隆 霁蓝釉大天球瓶
“大清乾隆年制”款
估　价：RMB 1,200,000～1,500,000
成交价：RMB 4,480,000
高55cm 北京匡时 2010.12.4

4606 清乾隆 祭蓝釉龙纹大烛台
“大清乾隆年制”款
估 价：RMB 2,600,000～3,600,000
成交价：RMB 4,200,000
高40cm 北京保利 2010.12.5

581 清嘉庆 霁蓝釉象耳琮式瓶
“大清嘉庆年制”篆书款
估 价：RMB 200,000～220,000
成交价：RMB 224,000
高29cm 北京永乐 2010.11.23

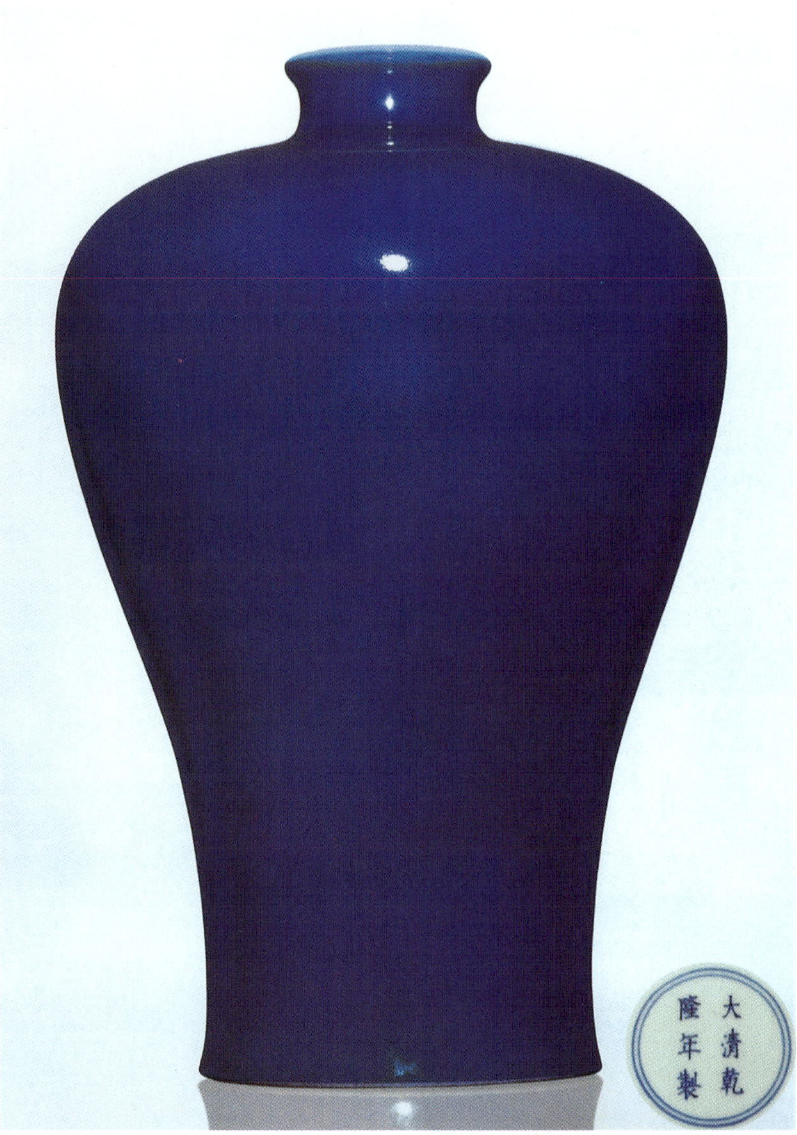

2971 清乾隆 霁蓝釉梅瓶
“大清乾隆年制”楷书款
估 价：RMB 1,200,000～1,800,000
成交价：RMB 3,113,200
高35cm 香港佳士得 2010.12.1

金 釉

2899 清乾隆 紫金釉洒金如意菊瓣纹瓶
“乾隆年制”
估 价：RMB 80,000～100,000
成交价：RMB 89,600
高24.5cm 西泠拍卖 2010.7.6

2691 清光绪 紫金釉碗(一对)
“大清光绪年制”款
成交价：RMB 39,200
直径12.6cm 中国嘉德 2010.12.18

酱 釉

2006 清雍正 酱釉盘(一对)
“大清雍正年制”楷书款
估 价：RMB 350,000～400,000
成交价：RMB 384,125
直径15.3cm x 2cm 香港佳士得 2010.5.31

2658 民国 曾龙升款酱釉山子
估 价：RMB 360,000～460,000
成交价：RMB 425,600
高83.5cm 中国嘉德 2010.5.16

窑变釉

258 宋 窑变香熏炉
估 价：RMB 60,000～100,000
成交价：RMB 67,200
高16cm 老城隍庙 2010.11.6

2974 清乾隆 窑变釉云耳瓶
“大清乾隆年制”篆书款
估 价：RMB 280,000～350,000
成交价：RMB 627,200
高21.8cm 中国嘉德 2010.11.22

2320 清雍正 窑变釉盖碗尊
“雍正年制”篆书款
估 价：RMB 2,000,000～3,000,000
成交价：RMB 5,376,000
高21.5cm 北京翰海 2010.12.11

1164 清雍正 窑变釉铺首尊
“大清雍正年制”款
估 价：RMB 5,500,000～6,500,000
成交价：RMB 6,720,000
高15.8cm 北京匡时 2010.6.6

1158 清乾隆 窑变釉石榴尊(一对)
“大清乾隆年制”款
估 价：RMB 1,200,000～1,500,000
成交价：RMB 1,736,000
高19.8cm 北京匡时 2010.6.6

5126 清乾隆 窑变釉赏瓶
“大清乾隆年制”款
估　价：RMB 2,000,000～3,000,000
成交价：RMB 2,912,000
高43cm 北京保利 2010.12.6

5125 清雍正 窑变釉菱口洗
估　价：RMB 400,000～600,000
成交价：RMB 985,600
直径20.6cm 北京保利 2010.12.6

590 清乾隆 窑变釉海棠式撇口花觚
“大清乾隆年制”篆书款
估　价：RMB 350,000～400,000
成交价：RMB 582,400
高26.8cm 北京永乐 2010.11.23

3778 清乾隆 窑变釉花觚
“大清乾隆年制”款
估　价：RMB 220,000～350,000
成交价：RMB 246,400
高26.5cm 中国嘉德 2010.6.19

2656 清乾隆 窑变釉蝴蝶耳尊
“大清乾隆年制”篆书款
估　价：RMB 800,000～1,000,000
成交价：RMB 3,136,000
高41cm 中国嘉德 2010.5.16

炉钧釉

1883 清雍正 炉钧孔雀毛釉双耳香炉
“大清雍正年制”篆书印款
估　价：RMB 1,800,000～2,500,000
成交价：RMB 1,703,320
高16cm 香港佳士得 2010.5.31

3005 清 炉钧釉瓷塑佛像
估　价：RMB 120,000～150,000
成交价：RMB 134,400
高55cm 中国嘉德 2010.11.22

232 清乾隆 炉钧釉蒜头瓶
"大清乾隆年制"篆书款
估　价：RMB 1,500,000～2,000,000
成交价：RMB 1,100,000
高40cm 天津瀚雅 2010.11.28

2014 清乾隆 炉钧釉灯笼瓶
"大清乾隆年制"篆书印款
估　价：RMB 500,000～700,000
成交价：RMB 913,120
高23.5cm 香港佳士得 2010.5.31

5138 清乾隆 炉钧釉灵芝九如花插
"乾隆年制"款
估　价：RMB 2,000,000～3,000,000
成交价：RMB 3,360,000
高19cm 北京保利 2010.12.6

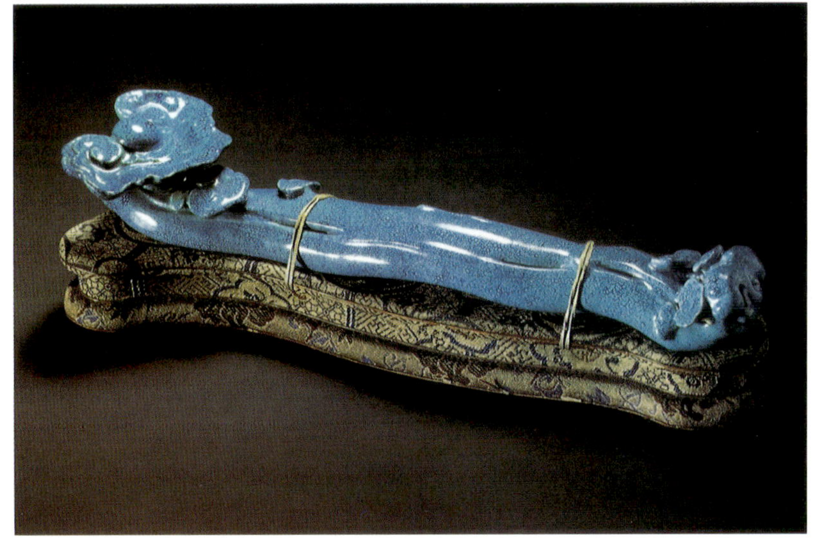

805 清 炉钧釉九芝如意
估　价：RMB 50,000～70,000
成交价：RMB 67,200
长26.5cm 北京诚轩 2010.5.17

仿官釉

633 明 官窑花口盏
估 价：RMB 80,000～120,000
成交价：RMB 89,600
直径22cm 北京保利 2010.10.23

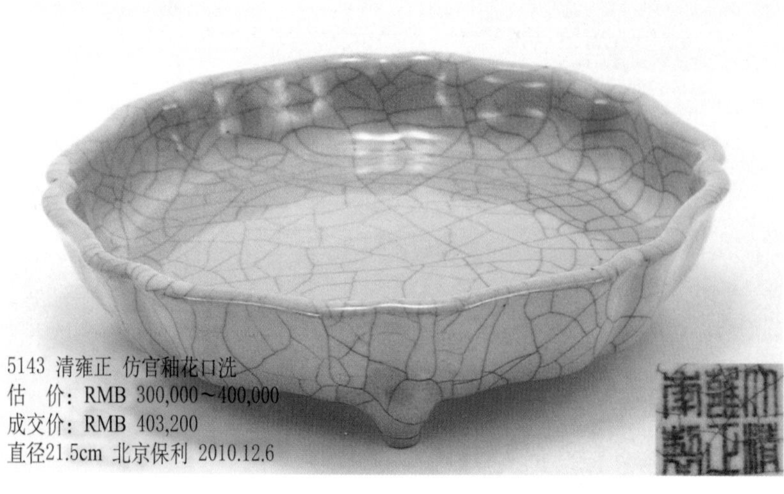

5143 清雍正 仿官釉花口洗
估 价：RMB 300,000～400,000
成交价：RMB 403,200
直径21.5cm 北京保利 2010.12.6

832 清雍正 仿官釉弦纹贯耳瓶
“大清雍正年制”篆书款
估 价：RMB 1,500,000～1,800,000
成交价：RMB 1,680,000
高27.7cm 北京诚轩 2010.5.17

3197 清雍正 仿官釉五孔瓶
“大清雍正年制”款
估 价：RMB 80,000～120,000
成交价：RMB 436,800
高27.5cm 中国嘉德 2010.3.20

133 清雍正 仿官釉抱月瓶
"大清雍正年制"款
估　价：RMB 1,200,000～1,500,000
成交价：RMB 1456,000
高56cm 深圳市拍 2010.6.12

95 清乾隆 仿官釉御题诗文双耳炉
成交价：RMB 459,200
直径15cm 北京保利 2010.10.23

1030 清乾隆 仿官釉象耳双联瓶
估　价：RMB 90,000
成交价：RMB 123,200
高15.2cm 北京纳高 2010.7.15

4844 清乾隆 仿官釉小水盂
估　价：RMB 50,000～80,000
成交价：RMB 89,600
直径8.5cm 北京保利 2010.6.5

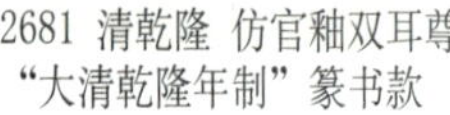

2681 清乾隆 仿官釉双耳尊
“大清乾隆年制”篆书款
估　价：RMB 8,000,000～12,000,000
成交价：RMB 8,960,000
高32.7cm 中国嘉德 2010.11.21

1261 清乾隆 仿官釉三羊尊
“大清乾隆年制”款
估　价：RMB 70,000～75,000
成交价：RMB 840,000
高31.5cm 北京匡时 2010.6.6

3228 清 仿官釉花盆
“大清乾隆年制”款
成交价：RMB 80,640
长21.7cm 中国嘉德 2010.3.20

2543 清乾隆 仿官釉六方瓶
“大清乾隆年制”篆书款
估　价：RMB 800,000～1,200,000
成交价：RMB 1,176,000
高47cm 北京翰海 2010.6.7

2962 清嘉庆 仿官釉瓜棱弦纹瓶
“大清嘉庆年制”篆书款
估　价：RMB 800,000～1,000,000
成交价：RMB 1,075,200
高22cm 北京翰海 2010.6.7

1820 清 仿官釉三羊尊
“大清雍正年制”款
估　价：RMB 120,000
成交价：RMB 134,400
高35.5cm 北京翰海 2010.9.19

748 清乾隆 仿官釉大天球瓶
“大清乾隆年裂”篆书款
估　价：RMB 5,000,000～6,300,000
成交价：RMB 9,856,000
高72.6cm 北京九歌 2010.6.22

191 叶宏明 仿官窑大盘
估　价：RMB 300,000～350,000
成交价：RMB 1,120,000
直径50.7cm 深圳市拍 2010.6.12

仿哥釉

831 清雍正 仿哥釉弦纹瓶
“大清雍正年制”篆书款
估　价：RMB 1,200,000～1,500,000
成交价：RMB 4,368,000
高18.6cm 北京诚轩 2010.5.17

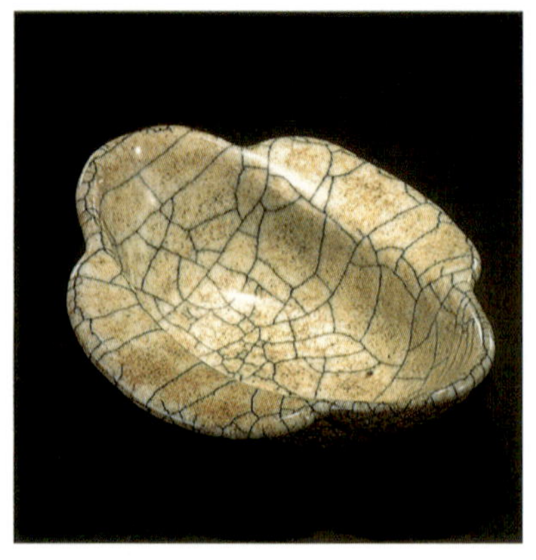

2223 明 哥釉羽觞
龚心钊旧藏
估　价：RMB 80,000～120,000
成交价：RMB 672,000
宽10.2cm 中国嘉德 2010.11.21

2410 明 哥窑印池
估　价：RMB 160,000～220,000
成交价：RMB 560,000
长5.8cm 中国嘉德 2010.5.16

659 清雍正 仿哥釉钵式洗
估　价：RMB 200,000～300,000
成交价：RMB 257,600
直径14.5cm 广州嘉德 2010.6.16

822 清乾隆 仿哥釉盘口八棱瓶
“大清乾隆年制”篆书款
估　价：RMB 800,000～1,000,000
成交价：RMB 1,400,000
高21.4cm 北京诚轩 2010.5.17

5144 清乾隆 仿哥釉六方贯耳瓶
“大清乾隆年制”款
估　价：RMB 1,200,000～2,200,000
成交价：RMB 2,912,000
高52cm 北京保利 2010.12.6

2819 清雍正 仿哥釉三足洗
估　价：RMB 1,500,000～2,000,000
成交价：RMB 3,113,200
宽16cm 香港佳士得 2010.12.1

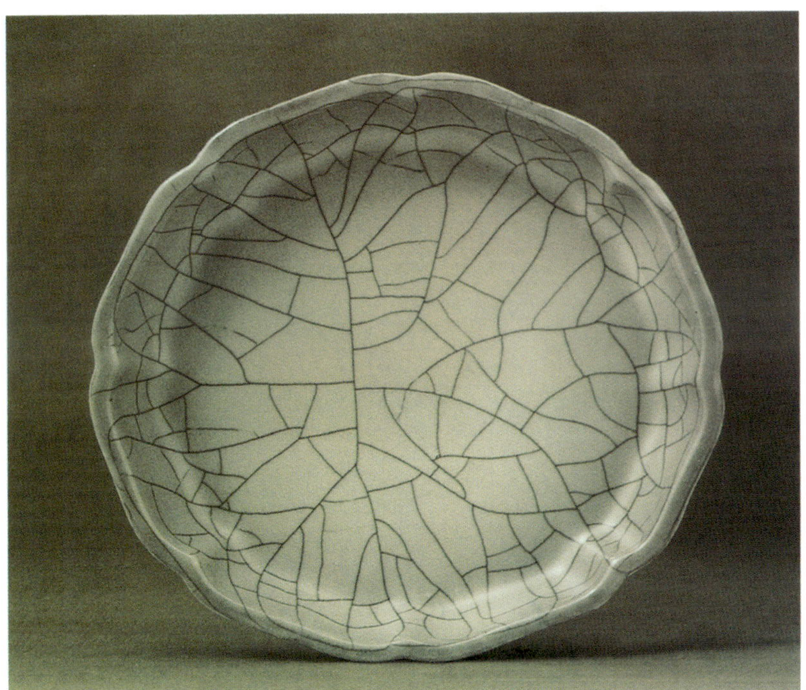

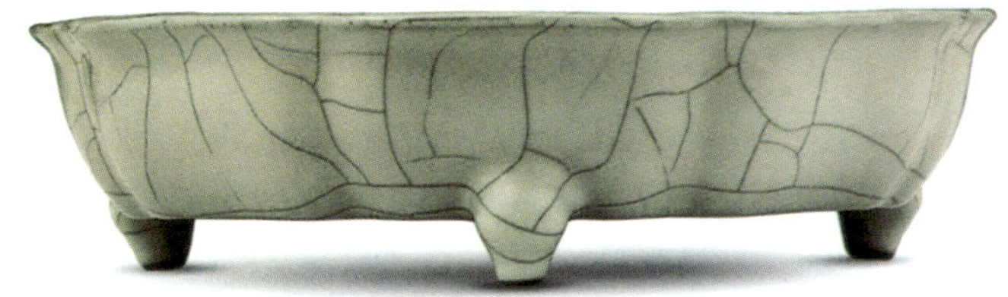

2825 清乾隆 仿哥釉葵花式三足洗
估　价：RMB 2,000,000～3,000,000
成交价：RMB 3,113,200
直径22.5cm 香港佳士得 2010.12.1

2997 清道光 仿哥釉琮式瓶
“大清道光年制”篆书款
估　价：RMB 500,000～650,000
成交价：RMB 560,000
高27.7cm 中国嘉德 2010.11.22

166 清雍正 仿汝釉三管抱月瓶
“大清雍正年制”篆书款
估　价：RMB 1,800,000～2,800,000
成交价：RMB 2,318,400
高53cm 福建拍卖 2010.6.21

仿汝釉

2959 清雍正 仿汝釉贯耳方瓶
“大清雍正年制”篆书款
估　价：RMB 2,000,000～3,000,000
成交价：RMB 3,136,000
高48.5cm 北京翰海 2010.6.7

1026 清乾隆 仿汝釉三羊弦纹尊
“大清乾隆年制”款
估　价：RMB 4,000,000～6,000,000
成交价：RMB 5,488,000
高32cm 北京荣宝 2010.11.14

2317 清乾隆 仿汝釉鱼篓尊
"大清乾隆年制"篆书款
估　价：RMB 6,000,000～8,000,000
成交价：RMB 14,560,000
高29.8cm 北京翰海 2010.12.11

3236 清乾隆 仿汝釉大碗
“大清乾隆年制”款
估　价：RMB 260,000～360,000
成交价：RMB 392,000
直径35.5cm 中国嘉德 2010.3.20

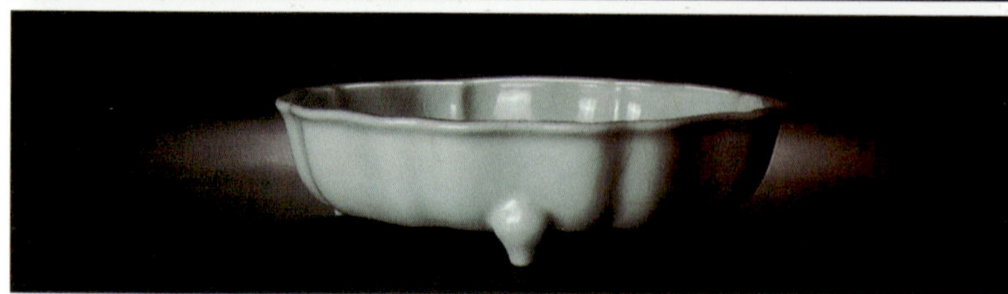

839 清乾隆 仿汝釉葵口洗
估　价：RMB 800,000～1,200,000
成交价：RMB 1,568,000
直径20.5cm 北京歌德 2010.11.19

1922 清乾隆 仿汝釉盘口八方瓶
“大清乾隆年制”款
估　价：RMB 1,200,000～1,800,000
成交价：RMB 2,024,000
21.3cm 香港苏富比 2010.4.8

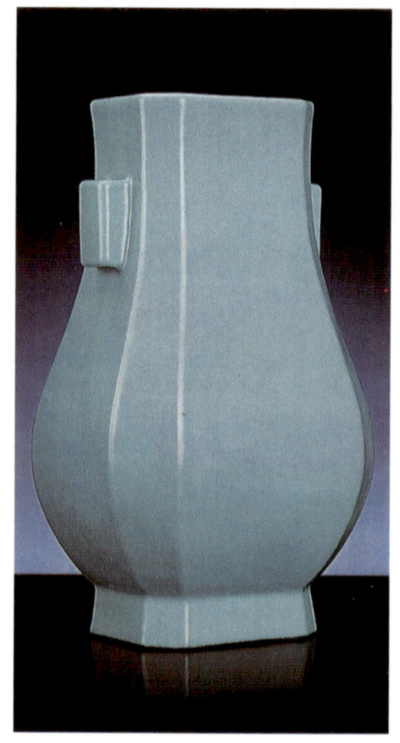

3050 清乾隆 仿汝釉贯耳方壶
“大清乾隆年製”篆书款
估　价：RMB 2,000,000～3,000,000
成交价：RMB 3,629,200
高38.8cm 香港佳士得 2010.12.1

751 清乾隆 仿汝釉贯耳瓶
"大清乾隆年制"篆书款
估 价：RMB 2,350,000～2,900,000
成交价：RMB 3,136,000
高41.8cm 北京九歌 2010.6.22

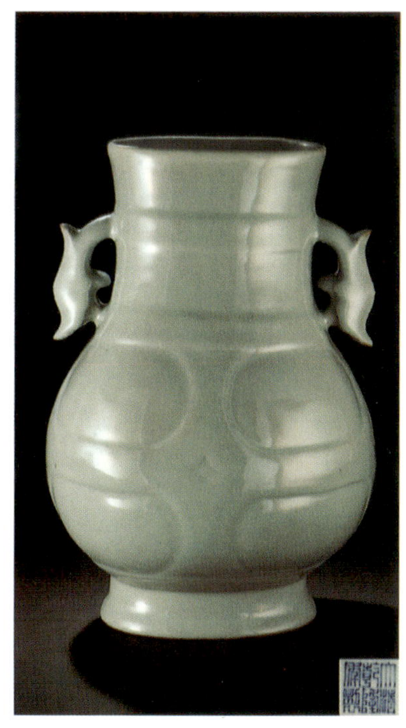

4687 清乾隆 仿汝釉双牺耳尊
"大清乾隆年制"款
估 价：RMB 1,800,000～2,800,000
成交价：RMB 2,016,000
高34.5cm 北京保利 2010.12.5

仿钧釉

708 清 仿钧釉蟋蟀罐
"雍正年制"款
成交价：RMB 13,440
直径13.5cm 北京保利 2010.3.19

仿木釉

856 清雍正 仿木纹釉鱼浅
估 价：RMB 800,000～1000,000
成交价：RMB 1,008,000
长60.5cm 北京诚轩 2010.11.22

5340 清雍正 仿木纹釉洗
估 价：RMB 500,000～800,000
成交价：RMB 672,000
直径36.5cm 北京保利 2010.12.6

5309 清乾隆 仿木釉笔筒
估 价：RMB 150,000～200,000
成交价：RMB 425,600
高16cm 北京保利 2010.6.5

3040 清乾隆 仿木釉金里碗
估 价：RMB 45,000～55,000
成交价：RMB 156,800
直径23.2cm 北京翰海 2010.6.7

88 清乾隆 仿木纹釉开光诗文双螭耳斗杯
“大清乾隆年制”金彩篆书款
估 价：RMB 250,000～450,000
成交价：RMB 224,000
直径11cm 中柏国际 2010.6.19

仿古铜釉

3121 清乾隆 仿古铜釉点金银纹饰印盒
估 价：RMB 120,000～150,000
成交价：RMB 448,000
直径6.5cm 北京翰海 2010.12.12

5139 清乾隆 仿古铜洒金釉炉
“大清乾隆年制”款
估　价：RMB 600,000～800,000
成交价：RMB 918,400
长14cm 北京保利 2010.12.6

90 清乾隆 古铜釉花觚
“大清乾隆年制”款
成交价：RMB 380,800
高14cm 北京保利 2010.10.23

仿石釉

5341 清乾隆 仿石釉笔筒
“大清乾隆年制”款
估　价：RMB 300,000～500,000
成交价：RMB 336,000
高10cm 北京保利 2010.12.6

4677 清乾隆 唐英制仿石釉题诗小笔筒
“乾隆年製”款、“陶珍”、“片月”款
估　价：RMB 1,000,000～1,500,000
成交价：RMB 2,072,000
高9cm 北京保利 2010.12.5

铁锈釉

688 清 铁锈釉汉壶尊
“大清雍正年制”款
成交价：RMB 22,400
高16cm 北京保利 2010.3.19

5142 清 铁锈釉海棠瓶 （一对）
估 价：RMB 100,000～150,000
成交价：RMB 112,000
高55cm 北京保利 2010.12.6

茄皮紫釉

968 清康熙 茄皮紫釉暗刻云龙纹盘
估 价：RMB 200,000～400,000
成交价：RMB 515,200
直径25cm 上海崇源 2010.7.31

915 清雍正 茄皮紫兽首尊
“大清雍正年制”篆书刻款。
估 价：RMB 5,000,000～700,000
成交价：RMB 649,600
高27cm 长风拍卖 2010.6.22

4688 清乾隆 茄皮紫釉蒜头瓶（一对）
“大清乾隆年制”款
估 价：RMB 5,000,000～8,000,000
成交价：RMB 7,840,000
高24.5cm 北京保利 2010.12.5

茶叶末釉

2647 清雍正 茶叶末釉双耳炉
“大清雍正年制”篆书款
估 价：RMB 250,000～350,000
成交价：RMB 425,600
宽19cm 中国嘉德 2010.5.16

4842 清乾隆 茄皮紫梅瓶
“大清乾隆年制”款
估 价：RMB 300,000～400,000
成交价：RMB 448,000
高22.5cm 北京保利 2010.6.5

576 清雍正 茶叶末旋纹洗口瓶
“雍正年制”篆书刻款
估 价：RMB 400,000～600,000
成交价：RMB 560,000
高30cm 云南典藏 2010.4.25

5141 清乾隆 茶叶末釉水盂
估 价：RMB 150,000～200,000
成交价：RMB 201,600
高7.5cm 北京保利 2010.12.6

2963 清乾隆 茶叶末釉如意耳尊
“大清乾隆年制”篆书款
估　价：RMB 6,000,000～8,000,000
成交价：RMB 19,040,000
高18cm 北京翰海 2010.6.7

2161 清 茶叶末釉三系三足花插 (一对)
估　价：RMB 190,000
成交价：RMB 212,800
高13.5cm 北京中嘉 2010.5.9

1822 清乾隆 茶叶末釉贯耳六方壶
“大清乾隆年制”款
估　价：RMB 2,000,000～3,000,000
成交价：RMB 4,030,400
45.4cm 香港蘇富比 2010.4.8

591 清乾隆 茶叶末釉弦纹大鸠耳双环尊
“大清乾隆年制”篆书款
估　价：RMB 4,500,000～5,000,000
成交价：RMB 6,720,000
高46cm 北京永乐 2010.11.23

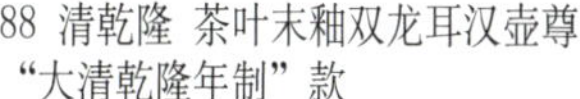

88 清乾隆 茶叶末釉双龙耳汉壶尊
“大清乾隆年制”款
估　价：RMB 3,800,000～4,800,000
成交价：RMB 7,056,000
高51.4cm 北京匡时 2010.12.4

2845 清道光 鳝鱼黄釉扁瓶
“大清道光年制”篆书款
估　价：RMB 200,000～300,000
成交价：RMB 324,800
高32.7cm 北京翰海 2010.6.7

其他色釉

841 清乾隆 仿漆釉菊瓣盘
“大清乾隆仿古”楷书款
估　价：RMB 80,000～100,000
成交价：RMB 616,000
直径16.7cm 北京诚轩 2010.11.22

3318 李菊生 避邪驱恶 高温颜色釉瓷板
钤印：李
估 价：RMB 450,000～550,000
成交价：RMB 1,064,000
57cm×40cm 中国嘉德 2010.11.20

1219 清 生瓷雕龙纹皇罗伞盖置筒供瓶
估 价：RMB 60,000～80,000
成交价：RMB 168,000
高125cm 上海嘉泰 2010.4.20

反 瓷

2406 清乾隆 浆胎琮式八卦小瓶
“大清乾隆年制”篆书款
估 价：RMB 150,000～200,000
成交价：RMB 168,000
高8.8cm 北京翰海 2010.6.7

2010瓷器拍卖成交汇总

(成交价RMB：4万元以上)

拍品名称	尺寸	成交价RMB	拍卖公司	拍卖日期
一、陶 器				
唐 三彩挂蓝三足炉	高14cm	64,960	深圳市拍	2010.10.23
唐 三彩刻花卉小枕	长13cm	156,800	北京保利	2010.12.6
唐 三彩加蓝胡腾舞双耳扁瓶	高15cm	347,200	北京保利	2010.12.6
清乾隆 石湾窑素胎鸭	宽33cm	141,358	华辉拍卖	2010.5.29
近代 石湾人物座像	宽27cm	67,200	广州艺拍	2010.6.15
石湾瘦骨罗汉	高12.5cm	41,538	香港淳浩	2010.11.27
二、瓷 器				
青瓷				
越窑				
西晋 越窑青釉蛙形水盂	直径7cm	42,560	中拍国际	2010.11.27
西晋 越窑青釉神兽尊	高37cm	392,000	中拍国际	2010.6.19
晋 越窑青瓷虎子	高20cm	128,800	中拍国际	2010.11.27
东晋 越窑青釉点彩鸡首壶	高22cm	291,200	北京保利	2010.12.6
唐 越窑青瓷八角绳纹耳盖瓶	高22.3cm	504,000	老城隍庙	2010.11.6
唐 越窑秘色瓷碗	直径13cm	168,000	中拍国际	2010.11.27
唐晚期 越窑秘色玉环底碗	直径17.3cm	672,000	中拍国际	2010.6.19
唐晚期 越窑秘色八棱盖罐	高23cm	560,000	中拍国际	2010.6.19
五代/北宋 越窑秘色刻花卉纹盖盒	直径16cm	179,200	中拍国际	2010.6.19
五代 越窑青瓷玉壁足碗	直径16.7cm	56,000	中国嘉德	2010.11.22
五代 越窑秘色青釉莲瓣纹水盂	高7.5cm	87,360	中拍国际	2010.11.27
五代 越窑秘色莲花双鸟盖罐	高11cm	134,400	中拍国际	2010.6.19
北宋 越窑执壶	高23cm	784,000	雍和嘉诚	2010.12.3
耀州窑				
五代 耀州窑青釉托盏	高7.3cm	336,000	中拍国际	2010.6.19
五代 耀州窑青釉敛口碗	直径14cm	42,560	中拍国际	2010.6.19
五代 耀州窑青釉花口盏	直径13.6cm	44,800	中拍国际	2010.6.19
五代 耀州窑轮花碗	直径14cm	89,600	中国嘉德	2010.11.22
五代 耀州窑轮花式青釉盏	直径14cm	67,200	北京保利	2010.12.6
北宋 耀州窑青釉折枝花卉折腰盏	直径21cm	168,000	北京保利	2010.12.6
北宋 耀州窑青釉刻莲花纹碗	直径18.9cm	44,800	中拍国际	2010.11.27
北宋 耀州窑青釉海瓯	直径12.5cm	89,600	中拍国际	2010.11.27
北宋 耀州窑青瓷刻牡丹纹碗	直径14.2cm	408,500	香港佳士得	2010.12.1
宋 耀州窑印花大碗	直径17.8cm	201,600	中国嘉德	2010.5.16
宋 耀州窑犀牛望月盘	直径18.3cm	61,600	雍和嘉诚	2010.12.3
宋 耀州窑刻牡丹纹盘	直径18.3cm	246,400	中国嘉德	2010.5.16
宋 耀州窑刻花碗	直径13.5cm	84,000	中国嘉德	2010.5.16
金 耀州窑印花大碗	直径21.3cm	134,400	中国嘉德	2010.11.22
金 耀州窑犀牛望月碗	直径18.8cm	168,000	中国嘉德	2010.11.22
金 耀州窑犀牛望月盘	直径18.2cm	168,000	中国嘉德	2010.11.22
金 耀州窑牡丹纹折沿盘	直径17cm	179,200	中国嘉德	2010.11.22
金 耀州窑牡丹纹碗	直径17.5cm	168,000	中国嘉德	2010.11.22
金 耀州窑牡丹纹盘	直径18.5cm	145,600	中国嘉德	2010.11.22
金 耀州窑刻鸭纹碗	直径18.2cm	168,000	中国嘉德	2010.11.22
金 耀州窑刻莲花纹碗	直径18.8cm	145,600	中国嘉德	2010.11.22
金 耀州窑刻花花卉纹盘	直径13.5cm	76,160	中国嘉德	2010.11.22
金 耀州窑刻花大碗	直径22cm	347,200	中国嘉德	2010.11.22
汝窑				
宋 汝窑(清凉寺)小碟	宽14.3cm	448,000	中翰清花	2010.5.2
宋 汝窑天青三足洗	直径13.6cm	761,600	厦门伯瀚	2010.5.9
宋 汝窑小笔洗	直径9cm	112,000	厦门伯瀚	2010.5.9
宋/元 临汝窑粉青弦纹贯耳尊	高10cm	44,800	上海嘉泰	2010.4.20
官窑				
北宋 官窑撇口小瓶	高15.8cm	537,600	老城隍庙	2010.11.6
北宋 青瓷官窑小瓶	高14.8cm	806,400	老城隍庙	2010.11.6
南宋 官窑葵口碗	直径14.6cm	10,019,736	香港佳士得	2010.5.31
南宋 郊坛下官窑鬲式炉	高7.5cm	1,344,000	中拍国际	2010.6.19
南宋 官窑笔洗	直径9cm	89,600	厦门伯瀚	2010.5.9
南宋 官窑袖珍方洗	宽4.8cm	439,000	香港佳士得	2010.5.31
宋 官窑出戟尊	高32cm	403,200	中翰清花	2010.5.2
宋 官窑三足鬲炉	高10cm	470,400	上海嘉泰	2010.9.27
宋/元 官窑小尊	高7.5cm	112,000	北京保利	2010.10.23
官窑三足香炉	高7cm	918,400	老城隍庙	2010.11.6
钧窑				
北宋 钧窑天蓝釉胆瓶	高22.5cm	4,480,000	广州嘉德	2010.12.8
北宋 钧窑天蓝釉盘	直径14cm	112,000	北京保利	2010.12.6
宋 钧窑蓝釉红斑小三足炉	高4cm	168,000	中拍国际	2010.11.27
宋 钧窑玫瑰紫釉花盆	高15.9cm；口径23cm	6,160,000	北京中嘉	2010.5.9
宋 钧窑玫瑰紫釉三足洗	口径21.5cm	1,680,000	北京中嘉	2010.5.9
宋 钧窑碗	直径8.5cm	831,408	纽约苏富比	2010.9.15
宋/元 钧窑天蓝釉鼓钉式三足洗	直径19.7cm	5,488,000	北京保利	2010.12.5
金 钧窑玫瑰紫釉盆(清乾隆御题铭文)	宽27cm	89,600	中翰清花	2010.12.12
金 钧窑兽耳三足香炉	腹径6cm	42,560	上海大众	2010.1.3
金 钧釉玉壶春瓶	高28.5cm	123,200	辽宁建投	2010.11.15
金/元 钧窑梅瓶	高27cm	56,000	北京保利	2010.3.19
元 钧窑瓶	高21.2cm	89,600	中国嘉德	2010.3.20
元/明初 钧窑玫瑰紫釉鼓钉三足洗	直径17.7cm	2,700,400	香港佳士得	2010.12.1
元/明早期 钧窑天蓝釉菱口洗	直径20cm	560,000	北京保利	2010.12.5
清乾隆 仿钧釉倭角四足方洗	长13.5cm	44,800	北京荣宝	2010.5.30
哥窑				
宋 哥窑八方壶	高21.6cm	11,962,088	纽约苏富比	2010.9.15
南宋 哥窑三足鼎式炉	高18cm	4,256,000	浙江佳宝	2010.1.2
南宋/元 哥窑八方贯耳壶	高15.5cm	4,704,000	北京保利	2010.12.5
13世纪/14世纪 哥釉贯耳尊	高11.9cm	448,000	北京中汉	2010.5.18
龙泉窑				
北宋 龙泉窑刻莲花纹盖瓶	高28cm	134,400	中国嘉德	2010.11.22
北宋 龙泉窑双鱼耳簋式牡丹纹香炉	直径14.4cm	168,000	浙江一通	2010.9.5
南宋 龙泉仿官窑青釉单柄洗	直径6.2cm	61,600	中拍国际	2010.11.27
南宋 龙泉粉青弦纹瓶	高27cm	1,657,600	浙江一通	2010.9.5
南宋 龙泉粉青折沿洗	直径13cm	179,200	北京保利	2010.12.6
南宋 龙泉青瓷香炉	直径9cm	425,600	北京匡时	2010.6.6
南宋 龙泉青釉菊瓣碗	直径9.2cm	71,338	香港佳士得	2010.5.31
南宋 龙泉双摩羯鱼耳瓶	高19.5cm	168,000	北京保利	2010.12.5
南宋 龙泉双鱼纹盘	直径17cm	42,560	上海嘉泰	2010.9.27
南宋 龙泉窑仿官穿带壶	高18cm	61,600	北京保利	2010.10.23
南宋 龙泉窑粉青釉鬲式炉	直径14.9cm	672,000	北京中汉	2010.5.18
南宋 龙泉窑粉青釉四鱼折沿洗	直径20.5cm	134,400	广州嘉德	2010.12.8
南宋 龙泉窑粉青釉洗	直径12cm	44,800	中拍国际	2010.6.19
南宋 龙泉窑鬲式炉	高10.2cm	168,000	深圳市拍	2010.6.12
南宋 龙泉窑梅子青釉贴塑花卉纹炉	直径13.3cm	168,000	中拍国际	2010.6.19
南宋 龙泉窑青釉鬲式炉	直径13.1cm	212,800	北京中汉	2010.5.18
南宋 龙泉窑青釉鬲式炉	高8.2cm	212,800	深圳市拍	2010.10.23
南宋 龙泉窑青釉双龙耳盘口瓶	高21.3cm	584,800	香港佳士得	2010.12.1
南宋 龙泉窑青釉贴缠枝牡丹花香炉	14.4cm	481,600	香港佳士得	2010.12.1
南宋 龙泉窑三足花盆	高20.4cm	896,000	西泠拍卖	2010.7.6
南宋 龙泉窑线条纹盖罐	高9.3cm	160,000	深圳市拍	2010.6.12
南宋 龙泉窑折沿小洗	直径12.8cm	571,200	中国嘉德	2010.5.16
南宋 龙泉粉青釉鬲式炉	直径11cm	151,200	浙江一通	2010.9.5
南宋/元 龙泉窑贯耳弦纹壶	高23.5cm	246,400	广州嘉德	2010.6.16
南宋/元 龙泉釉贴缠枝牡丹花香炉	直径14.5cm	755,080	香港佳士得	2010.5.31
南宋 粉青双凤耳瓶(一对)	高19cm	224,000	北京保利	2010.12.6
宋 龙泉琮式瓶	高24cm	106,400	北京保利	2010.7.31
宋 龙泉仿官瓜棱瓶	高16cm	53,760	北京保利	2010.7.31
宋 龙泉荷叶洗(一对)	直径12.5cm	89,600	老城隍庙	2010.11.6
宋 龙泉葫芦瓶	高28cm	358,400	老城隍庙	2010.11.6
宋 龙泉划荷花盏	直径15.5cm	44,800	北京保利	2010.6.5
宋 龙泉菊瓣纹双耳环瓶	高34cm	2,240,000	老城隍庙	2010.11.6
宋 龙泉窑仿官青瓷纸槌瓶	高12cm	280,000	中国嘉德	2010.11.22
宋 龙泉窑鬲式炉	直径12.5cm	106,400	浙江佳宝	2010.1.2
宋 龙泉窑划花花口盏	直径18.5cm	56,000	北京保利	2010.10.23
宋 龙泉窑划花盏	直径18.8cm	56,000	北京保利	2010.10.23
宋 龙泉窑青瓷鬲式香炉	直径13.5cm	392,000	中国嘉德	2010.11.22
宋 龙泉窑三足香炉	高8.4cm	784,000	老城隍庙	2010.11.6
宋 龙泉窑双鱼龙耳瓶	高17.4cm	168,000	北京保利	2010.6.5
宋 龙泉窑双鱼洗	直径21.5cm	168,000	中国嘉德	2010.11.21
宋 龙泉窑洗	直径12.3cm	50,400	中国嘉德	2010.3.20
宋/元 龙泉窑双龙耳游环瓶	高26cm	425,600	北京保利	2010.12.6
元 龙泉粉青釉鸟食罐(四只)	通高5cm	201,600	北京中嘉	2010.5.9

2010瓷器拍卖成交汇总

(成交价RMB：4万元以上)

拍品名称	尺寸	成交价RMB	拍卖公司	拍卖日期
元 龙泉刻花炉	直径17.4cm	67,200	北京保利	2010.7.31
元 龙泉青釉多层塔	高35cm	70,840	香港淳浩	2010.3.27
元 龙泉青釉三足炉	高6cm	78,400	北京中嘉	2010.5.9
元 龙泉仙鹤烛台(一对)	高20cm	78,400	雍和嘉诚	2010.12.3
元 龙泉窑蹲狮纽倒流壶	高9.5cm	64,960	中拍国际	2010.11.27
元 龙泉窑佛龛	高56cm	2,464,000	北京翰海	2010.12.12
元 龙泉窑观音坐像佛龛	高27cm	291,200	浙江佳宝	2010.1.2
元 龙泉窑花卉纹瓜棱罐	直径26cm	89,600	浙江佳宝	2010.6.6
元 龙泉窑花卉纹双环耳瓶	高26cm	100,800	中国嘉德	2010.3.20
元 龙泉窑刻花凤尾尊	高45cm	190,400	浙江佳宝	2010.6.6
元 龙泉窑龙纹盘	直径34.7cm	87,360	中国嘉德	2010.3.20
元 龙泉窑龙纹盘	直径34.7cm	89,600	中国嘉德	2010.9.18
元 龙泉窑青釉阁楼	高29cm	246,400	广州嘉德	2010.12.8
元 龙泉窑青釉观音坐像	高21cm	84,000	中拍国际	2010.11.27
元 龙泉窑青釉印花花卉纹执壶	高23cm	358,400	中拍国际	2010.11.27
元 龙泉窑人物故事图罐	直径31cm	224,000	中国嘉德	2010.9.18
元 龙泉窑双耳瓶	高18.5cm	156,800	中国嘉德	2010.9.18
元 龙泉窑印花蒜头瓶	高14.3cm	44,800	北京翰海	2010.9.19
元 龙泉窑青釉缠枝牡丹荷叶盖罐	高29.5cm	537,600	深圳市拍	2010.10.23
元 龙泉窑青釉印花人物四方投壶	高19.5cm	156,800	深圳市拍	2010.10.23
明早期 龙泉窑青釉模印神仙图四方匙箸瓶	高20.7cm	246,400	北京保利	2010.6.5
明早期 龙泉窑钱币纹大盘	直径47cm	44,800	中国嘉德	2010.5.16
明早期 龙泉窑梅子青釉梅瓶	高29cm	112,000	中拍国际	2010.11.27
明早期 龙泉窑刻灵芝纹菱口大盘	直径48.7cm	414,400	中国嘉德	2010.11.22
明早期 龙泉窑刻缠枝花卉纹大凤尾尊	高63.5cm	436,800	北京诚轩	2010.11.22
明洪武 龙泉窑仙人卧榻香插	长15cm	89,600	北京保利	2010.6.5
明洪武 龙泉窑青釉刻花缠枝花卉纹盘	直径18.7cm	313,600	北京保利	2010.6.5
明洪武 龙泉刻牡丹纹玉壶春瓶	高32.8cm	1,344,000	北京保利	2010.6.4
明洪武 龙泉青釉玉壶春瓶	高33.5cm	2,287,600	香港佳士得	2010.12.1
明洪武 龙泉青釉梅瓶	高39cm	896,000	北京保利	2010.12.5
明永乐/明宣德 龙泉窑青瓷划“缠枝花卉”纹碗	直径22.1cm	418,000	香港苏富比	2010.4.8
明永乐/明宣德 龙泉窑内外刻缠枝花卉纹直口大碗	直径25cm	336,000	北京保利	2010.6.5
明宣德 龙泉银锭式盖盒	长16cm	56,000	北京保利	2010.12.6
明14/15世纪 龙泉窑青釉缠枝牡丹纹大盘	直径52.1cm	791,200	香港佳士得	2010.12.1
明15世纪 龙泉窑青釉梅瓶	高45cm	6,002,800	香港佳士得	2010.12.1
明15世纪 龙泉窑青釉“清香美酒”罐	高28.5cm	636,400	香港佳士得	2010.12.1
明中期 龙泉窑青釉荷莲双鱼盘	直径30cm	87,360	深圳市拍	2010.10.23
明 龙泉印锦纹大盘	直径45.5cm	56,000	北京保利	2010.7.31
明 龙泉窑瑞兽香熏	高17cm	67,200	福建拍卖	2010.1.10
明 龙泉窑青瓷八卦纹香炉	宽17.5cm	89,600	中国嘉德	2010.5.16
明 龙泉窑梅子青双耳鼎式炉	直径22.8cm；高24.5cm	784,000	浙江一通	2010.9.5
明 龙泉窑镂空缠枝鱼串	宽23.5cm	44,800	福建拍卖	2010.1.10
明 龙泉窑龙纹盘	直径49.5cm	100,800	中国嘉德	2010.9.18
明 龙泉窑刻花镂空狮子绣球鼓墩	高45.5cm	336,000	北京保利	2010.12.6
明 龙泉窑刻花卉纹大盘	直径36cm	42,560	浙江佳宝	2010.6.6
明 龙泉窑刻花大盘	直径50.8cm	168,000	北京翰海	2010.12.12
明 龙泉窑刻花大罐	高29cm	106,400	浙江佳宝	2010.6.6
明 龙泉窑花卉纹瓶	高49cm	64,960	中国嘉德	2010.6.19
明 龙泉窑花卉纹梅瓶	高49cm	112,000	中国嘉德	2010.6.19
明 龙泉窑花卉纹炉	直径24.8cm	47,040	中国嘉德	2010.9.18
明 龙泉窑花卉纹大碗(一对)	口径22.5cm	67,200	上海大众	2010.1.3
明 龙泉窑花卉纹大盘	直径50.7cm	72,800	中国嘉德	2010.3.20

拍品名称	尺寸	成交价RMB	拍卖公司	拍卖日期
明 龙泉窑花卉纹大盘	直径48.8cm	67,200	中国嘉德	2010.3.20
明 龙泉窑花卉瓶	高52cm	61,600	北京保利	2010.3.19
明 龙泉窑花卉梅瓶	高33cm	72,800	北京保利	2010.3.19
明 龙泉窑鼓钉洗	直径34cm	56,000	中国嘉德	2010.3.20
明 龙泉窑凤耳瓶	高29.3cm	89,600	中国嘉德	2010.6.19
明 龙泉窑八卦文三足洗	长27.5cm	201,600	北京中嘉	2010.5.9
明 龙泉青瓷八卦纹炉	直径17.5cm	67,200	北京保利	2010.12.6
明 龙泉弥勒像	高17cm	76,160	北京翰海	2010.9.19
明 龙泉露胎观音童子像	高26cm	224,000	北京保利	2010.6.5
明 龙泉龙纹瓶	高30.5cm	224,000	北京保利	2010.12.6
明 龙泉划花大盘	直径64cm	128,800	上海嘉泰	2010.9.27
明 龙泉花卉纹大盘	宽42cm	201,600	福建拍卖	2010.6.21
明 龙泉花卉鼓钉纹凉墩	高36cm	179,200	福建拍卖	2010.1.10
明 龙泉花插	高20cm	52,000	雍和嘉诚	2010.12.3
明 龙泉富贵长寿梅瓶	高60cm	470,400	雍和嘉诚	2010.12.3
清乾隆 仿龙泉釉缠枝莲纹大罐	高51cm	201,600	中国嘉德	2010.9.18
其他窑				
五代 青釉八系盖罐	高20.5cm	190,400	中国嘉德	2010.11.22
宋 青瓷小香炉	宽8.7cm	44,800	中国嘉德	2010.11.21
宋 蟹青釉刻花大盘	直径29.8cm	89,600	中都国际	2010.9.25
宋 青釉折腰碗	直径19.4cm	134,400	上海工美	2010.4.22
宋 青釉笠式碗	直径14.4cm	280,000	上海工美	2010.4.22
宋 青釉刻花碗	直径12.2cm	112,000	上海工美	2010.4.22
金 青釉双鱼龙耳贴花香炉	高26cm	392,000	中国嘉德	2010.5.16
高丽镶嵌青瓷芦雁纹胆瓶	宽15.8cm	1,904,000	长风拍卖	2010.6.22
14世纪 高丽青瓷阴刻莲花形壶	高18cm	168,000	中拍国际	2010.6.19
12世纪 高丽青瓷镶嵌荷塘纹葫芦瓶	高43cm	134,400	中拍国际	2010.11.27
12世纪 青釉竹笋形执壶	高18.7cm	58,240	北京纳高	2010.7.15
清 青瓷香炉	口径13cm	56,000	西泠拍卖	2010.7.6
2.黑 瓷				
黑釉				
东晋 德清窑黑釉盘口鸡首壶	高23cm	110,000	重庆恒升	2010.12.5
南宋 吉州窑玳瑁纹瓶	高13.5cm	112,000	古天一	2010.6.27
南宋 吉州窑褐绘直颈瓶	高13.2cm	112,000	古天一	2010.6.27
南宋 吉州窑木叶碗	直径11cm	168,000	古天一	2010.6.27
宋 吉州窑剪纸漏花盏	直径11.4cm；直径6cm	425,600	中国嘉德	2010.5.16
宋 建窑兔毫盏	直径12cm；高6cm	1,120,000	中国嘉德	2010.5.16
宋 耀州窑黑釉兔毫盏	直径13.5cm	123,200	北京保利	2010.12.6
金 黑釉碗油滴	直径15.3cm	72,800	中国嘉德	2010.5.16
酱釉				
宋 紫定塔式盖罐	高18.3cm	4,256,000	深圳市拍	2010.10.23
宋 酱定盖碗	直径10.8cm	280,000	北京中嘉	2010.5.9
宋 酱定盏托(一组二件)	通长11.1cm	560,000	北京中嘉	2010.5.9
宋 酱釉斗笠碗	直径13.2cm	80,640	中国嘉德	2010.5.16
宋 定窑酱釉梅瓶	高18.5cm	95,200	老城隍庙	2010.11.6
明洪武 外酱釉内蓝釉印花云龙纹大碗	直径20.5cm	6,720,000	北京诚轩	2010.11.22
明嘉靖 酱釉碗	直径13.8cm	448,000	北京诚轩	2010.5.17
明16世纪 赭釉六方瓶	高21cm	344,000	香港佳士得	2010.12.1
白 瓷				
定窑白釉				
唐 定窑白釉模印鱼纹海棠杯	高12.9cm	84,000	北京翰海	2010.9.19
北宋 定窑白釉八棱瓶	高16cm	896,000	中拍国际	2010.6.19
北宋 定窑刻鸳鸯纹碗	直径23.4cm	1,914,040	香港佳士得	2010.5.31
宋 定窑白釉狮纹盖盒	高12.8cm；口径23cm	6,720,000	北京中嘉	2010.5.9
宋 定窑划花芒口碗	直径23.8cm	201,600	北京中嘉	2010.5.9
宋 定窑划花鸳鸯花口碗	口径21.2cm	358,400	北京中嘉	2010.5.9
宋 定窑印花凫鸭纹芒口碗	直径21.3cm	358,400	北京中嘉	2010.5.9
宋 定窑印花龙纹芒口盘	口径21.2cm	392,000	北京中嘉	2010.5.9
宋 景德镇仿定窑瓜棱执壶	高22cm	336,000	中拍国际	2010.11.27
宋 定窑花口小盘(二件)	直径10.2cm	42,560	北京翰海	2010.12.12
宋 定窑白釉刻牛纹印盒	直径12.4cm	123,200	深圳市拍	2010.10.23
金 定窑白釉剔海浪菱形如意纹枕	长24cm	61,600	北京保利	2010.7.31

拍品名称	尺寸	成交价RMB	拍卖公司	拍卖日期
金 定窑娃娃枕	长23cm	72,800	北京保利	2010.6.5
磁州窑				
宋 磁州窑白釉剔花牡丹花纹梅瓶	高33cm	224,000	中国嘉德	2010.11.21
金代 磁州窑美人枕	长29.5cm	56,000	深圳市拍	2010.10.23
金 磁州窑剔粉地荷花八角枕	长43cm	61,600	北京保利	2010.7.31
金 磁州窑伏虎枕	长38.5cm	44,800	上海嘉泰	2010.4.20
元 磁州窑龙凤纹大罐	高30cm	112,000	谷云轩	2010.6.27
13世纪 磁州窑系剔花梅瓶	高31.5cm	280,000	中国嘉德	2010.11.22
其他窑				
唐 白釉罐	高17.2cm	67,200	中国嘉德	2010.3.20
唐 邢窑白釉盈字罐	高10.3cm	106,400	北京翰海	2010.9.19
唐 刑窑白釉伏狮	高10cm	56,000	中拍国际	2010.11.27
北宋 湖田窑瓜棱形茶壶	宽31.5cm	40,320	福建拍卖	2010.1.10
南宋 官窑月白釉纸槌瓶	高16cm	2,464,000	长风拍卖	2010.6.22
宋 钧窑月白釉花插	高8cm	89,600	上海嘉泰	2010.9.27
宋 湖田窑花口镂空盏托	直径13cm	47,040	北京保利	2010.3.19
辽 白瓷瓜棱执壶	高16.5cm	89,600	中国嘉德	2010.11.22
辽 白瓷凤首瓶	高51cm	896,000	中国嘉德	2010.11.22
德化窑				
明 德化白瓷站立如来像	高25cm	67,200	福建拍卖	2010.6.21
明 德化白釉坐地观音	高21.8cm	80,640	福建拍卖	2010.6.21
明 德化窑白釉达摩坐像	高21cm	112,000	上海工美	2010.11.4
明 德化窑白釉仿古出戟四方鼎式炉	高14cm	112,000	广州嘉德	2010.12.8
明 德化窑雕布袋和尚像	高21cm	134,400	北京保利	2010.6.5
明 德化窑观音	高22cm	89,600	浙江佳宝	2010.6.6
明 德化窑直筒三足炉	高6.6cm	44,800	福建拍卖	2010.6.21
明末清初 德化窑炉 瓶 盒一套	高10.8cm	436,800	北京诚轩	2010.11.22
明晚期 德化窑刻花筒瓶	高40cm	64,960	深圳市拍	2010.10.23
明晚期 德化窑叶形杯(一对)	长9.2cm	50,400	北京保利	2010.12.6
清乾隆 德化窑方儿	高8cm	72,000	安华白云	2010.7.24
清乾隆 德化窑文昌帝君坐像	高31cm	103,040	北京诚轩	2010.5.17
清中期 德化窑白瓷释迦像	高25cm	224,000	中国嘉德	2010.5.16
清中期 德化窑白釉螭龙瓶	高38cm	50,400	广州嘉德	2010.12.8
清中期 德化窑雕瓷观音立像	高40cm	179,200	北京保利	2010.12.6
清中期 德化窑文昌帝君坐像	高31.4cm	64,960	北京诚轩	2010.11.22
清 德化白釉观音	高21cm	87,360	福建拍卖	2010.6.21
清 德化白釉观音坐像		156,800	福建拍卖	2010.6.21
清 德化白釉座观音		64,960	福建拍卖	2010.6.21
清 德化观音像	高36cm	235,200	谷云轩	2010.11.14
清 德化窑白瓷观音坐像	高21.8cm	89,600	中国嘉德	2010.5.16
清 德化窑白釉藏手观音坐像	高36cm	181,440	福建拍卖	2010.6.21
清 德化窑佛立像	高35.4cm	58,240	北京诚轩	2010.11.22
清 德化窑观音	高20.5cm	80,640	北京翰海	2010.6.7
清 德化窑观音像	高58cm	280,000	浙江一通	2010.9.5
清 德化窑观音坐像	高17cm	67,200	中国嘉德	2010.11.22
清 德化窑和合二仙	长15.5cm	89,600	浙江佳宝	2010.6.6
清 德化白瓷无量寿佛	高40cm	67,200	北京翰海	2010.12.12
清 德化窑自在观音	高20.5cm	56,000	西泠拍卖	2010.7.6
17世纪 德化窑如意足筒式炉	直径11cm	49,280	北京中汉	2010.5.18
清18世纪 德化窑白瓷达摩祖师坐像	高26cm	103,040	北京翰海	2010.6.7
清18世纪 德化窑白瓷观音	高33.5cm	44,800	北京翰海	2010.6.7
清18世纪 德化白釉观音	高21.5cm	72,800	福建拍卖	2010.6.21
清18世纪/19世纪 德化观音菩萨坐像	高13.5cm	219,500	香港佳士得	2010.5.31
景德镇窑白釉				
宋 影青印花碗	直径17.8cm	80,640	中国嘉德	2010.11.21
宋 影青印花碗	直径14.5cm	78,400	中国嘉德	2010.11.21
宋 影青划花芒口碟(一对)	直径12cm	53,760	北京中嘉	2010.5.9
宋 影青划花葵口碗(一对)	直径12cm	44,800	北京中嘉	2010.5.9
宋 影青划花花口碟(一对)	直径13.2cm	50,000	北京中嘉	2010.5.9
宋 影青佛坐像	高23cm	672,000	北京保利	2010.12.6

拍品名称	尺寸	成交价RMB	拍卖公司	拍卖日期
宋 影青釉执壶	高26.5cm	56,000	中国嘉德	2010.9.18
宋 青白釉划“牡丹纹”匾	长17.8cm	220,000	香港苏富比	2010.4.8
元 枢府釉缠枝花纹福禄盘	直径17.3cm	61,600	北京九歌	2010.6.22
元 枢府窑缠枝莲双凤纹印花碗(一对)	直径16.9cm；高7.8cm	1,120,000	中国嘉德	2010.5.16
元 卵白釉印花双龙纹高足碗	高20.7cm	280,000	北京永乐	2010.11.23
明早期/中期 白釉暗刻模印龙纹碗	直径19cm	470,400	北京永乐	2010.11.23
明洪武 白釉模印双龙莲花纹碗	直径19.2cm	280,000	北京中汉	2010.11.22
明永乐 甜白釉内印暗龙外划莲瓣纹撇口碗	直径16.3cm	3,396,800	香港苏富比	2010.4.8
明永乐 甜白釉大盘	宽34cm	168,000	福建拍卖	2010.6.21
明永乐 甜白釉暗刻龙纹玉壶春瓶	高34.5cm	1,097,600	中翰清花	2010.5.2
明永乐 白釉盘	直径27.3cm	313,600	云南典藏	2010.4.25
明永乐 白釉暗刻花卉纹盘	直径34.2cm	728,000	中国嘉德	2010.11.20
明成化/正德 白釉罐	高18cm	280,000	北京保利	2010.10.23
明弘治 白釉盘	直径21.5cm	179,200	云南典藏	2010.4.25
明弘治 白釉划云凤纹大罐	高27cm	358,400	北京保利	2010.12.5
明嘉靖 甜白釉暗刻穿花夔龙笔筒	高14cm	180,000	金仕德	2010.5.19
明嘉靖 白釉太白罐	高29cm	168,000	北京保利	2010.12.6
明万历 白釉刻凤纹梅瓶	高40cm	224,000	北京保利	2010.6.5
明 影青鱼龙纹碗(一对)	直径11.5cm	134,400	中国嘉德	2010.11.21
明 甜白釉暗刻龙纹梅瓶	高37cm	440,000	重庆恒升	2010.12.5
明 白釉露胎龙纹盘	直径21cm	44,800	上海嘉泰	2010.9.27
清康熙 白釉刻花长颈瓶	高21.3cm	123,200	中国嘉德	2010.11.21
清康熙 白釉暗刻竹石花卉纹水丞	直径9cm	95,200	北京永乐	2010.11.23
清康熙 白釉暗刻花卉纹观音瓶	高44cm	44,000	天津文物	2010.11.21
清乾隆 甜白釉暗刻龙纹葵口小碟(一对)	直径8cm	896,000	北京中汉	2010.11.22
清雍正 甜白釉刻香草龙盘	直径20.5cm	448,000	朵云轩	2010.6.30
清雍正 甜白釉暗刻缠枝花卉玉壶春	高26.7cm	7,280,000	北京保利	2010.12.6
清雍正 甜白釉暗花云龙纹酒杯	直径6.1cm	280,000	北京保利	2010.6.5
清雍正 白釉碗	直径13cm	1,176,000	北京保利	2010.12.6
清雍正 白釉模印仿古青铜兽面纹双耳尊	高21.3cm	5,040,000	北京保利	2010.6.5
清雍正 白釉花瓣形盘(一对)	直径12.1cm	190,400	北京中汉	2010.5.18
清雍正 白釉暗刻兽面纹花觚	高18.2cm	392,000	中国嘉德	2010.11.21
清雍正 白釉暗刻蕉叶纹花觚	高20.5cm	57,200	天津瀚雅	2010.11.28
清雍正 白釉暗刻八吉祥纹高足碗	直径17.8cm	584,800	香港佳士得	2010.12.1
清乾隆 青白釉双螭耳鹿头尊	高44.5cm	392,000	福建拍卖	2010.6.21
清乾隆 青白釉灵芝形笔舔	宽11.1cm	67,200	福建拍卖	2010.1.10
清乾隆 孔雀蓝太白罐	高29cm	179,200	北京保利	2010.7.31
清乾隆 白釉凸花夔纹莲蓬口瓶(一对)	高27cm	13,664,000	北京诚轩	2010.11.22
清乾隆 白釉双螭耳瓶	高19.6cm	616,000	中国嘉德	2010.5.16
清乾隆 白釉兽面纹尊	高31.5cm	425,600	北京保利	2010.10.23
清乾隆 白釉梅瓶	高30cm	89,600	北京翰海	2010.9.19
清乾隆 白釉龙纹罐	高13cm	95,200	浙江一通	2010.9.5
清乾隆 白釉刻花庭院花卉洞石纹卷缸	直径21.6cm	67,200	中国嘉德	2010.5.16
清乾隆 白釉刻缠缠枝莲高足碗	直径14cm	280,000	北京保利	2010.10.23
清乾隆 白釉菊瓣花口盘	直径17.7cm	336,000	北京翰海	2010.6.7
清乾隆 白釉甘露瓶	高22.2cm	257,600	北京中汉	2010.11.22
清中期 白瓷观音像	高47cm	53,760	中翰清花	2010.5.2
清嘉庆 白釉兽面纹爵	宽18.2cm	235,200	中国嘉德	2010.11.21
清嘉庆 白釉暗刻海水纹盘(一对)	直径18.2cm	100,800	中国嘉德	2010.12.18

2010瓷器拍卖成交汇总

(成交价RMB：4万元以上)

拍品名称	尺寸	成交价RMB	拍卖公司	拍卖日期
清道光 白釉暗刻海水绿龙盘	直径18.9cm	78,400	北京翰海	2010.12.12
清光绪 白釉黄彩云龙福寿盘	直径21.5cm	100,800	北京翰海	2010.6.7
清光绪 白釉盖罐	高40cm	66,000	天津文物	2010.5.24
清宣统 白釉碗(二件)	直径15.5cm	95,200	北京翰海	2010.1.21
清18世纪/19世纪 德化白釉和合二仙像	高31.7cm	597,040	香港佳士得	2010.5.31
清 李裕成作雕瓷牵马图笔筒	高13.5cm	44,800	北京保利	2010.7.31
清 白釉暗花洗	直径13.5cm	123,200	北京保利	2010.6.5
唐云绘 红梅图白瓷笔筒	高13.7cm	168,000	上海工美	2010.4.22
彩瓷				
褐彩				
南宋 吉州窑褐彩波涛纹梅瓶	高26cm	425,600	中翰清花	2010.12.12
宋 景德镇窑青白釉褐彩鸳鸯盖盒	长8.8cm	44,800	北京保利	2010.6.5
金 磁州窑黑釉褐彩玉壶春瓶	高30.5cm	313,600	中国嘉德	2010.5.16
金 长治窑白地褐彩花鸟虎形枕	长35cm	560,000	北京保利	2010.6.4
清康熙 绿地暗花褐彩“赶珠云龙”图盘	直径13.2cm	242,000	香港苏富比	2010.4.8
清道光 绿釉褐彩云龙纹碗(一对)	宽10.3cm	61,600	福建拍卖	2010.1.10
青花				
元青花折枝菊花纹梨壶	高21cm	224,000	中国嘉德	2010.9.18
元青花折肩罐	高17.7cm；口11cm；底10.5cm	1,792,000	北京中嘉	2010.5.9
元青花云龙纹罐	高29.7cm	2,576,000	北京中嘉	2010.5.9
元青花云龙纹罐	高14.4cm	179,200	北京纳高	2010.7.15
元 青花萧何月下追韩信带盖梅瓶	高48.5cm	582,400	中翰清花	2010.5.2
元青花松竹梅三兽首炉	直径8.7cm	87,360	北京中嘉	2010.5.9
元 青花双凤缠枝牡丹玉壶春瓶	高27.3cm	369,600	福建拍卖	2010.6.21
元青花三友图棒盒	高17cm；口径25cm	6,160,000	北京中嘉	2010.5.9
元青花人物故事印龙纹盘	直径24cm	2,016,000	北京中嘉	2010.5.9
元青花麒麟凤纹牡丹梅瓶	高49cm	313,600	中都国际	2010.9.25
元青花牡丹纹梅瓶	高37cm	5,600,000	老城隍庙	2010.11.6
元青花龙纹玉壶春瓶	高27cm	3,360,000	北京荣宝	2010.11.14
元青花龙纹高足杯	高10.6cm	504,000	雍和嘉诚	2010.12.3
元青花莲池鸳鸯纹扁执壶	高20.5cm	728,000	广州嘉德	2010.12.8
元青花孔雀牡丹纹大梅瓶	高52.5cm	12,880,000	北京保利	2010.12.6
元青花孔雀牡丹带盖梅瓶	高45cm	15,680,000	北京保利	2010.12.5
元青花花卉纹八方执壶	高35.8cm	4,351,600	香港佳士得	2010.12.1
元青花花卉双耳小瓶	高12cm	67,200	老城隍庙	2010.11.6
元青花高仕仙鹤印泥盒	直径10.5cm	280,000	北京中嘉	2010.5.9
元青花缠枝牡丹纹罐	高28.6cm	5,707,000	香港佳士得	2010.5.31
元青花缠枝牡丹兽耳罐	高42.2cm	4,704,000	中国嘉德	2010.5.16
元 青花缠枝牡丹孔雀纹梅瓶	高39.5cm	5,600,000	北京永乐	2010.11.23
元青花缠枝牡丹罐	高22.5cm	3,360,000	北京保利	2010.6.4
元青花缠枝莲纹碗	直径16.5cm	44,800	浙江一通	2010.9.5
元青花八楞玉壶春瓶	高22.6cm	728,000	老城隍庙	2010.11.6
元 青花八方四开光凤纹玉壶春瓶	高55.5cm	24,640,000	中都国际	2010.9.25
元青花“缠枝花卉”纹匜	长16.2cm	440,000	香港苏富比	2010.4.8
明早期 青花莲花纹梅瓶	高33.7cm	280,000	中国嘉德	2010.5.16
明早期 青花莲池鸳鸯菱口盘	口径23cm	291,200	北京中嘉	2010.5.9
明早期 青花缠枝莲纹盏托	直径19.5cm	504,000	北京匡时	2010.12.4
明洪武 青花缠枝花卉碗	直径20.5cm	896,000	北京翰海	2010.11.21
明永乐/宣德 青花折枝花卉纹小罐	高4.7cm	582,400	北京诚轩	2010.5.17
明永乐 青花折枝葡萄菱口盘	直径19.4cm	1,904,000	北京匡时	2010.6.6
明永乐 青花折枝莲花纹执壶	高29.4cm	11,200,000	北京翰海	2010.6.7
明永乐 青花折枝花卉纹菱口盘	直径19.7cm	425,600	北京中汉	2010.5.18
明永乐 青花云龙纹玉壶春瓶(一对)	高26.9cm	2,016,000	中翰清花	2010.12.12
明永乐 青花一束莲纹大盘	直径35cm	2,688,000	北京翰海	2010.12.12
明永乐 青花一束莲大盘	直径31.2cm	2,688,000	北京翰海	2010.12.12
明永乐 青花一把莲折沿大盘	直径44.8cm	1,792,000	北京匡时	2010.12.4
明永乐 青花一把莲纹盘	直径28cm	1,874,800	香港佳士得	2010.12.1
明永乐 青花一把莲纹大盘	直径40.2cm	4,480,000	中国嘉德	2010.11.20
明永乐 青花一把莲纹大盘	直径40.9cm	4,368,000	中国嘉德	2010.5.16
明永乐 青花一把莲盘	直径27.5cm	1,344,000	北京保利	2010.12.6
明永乐 青花四折枝花菱口盘	直径38cm	3,864,000	长风拍卖	2010.6.22
明永乐 青花葡萄纹折沿盘	直径37.7cm	2,651,560	香港佳士得	2010.5.31
明永乐 青花披肩花缠枝莲花盖罐	高27.5cm	14,000,000	北京保利	2010.12.5
明永乐 青花莲子碗	直径21cm	6,865,960	香港佳士得	2010.5.31
明永乐 青花孔雀缠枝花卉大盘	宽42cm	246,400	中翰清花	2010.5.2
明永乐 青花卷草纹投壶	高19.5cm	8,288,000	北京匡时	2010.6.6
明永乐 青花菊瓣纹鸡心碗	直径20.8cm	1,904,000	上海道明	2010.6.17
明永乐 青花花卉纹砖	长20.4cm	58,240	北京诚轩	2010.11.22
明永乐 青花花卉纹长方砖 青花锁锦纹方砖(共两件)	尺寸不一	123,200	北京永乐	2010.11.23
明永乐 青花海水葡萄纹大盘	直径38cm	6,496,000	北京翰海	2010.12.11
明永乐 青花船形水滴	长16cm	392,000	长风拍卖	2010.6.22
明永乐 青花缠枝莲纹盘	直径28cm	2,335,480	香港佳士得	2010.5.31
明永乐 青花缠枝莲盘	38cm	2,800,000	雍和嘉诚	2010.6.3
明永乐 青花缠枝莲葵口盘	直径38cm	6,160,000	辽宁建投	2010.11.15
明永乐 青花缠枝花卉折沿盘	直径40.5cm	3,024,000	北京保利	2010.12.6
明永乐 青花缠枝花卉纹碗	直径16.9cm	672,000	北京中汉	2010.5.18
明永乐 青花缠枝花卉纹如意开光式“莲纹”执壶	高28cm	16,350,400	香港苏富比	2010.4.8
明永乐 青花缠枝花卉纹花口盘	直径38cm	5,285,560	香港佳士得	2010.5.31
明永乐 青花缠枝花卉纹贯耳瓶(一对)	高20.3cm	3,248,000	中翰清花	2010.12.12
明永乐 青花缠枝茶花牡丹纹折沿大盘	长41.1cm	2,688,000	北京永乐	2010.11.23
明永乐 明永乐青花瓜瓞纹大盘	40cm×7cm	2,464,000	上海崇源	2010.7.31
明宣德 青花折枝花果纹葵口碗	直径22.6cm	7,919,560	香港佳士得	2010.5.31
明宣德 青花杂宝纹瓦钮“泽物为务”方玺	6cm×6cm×5cm	448,000	中国嘉德	2010.11.21
明宣德 青花云龙纹十棱洗	直径20.7cm	26,880,000	北京保利	2010.12.5
明宣德 青花云龙纹钵	直径26cm	2,128,000	北京诚轩	2010.5.17
明宣德 青花鹦鹉花果纹折沿盘	直径41.5cm	4,480,000	北京中嘉	2010.5.9
明宣德 青花一束莲大盘	长32.8cm	2,016,000	中都国际	2010.9.25
明宣德 青花一把莲大盘	直径40.5cm	4,032,000	中国嘉德	2010.11.22
明宣德 青花一把莲大盘	直径35cm	58,240	长风拍卖	2010.6.22
明宣德 青花松竹梅纹盘	直径30.6cm	3,360,000	北京中汉	2010.5.18
明宣德 青花松竹梅高足盖杯	高25.5cm	3,584,000	北京中嘉	2010.5.9
明宣德 青花双龙戏珠钵	宽27cm	8,064,000	福建拍卖	2010.1.10
明宣德 青花狮纹抱月瓶	高28cm	246,400	中国嘉德	2010.11.20
明宣德 青花瑞兽纹高足杯(一对)	高7.5cm	560,000	北京中嘉	2010.5.9
明宣德 青花轮花绶带葫芦扁瓶	高26cm	23,064,660	香港苏富比	2010.10.7
明宣德 青花龙凤纹桃形盖盒	高10.5cm	1,904,000	北京中嘉	2010.5.9

拍品名称	尺寸	成交价RMB	拍卖公司	拍卖日期
明宣德 青花莲塘鱼藻纹盘	宽25.8cm	1,344,000	中翰清花	2010.12.12
明宣德 青花爵杯	长17cm	89,600	老城隍庙	2010.11.6
明宣德 青花海藻纹书灯	长13.5cm	76,160	中国嘉德	2010.3.20
明宣德 青花缠枝牡丹花卉大碗	直径28.5cm	4,256,000	北京保利	2010.6.4
明宣德 青花缠枝莲纹罐	高14cm	61,600	上海国拍	2010.6.26
明宣德 青花缠枝莲纹大碗	直径27.9cm	2,906,800	香港佳士得	2010.12.1
明宣德 青花缠枝菊纹碗	宽11cm	134,400	福建拍卖	2010.1.10
明宣德 青花缠枝花纹罐	高19cm;直径24cm	8,960,000	北京荣宝	2010.11.14
明宣德 青花缠枝花卉纹扁壶	高30.6cm	2,800,000	北京中嘉	2010.5.9
明宣德 青花缠枝花卉大碗	直径28.9cm	8,960,000	北京翰海	2010.6.7
明宣德 青花缠枝葫芦形鸟食罐	长11.5cm	1,344,000	辽宁中正	2010.10.31
明宣德 黄地青花海水云龙纹碗	宽21cm	1,344,000	中翰清花	2010.5.2
明正统 青花海水波浪纹盘	直径17.7cm	392,000	北京诚轩	2010.5.17
明成化/弘治 青花高士图梅瓶	高30cm	134,400	中国嘉德	2010.11.22
明成化 青花岁寒三友纹盘	宽29cm	4,704,000	中翰清花	2010.12.12
明成化 青花石榴花纹盘	直径29.6cm	2,287,600	香港佳士得	2010.12.1
明成化 青花如意纹碟	直径8.2cm	112,000	深圳市拍	2010.6.12
明成化 青花灵芝纹盘	直径8.2cm	173,600	中国嘉德	2010.12.18
明成化 青花卷草龙纹罐	高10.5cm	89,600	广州嘉德	2010.12.8
明成化 青花金衣百子盒	长5.8cm	1,456,000	老城隍庙	2010.11.6
明成化 青花花叶纹碗	高7.2cm; 直径15.4cm	7,616,000	北京中嘉	2010.5.9
明成化 青花花鸟图杯	直径6cm	6,048,000	北京诚轩	2010.11.22
明成化 青花荷塘罐	高10.3cm	19,040,000	北京翰海	2010.12.12
明成化 青花高士图盖罐	高40cm	7,616,000	中翰清花	2010.5.2
明弘治 青花海水龙纹撇口盘	径22cm	89,600	上海嘉泰	2010.4.20
明弘治 青花缠枝牡丹纹罐	高26cm	112,000	中国嘉德	2010.5.16
明弘治 青花缠枝牡丹莲纹大香炉	直径26.3cm	358,400	中国嘉德	2010.5.16
明弘治 黄釉青花折枝花果盘	直径26.3cm	4,480,000	上海新华	2010.9.5
明正德 青花狮纹象耳炉	高17.3cm	47,040	北京翰海	2010.9.19
明正德 青花龙纹盘	直径24cm	784,000	北京保利	2010.12.5
明正德 青花灵芝阿拉伯文五峰笔山	长21.9cm	3,938,800	香港佳士得	2010.12.1
明正德 青花花卉纹盖罐	高20.3cm	67,200	中国嘉德	2010.11.22
明正德 青花二龙戏珠图盘	直径17.7cm	448,000	中国嘉德	2010.6.19
明正德 青花朵云龙纹盘	直径17.4cm	439,000	香港佳士得	2010.5.31
明正德 青花穿花龙纹高足碗	直径17.5cm	1,771,600	香港佳士得	2010.12.1
明正德 青花缠枝花卉纹八卦三足炉	高20.3cm	224,000	北京翰海	2010.9.19
明正德 黄地青花石榴花纹盘	直径29.5cm	4,970,800	香港佳士得	2010.12.1
明天顺 青花高士出游图梅瓶	高32.5cm	504,000	浙江一通	2010.9.5
明空白期 青花狮子绣球梅瓶	高31.3cm	69,440	中国嘉德	2010.11.22
明空白期 青花人物纹梅瓶	高39.5cm	91,840	中国嘉德	2010.3.20
明空白期 青花人物故事图罐	高37.5cm	470,400	云南典藏	2010.4.25
明空白期 青花凤凰纹盘	直径32.5cm	50,400	中国嘉德	2010.11.22
明景泰 青花三国人物故事大罐	高36cm	2,016,000	北京荣宝	2010.11.14
明景泰 青花琴棋书画人物图大罐	高40.3cm	940,800	中国嘉德	2010.5.16
明景泰 青花缠枝牡丹双戟耳瓶(一对)	高17.3cm	64,960	深圳市拍	2010.10.23
明嘉靖 青花云龙纹盘	高10.8cm	460,072	香港佳士得	2010.5.31
明嘉靖 青花云龙纹瓷板	长25cm	91,840	云南典藏	2010.4.25
明嘉靖 青花云鹤纹葫芦瓶	高47cm	1,874,800	香港佳士得	2010.12.1
明嘉靖 青花云鹤纹缠枝莲罐	高36cm	58,240	北京纳高	2010.7.15
明嘉靖 青花云鹤方炉	高24.8cm	201,600	北京翰海	2010.9.19
明嘉靖 青花渔家乐图碗	直径17.5cm	179,200	北京保利	2010.6.5
明嘉靖 青花鱼藻纹碗	直径13.4cm	201,600	中国嘉德	2010.11.22
明嘉靖 青花鱼藻纹碗	直径13.5cm	168,000	北京匡时	2010.6.6

拍品名称	尺寸	成交价RMB	拍卖公司	拍卖日期
明嘉靖 青花鱼藻纹罐	高17.5cm	67,200	广州嘉德	2010.6.16
明嘉靖 青花鱼藻纹缸	直径42cm	1,680,000	北京保利	2010.12.5
明嘉靖 青花婴戏图器盖	直径21.5cm	44,800	中国嘉德	2010.12.18
明嘉靖 青花婴戏寿字纹四方碗	直径12.8cm	257,600	中国嘉德	2010.11.22
明嘉靖 青花应龙戏珠纹罐	高15.8cm	582,400	北京诚轩	2010.5.17
明嘉靖 青花庭院婴戏纹盘	直径15.6cm	436,800	北京保利	2010.6.5
明嘉靖 青花岁寒三友纹盘	直径25cm	1,597,960	香港佳士得	2010.5.31
明嘉靖 青花双龙纹杯双行	直径7.5cm	236,500	香港佳士得	2010.12.1
明嘉靖 青花双龙赶珠纹瓷板	长26.5	280,000	北京诚轩	2010.5.17
明嘉靖 青花兽狮缠枝莲纹大罐	高37cm	106,400	广东古今	2010.6.20
明嘉靖 青花寿字龙纹大缸	直径57cm；高58cm	4,256,000	中鸿信	2010.9.19
明嘉靖 青花狮子绣球小盘(一对)	直径13cm	324,800	北京保利	2010.12.6
明嘉靖 青花群仙祝寿大葫芦瓶	高55cm	6,608,000	北京保利	2010.12.5
明嘉靖 青花龙纹小盘	直径14cm	112,000	北京保利	2010.6.5
明嘉靖 青花龙凤纹盘	直径22.5cm	78,400	北京保利	2010.6.5
明嘉靖 青花六菱龙纹罐	高24cm	224,000	广东古今	2010.6.20
明嘉靖 青花开光人物故事六棱盖罐	高42cm	4,704,000	北京中嘉	2010.5.9
明嘉靖 青花花卉碗	直径19cm	95,000	金仕德	2010.5.19
明嘉靖 青花花卉盖盒	直径13cm	324,800	北京保利	2010.6.5
明嘉靖 青花鹤鹿同春罐	高39.4cm	414,400	中国嘉德	2010.11.22
明嘉靖 青花福寿六方葫芦瓶	高33cm	50,000	金仕德	2010.5.19
明嘉靖 青花凤纹圆形水盂	直径13cm	235,200	北京保利	2010.6.5
明嘉靖 青花缠枝灵芝托宝纹宫碗	直径33.3cm	302,400	上海国拍	2010.6.26
明嘉靖 青花缠枝莲纹罐	高37.2cm	106,400	北京纳高	2010.7.15
明嘉靖 青花缠枝莲大碗	直径39.5cm	280,000	北京保利	2010.12.6
明嘉靖 青花博古纹罐	高17cm	78,400	北京荣宝	2010.3.14
明嘉靖 青花八仙过海大罐	高30	88,000	天津鼎天	2010.12.11
明嘉靖 青花八吉祥纹小杯	直径7cm	190,400	北京翰海	2010.12.12
明嘉靖 青花“荷塘鱼藻”图大碗	直径37.5cm	809,600	香港苏富比	2010.4.8
明嘉靖 青花“缠枝花卉八吉祥”图罐	高12.7cm	187,000	香港苏富比	2010.4.8
明嘉靖 黄地青花龙纹方杯	直径14.5cm	1,232,000	中国嘉德	2010.11.22
明隆庆 青花龙纹筒式罐	高9.5cm	235,200	中国嘉德	2010.11.22
明万历 青花张天师斩五毒小碟(一对)	直径10.8cm	65,780	香港淳浩	2010.3.27
明万历 青花云龙纹罐	高10cm	246,400	四川嘉禾	2010.7.25
明万历 青花云龙纹方盒	长17.3cm	369,600	中国嘉德	2010.5.16
明万历 青花婴戏图盘	直径17.6cm	351,200	香港佳士得	2010.5.31
明万历 青花庭园凤凰纹大盖罐	高67cm	3,584,000	北京保利	2010.12.5
明万历 青花松竹梅花鸟纹瓜棱罐	高17.5cm	89,600	北京荣宝	2010.3.14
明万历 青花松鹤遐龄图小盘	直径8.7cm	61,600	北京永乐	2010.11.23
明万历 青花双龙戏珠长方盖盒双	宽23.9cm	842,800	香港佳士得	2010.12.1
明万历 青花双凤纹盘(一对)	直径13.4cm	69,440	中国嘉德	2010.5.16
明万历 青花兽首三足炉	高16cm	89,600	中拍国际	2010.11.27
明万历 青花瑞兽盖盒	26cm	168,000	雍和嘉诚	2010.12.3
明万历 青花忍冬花纹盘	直径24.2cm	197,550	香港佳士得	2010.5.31
明万历 青花人物纹盖罐	高41cm	224,000	中拍国际	2010.6.19
明万历 青花镂空云龙盖盒	直径21.3cm	1,680,000	北京保利	2010.12.5
明万历 青花镂空开光龙纹长方盖盒双	宽25.5cm	584,800	香港佳士得	2010.12.1
明万历 青花龙纹五峰笔架	长17cm	392,000	北京保利	2010.12.6
明万历 青花龙纹碗	直径16.2cm	53,760	浙江一通	2010.9.5
明万历 青花龙纹双环耳洗口瓶	高17cm	280,000	北京保利	2010.6.5
明万历 青花龙纹双耳四足炉	高7.4cm	302,400	北京翰海	2010.6.7
明万历 青花龙纹盖盒	高9.3cm	280,000	辽宁建投	2010.11.15
明万历 青花龙纹长方盖盒	长24.5cm	392,000	中国嘉德	2010.11.22
明万历 青花龙纹笔架	高10.7cm	481,600	北京匡时	2010.12.4
明万历 青花龙纹笔	长20cm	336,000	北京保利	2010.6.5

2010瓷器拍卖成交汇总

(成交价RMB：4万元以上)

拍品名称	尺寸	成交价RMB	拍卖公司	拍卖日期
明万历 青花龙凤纹菊瓣盘	直径14.8cm	80,640	北京诚轩	2010.11.22
明万历 青花莲花形盘	直径19.2cm	504,000	中国嘉德	2010.5.16
明万历 青花开光人物故事纹碗	直径16cm	297,000	天津文物	2010.11.21
明万历 青花开光人物故事纹碗	宽16.2cm	268,800	长风拍卖	2010.6.22
明万历 青花开光花卉纹提梁壶	高19.3cm	145,600	北京翰海	2010.9.19
明万历 青花菊瓣纹莲子碗	直径20.3cm	896,000	北京永乐	2010.11.23
明万历 青花花鸟敞口缸	口径43.5cm	313,600	上海嘉泰	2010.4.20
明万历 青花花卉纹兽头尊	高31.5cm	58,240	中国嘉德	2010.3.20
明万历 青花花卉器座	直径23cm	67,200	北京保利	2010.3.19
明万历 青花花果纹卧足碗(一对)	直径12.2cm	190,400	北京永乐	2010.11.23
明万历 青花海八怪大碗	直径20cm	1,064,000	北京保利	2010.12.6
明万历 青花高士人物提梁壶	高23.5cm	873,600	北京保利	2010.12.5
明万历 青花福寿盖盒	直径7.5cm	504,000	北京保利	2010.6.5
明万历 青花福寿盖罐(一对)	高12.5cm	44,800	深圳市拍	2010.6.12
明万历 青花丹凤朝阳纹盘	口径37.3cm	61,600	广东古今	2010.6.20
明万历 青花丹凤朝阳纹盘	口径37.3cm	58,240	广东古今	2010.6.20
明万历 青花穿花龙纹碗	直径14.5cm	134,400	北京荣宝	2010.3.14
明万历 青花八仙祝寿大罐	高46cm	44,800	北京保利	2010.7.31
明万历 青花八仙庆寿图三足炉	直径21cm	145,600	中国嘉德	2010.11.22
明万历 青花八吉祥龙纹捧盒	直径19.3cm	123,200	北京翰海	2010.6.7
明万历 青花"游龙图"笔山	长15.2cm	492,800	香港苏富比	2010.4.8
明万历 青花"仿官婴戏图"盘	直径30.8cm	286,000	香港苏富比	2010.4.8
明万历 仿成化青花八吉祥纹卧足杯	直径11.4cm	145,600	北京保利	2010.6.5
明天启 青花关云长千里走单骑故事纹笔筒	高21.2cm	1,008,000	北京中汉	2010.11.22
明天启 米万钟制青花洞石花卉出戟觚	高32cm	12,320,000	北京保利	2010.12.5
明崇祯 青花指日高升图长颈瓶	高38cm	56,000	中鼎国际	2010.11.18
明崇祯 青花昭君出塞笔筒	高20cm	358,400	上海大众	2010.1.3
明崇祯 青花招贤故事筒瓶	高47cm	537,600	中国嘉德	2010.11.20
明崇祯 青花衣锦还乡象腿瓶	高44cm	109,760	雍和嘉诚	2010.12.3
明崇祯 青花萧何月下追韩信图筒瓶	高44cm	123,200	中国嘉德	2010.12.18
明崇祯 青花山水人物葫芦瓶	高37.5cm	336,000	北京翰海	2010.6.7
明崇祯 青花人物纹筒瓶	高18.6cm	78,400	北京荣宝	2010.3.14
明崇祯 青花人物纹筒瓶	高18cm	61,600	广州嘉德	2010.6.16
明崇祯 青花人物纹莲子罐	高27cm	392,000	中拍国际	2010.6.19
明崇祯 青花人物纹笔筒	高17cm	64,960	中国嘉德	2010.6.19
明崇祯 青花人物莲子罐	高17.6cm	224,000	中国嘉德	2010.11.20
明崇祯 青花人物故事纹香炉	口径22cm	50,400	上海大众	2010.1.3
明崇祯 青花人物故事纹笔筒	高15.4cm	100,800	北京中汉	2010.5.18
明崇祯 青花人物故事葫芦瓶	高32.5cm	268,800	广东古今	2010.6.20
明崇祯 青花人物故事笔筒	高21.3cm	1,288,000	北京翰海	2010.6.6
明崇祯 青花人物故事笔筒	高17cm	313,600	北京翰海	2010.12.12
明崇祯 青花人物故事笔筒	高15.5cm	100,800	北京翰海	2010.12.12
明崇祯 青花千里走单骑纹花觚	高44cm	336,000	北京荣宝	2010.3.14
明崇祯 青花麒麟斗凤卷缸	直径21cm	112,000	北京保利	2010.7.31
明崇祯 青花麒麟芭蕉纹莲子罐	高11.5cm	168,000	长风拍卖	2010.6.22
明崇祯 青花龙纹花口盘	直径18cm	117,600	北京保利	2010.6.5
明崇祯 青花加官进爵莲子罐	高25cm	179,200	北京荣宝	2010.3.14
明崇祯 青花花鸟纹琵琶尊	高17.5cm	47,040	中拍国际	2010.11.27
明崇祯 青花花鸟纹莲子罐	高15.7cm	134,400	中国嘉德	2010.5.16
明崇祯 青花花鸟莲子罐	高24.5cm	336,000	中国嘉德	2010.11.20
明崇祯 青花花卉纹莲子罐	高17.5cm	42,560	中拍国际	2010.11.27
明崇祯 青花高士题诗盖罐	高21.5cm	112,000	北京保利	2010.6.5
明崇祯 青花高士提梁壶	高27cm	201,600	北京保利	2010.12.6

拍品名称	尺寸	成交价RMB	拍卖公司	拍卖日期
明崇祯 青花博古图筒瓶	高45.5cm	52,800	天津瀚雅	2010.11.28
明崇祯 青花"长生殿"人物故事图印盒	直径15.3cm	336,000	云南典藏	2010.4.25
明崇祯 暗刻青花花鸟莲子罐	高17cm	60,000	金仕德	2010.5.19
明晚期 青花山水纹茶壶	宽19.3cm	109,760	中国嘉德	2010.5.16
明晚期 青花人物倒流壶	高13.3cm	84,000	北京翰海	2010.9.19
明晚期 青花锦上添花小缸	高20cm	123,200	北京翰海	2010.9.19
明末清初 青花婴戏图大笔海	直径25cm	2,128,000	北京永乐	2010.11.23
明末清初 青花花鸟纹茶壶及茶叶罐	宽17.8cm	84,000	中国嘉德	2010.11.22
明末 青花龙纹笔杆	长21.5cm	123,200	西泠拍卖	2010.7.6
明末 青花加官晋级图罐	高28cm	87,360	长风拍卖	2010.6.22
明末 阿拉伯文青花捧盒	直径21.5cm	358,400	西泠拍卖	2010.7.6
明 青花折枝花果梅瓶	高36cm	3,360,000	北京保利	2010.6.4
明 青花牡丹纹梅瓶	高34.5cm	98,560	中国嘉德	2010.3.20
明 青花鹿鸟纹杯(一对)	高6.3cm	190,400	北京中嘉	2010.5.9
明 青花龙凤纹长方出戟洗	长27.2cm	89,600	北京纳高	2010.7.15
明 青花花鸟花觚	高49.6cm	130,000	金仕德	2010.5.19
明 青花凤纹葵口洗	直径15.5cm	190,400	北京纳高	2010.7.15
明 青花飞龙大缸	直径58cm	67,200	北京保利	2010.3.19
明 青花缠枝莲纹大缸	直径75cm	400,000	金仕德	2010.5.19
明 青花缠枝莲纹大缸	直径51.5cm	78,400	中国嘉德	2010.6.19
明 青花宝相花纹瓜棱罐	高20cm	48,000	金仕德	2010.5.19
明 青花百寿卷缸	直径41cm	530,000	金仕德	2010.5.19
明 隆庆 青花凤穿花纹盘	直径18cm	67,200	四川嘉禾	2010.7.25
清初 青花花卉花觚	高40cm	63,840	北京翰海	2010.9.18
清初 青花花鸟象肥尊	高40cm	56,000	北京翰海	2010.1.21
清早期 青花山水题诗筒瓶	高44.3cm	106,400	北京保利	2010.7.31
清早期 青花瑞兽纹凤尾尊	高46cm	58,240	中国嘉德	2010.6.19
清早期 青花人物纹小缸	直径22cm	47,040	中国嘉德	2010.3.20
清早期 青花开光人物纹笔筒	直径18.4cm	58,240	中国嘉德	2010.6.19
清早期 青花花卉纹围棋罐	直径12.5cm	47,040	中国嘉德	2010.3.20
清早期 青花缠枝莲纹将军罐	高53.5cm	190,400	北京翰海	2010.9.19
清顺治 青花渔家乐图盖罐	高21cm	112,000	上海国拍	2010.6.26
清顺治 青花人物纹笔筒	高16.7cm	89,600	中国嘉德	2010.11.20
清顺治 青花吕洞宾故事筒瓶	高43.5cm	67,200	北京保利	2010.3.19
清顺治 青花魁星点斗纹笔筒	高20.6cm	179,200	北京九歌	2010.6.22
清顺治 青花锦鸡牡丹纹盘	直径36cm	67,200	中拍国际	2010.11.27
清顺治 青花花鸟纹花觚	50cm	90,200	天津文物	2010.11.21
清顺治 青花花鸟罐	高26.6cm	95,200	深圳市拍	2010.6.12
清顺治 青花缠枝花卉八宝纹长颈瓶	高40cm	207,200	朵云轩	2010.12.17
清康熙 青花竹林七贤图笔筒	高14.5cm	246,400	北京匡时	2010.6.6
清康熙 青花指日高升花觚	高44.6cm	87,360	北京翰海	2010.9.19
清康熙 青花云纹葫芦瓶	高22.2cm	95,200	北京诚轩	2010.5.17
清康熙 青花云龙纹碗	直径21.3cm	47,040	中国嘉德	2010.11.20
清康熙 青花云龙纹瓶	高20cm	123,200	北京匡时	2010.12.4
清康熙 青花云鹤龙纹盘(二件)	直径14.5cm	190,400	北京翰海	2010.6.7
清康熙 青花渔乐图花觚	高45cm	165,000	天津文物	2010.11.21
清康熙 青花渔家乐图凤尾尊	高45.8cm	84,000	中国嘉德	2010.12.18
清康熙 青花鱼藻纹鱼缸	直径23cm	165,000	蓝天国拍	2010.6.3
清康熙 青花鱼藻纹卷缸	高18.5cm	100,800	北京荣宝	2010.11.14
清康熙 青花鱼藻纹盖罐	高16.5cm	117,600	中拍国际	2010.11.27
清康熙 青花婴戏图将军罐	高46cm	91,840	中国嘉德	2010.11.20
清康熙 青花婴戏图将军罐	高34cm	56,000	中鼎国际	2010.11.18
清康熙 青花婴戏图罐	高29.5cm	224,000	中国嘉德	2010.3.20
清康熙 青花小蒜头瓶	高8.2cm	44,800	北京保利	2010.6.5
清康熙 青花潇湘八景图诗文笔筒	高18.5cm	336,000	北京诚轩	2010.11.22
清康熙 青花喜鹊登梅盘(二件)		123,200	北京翰海	2010.1.21
清康熙 青花西洋宫苑亭阁花觚(一对)	高27.5cm	95,200	广东古今	2010.6.20
清康熙 青花西厢人物纹碗(一对)	直径20.5cm	156,800	中国嘉德	2010.5.16
清康熙 青花西厢记故事图大盘	直径36.2cm	336,000	北京永乐	2010.11.23

拍品名称	尺寸	成交价RMB	拍卖公司	拍卖日期
清康熙 青花文王求贤天球瓶	高23.6cm	168,000	中国嘉德	2010.11.20
清康熙 青花文人雅士图笔筒	高15.5cm	56,000	中国嘉德	2010.6.19
清康熙 青花通景婴戏纹捧盒	直径24cm	336,000	上海国拍	2010.6.26
清康熙 青花庭院仕女盖罐	高21.8cm	100,800	中国嘉德	2010.5.16
清康熙 青花藤王阁序笔筒	高18.5cm	268,800	北京翰海	2010.12.12
清康熙 青花饕餮纹花觚	高44cm	112,000	中国嘉德	2010.11.20
清康熙 青花四美图盖罐	高26cm	134,400	广东古今	2010.6.20
清康熙 青花四妃16子图盖罐	高29cm	80,640	中国嘉德	2010.12.18
清康熙 青花四妃16子将军罐	高25cm	112,000	北京纳高	2010.7.15
清康熙 青花兽面纹花觚	高35.8cm	50,400	中国嘉德	2010.9.18
清康熙 青花兽面芭蕉纹觚	高24cm	95,200	广州艺拍	2010.6.15
清康熙 青花仕女婴戏洗口尊	高18.2cm	112,000	北京翰海	2010.6.7
清康熙 青花仕女图三友盘(三件)	直径15.3cm	100,800	中国嘉德	2010.5.16
清康熙 青花仕女图花盆	长58cm	67,200	中国嘉德	2010.6.19
清康熙 青花18学士图折沿碗	直径20.5cm	112,000	北京诚轩	2010.11.22
清康熙 青花圣主得贤臣颂笔筒	高16.3cm	1,288,000	北京翰海	2010.6.7
清康熙 青花圣主得贤臣颂笔筒	直径15.6cm	537,600	北京中汉	2010.5.18
清康熙 青花山水诗文四方棒槌瓶	高52cm	98,560	中国嘉德	2010.6.19
清康熙 青花山水人物香炉	直径24.3cm	67,200	北京纳高	2010.7.15
清康熙 青花山水人物纹水洗	高16.2cm	313,600	北京荣宝	2010.3.14
清康熙 青花山水人物纹开光小缸	直径23cm	67,200	广州嘉德	2010.6.16
清康熙 青花山水人物纹将军罐(一对)	高27cm	89,600	广州嘉德	2010.6.16
清康熙 青花山水人物纹花觚	高47.5cm	246,400	北京荣宝	2010.3.14
清康熙 青花山水人物纹观音尊	高51.1cm	403,200	北京中汉	2010.11.22
清康熙 青花山水人物纹笔斗	高16cm	78,400	广州嘉德	2010.6.16
清康熙 青花山水人物纹棒槌瓶	高46cm	275,000	天津文物	2010.5.24
清康熙 青花山水人物图观音尊	高45.6cm	755,080	香港佳士得	2010.5.31
清康熙 青花山水人物图凤尾尊	高46cm	268,800	广州艺拍	2010.6.15
清康熙 青花山水人物图笔筒	高19.5cm	179,200	广州艺拍	2010.6.15
清康熙 青花山水人物图笔筒	高16.8cm	106,400	中国嘉德	2010.5.16
清康熙 青花山水人物诗文笔筒	直径23cm	106,400	云南典藏	2010.4.25
清康熙 青花山水人物花觚	高46.5cm	108,000	安华白云	2010.7.24
清康熙 青花山水人物长颈盖罐	通高41cm	84,000	长风拍卖	2010.6.22
清康熙 青花山水人物笔洗	高15cm	61,600	浙江中财	2010.4.11
清康熙 青花山水人物笔筒	高12cm	44,800	中国嘉德	2010.5.16
清康熙 青花山水人物棒槌瓶	高38cm	145,600	北京九歌	2010.6.22
清康熙 青花山水人物棒槌瓶	高47cm	100,800	深圳市拍	2010.6.12
清康熙 青花山水楼阁人物纹卷缸	直径20.5cm	336,000	北京中汉	2010.5.18
清康熙 青花山水笔筒	高14.5cm	49,280	谷云轩	2010.6.27
清康熙 青花山水笔筒	直径19cm	44,800	谷云轩	2010.6.27
清康熙 青花三瑞兽纹胆瓶	高43.4cm	616,000	长风拍卖	2010.6.22

拍品名称	尺寸	成交价RMB	拍卖公司	拍卖日期
清康熙 青花三国八阵图花觚	高41cm	672,000	北京永乐	2010.11.23
清康熙 青花瑞兽纹碗	直径19.2cm	89,600	中国嘉德	2010.5.16
清康熙 青花瑞兽图罐	高22cm	67,200	广州艺拍	2010.6.15
清康熙 青花如意披肩纹印盒	直径11.3cm	50,400	北京中汉	2010.11.22
清康熙 青花人物印泥盒	长14cm	201,600	福建拍卖	2010.1.10
清康熙 青花人物纹碗	直径20cm	53,760	中国嘉德	2010.5.16
清康熙 青花人物纹将军罐(一对)	高42cm	470,400	北京荣宝	2010.11.14
清康熙 青花人物纹观音瓶	高46.2cm	98,560	中国嘉德	2010.3.20
清康熙 青花人物诗文笔筒	高13.5cm	123,200	中国嘉德	2010.9.18
清康熙 青花人物将军罐	高46cm	1,120,000	中翰清花	2010.12.12
清康熙 青花人物花觚	高45cm	95,200	北京保利	2010.10.23
清康熙 青花人物故事纹笔筒	高18cm	121,000	天津文物	2010.11.21
清康熙 青花人物故事纹棒槌瓶	高46cm	459,200	辽宁建投	2010.11.15
清康熙 青花人物故事图棒槌瓶	高47cm	336,000	广州艺拍	2010.6.15
清康熙 青花人物故事盘(一对)	直径26.3cm	72,800	中国嘉德	2010.11.20
清康熙 青花人物故事花觚(一对)	高16.3cm	87,360	深圳市拍	2010.10.23
清康熙 青花人物故事笔筒	高12.5cm	55,000	金仕德	2010.5.19
清康熙 青花人物凤尾尊	高18.2cm	145,600	中国嘉德	2010.11.20
清康熙 青花人物笔筒	高18.1cm	224,000	福建拍卖	2010.1.10
清康熙 青花人物笔筒	直径12.7cm	100,800	苏州吴门	2010.6.13
清康熙 青花前赤壁赋笔筒	高15.1cm	806,400	北京翰海	2010.6.7
清康熙 青花牡丹花卉纹碗	直径20cm	95,200	北京荣宝	2010.11.14
清康熙 青花落花流水纹大铃铛杯	高12.6cm	53,760	北京永乐	2010.11.23
清康熙 青花露白冰梅图花觚	高47cm	221,760	广州艺拍	2010.6.15
清康熙 青花龙纹印泥盒	直径7cm	76,160	中拍国际	2010.11.27
清康熙 青花龙纹小碗(一对)	直径10.2cm	291,200	北京匡时	2010.12.4
清康熙 青花龙纹碗	直径22.5cm	44,800	北京保利	2010.10.23
清康熙 青花龙纹观音尊	高45cm	67,200	中国嘉德	2010.9.18
清康熙 青花龙纹大盘	直径39cm	201,600	云南典藏	2010.4.25
清康熙 青花龙纹杯	直径9cm	1,176,000	北京保利	2010.12.6
清康熙 青花龙凤纹十棱葵花口碗	直径18cm	224,000	北京诚轩	2010.5.17
清康熙 青花龙凤纹盘	直径16cm	313,600	北京荣宝	2010.11.14
清康熙 青花龙凤纹盘	口径16cm	72,800	上海大众	2010.1.3
清康熙 青花留白云龙纹小碗(一对)	直径10.3cm	246,400	北京保利	2010.6.5
清康熙 青花留白瓶	高49cm	75,000	金仕德	2010.5.19
清康熙 青花莲纹大盘	直径38cm	376,250	香港佳士得	2010.12.1
清康熙 青花夔凤纹双鹿尊	高19.2cm	2,335,480	香港佳士得	2010.5.31
清康熙 青花开光山水纹笔筒	直径18.5cm	109,760	中国嘉德	2010.9.18
清康熙 青花开光山水人物纹笔筒	高17cm	41,800	天津瀚雅	2010.11.28
清康熙 青花开光山水人物图缸	高17cm	145,600	广州艺拍	2010.6.15
清康熙 青花开光山水人物笔筒	直径18cm	168,000	广州嘉德	2010.12.8
清康熙 青花开光山水博古纹棒槌瓶	高47cm	168,000	中拍国际	2010.6.19
清康熙 青花开光人物碗	直径18.5cm	44,800	雍和嘉诚	2010.6.3
清康熙 青花开光人物提诗笔筒	直径19.5cm	89,600	四川嘉禾	2010.7.25
清康熙 青花开光人物诗文碗	直径21cm	42,560	北京保利	2010.10.23
清康熙 青花菊花诗文花神杯	直径6.5cm	425,600	北京永乐	2010.11.23
清康熙 青花锦鸡花卉壶	长25cm	112,000	北京保利	2010.6.5
清康熙 青花锦地开光诗文山水花卉纹四方瓶	高55cm	448,000	北京保利	2010.3.19
清康熙 青花教子图盘	直径16cm	67,200	北京荣宝	2010.3.14
清康熙 青花酱口山水高士图墩式碗(一对)	直径10.5cm	84,000	长风拍卖	2010.6.22
清康熙 青花花神杯(四只)	直径6.8cm	3,248,000	北京中汉	2010.11.22
清康熙 青花花鸟纹瓶(一对)	高41cm	44,800	中国嘉德	2010.3.20

2010瓷器拍卖成交汇总

(成交价RMB：4万元以上)

拍品名称	尺寸	成交价RMB	拍卖公司	拍卖日期
清康熙 青花花鸟纹罐	高22.7cm	179,200	中国嘉德	2010.5.16
清康熙 青花花鸟棒槌瓶	高47cm	358,400	北京保利	2010.6.5
清康熙 青花花卉纹瓶(四件)	高31cm	201,600	中国嘉德	2010.11.20
清康熙 青花花卉纹盖罐	高17.5cm	56,000	中国嘉德	2010.5.16
清康熙 青花花卉纹杯盘(六件)		76,160	中国嘉德	2010.9.18
清康熙 青花花卉纹杯(二件)	直径5.7cm	1,008,000	北京翰海	2010.12.11
清康熙 青花花卉碗	直径16.2cm	392,000	中国嘉德	2010.5.16
清康熙 青花花卉寿字碗	直径16cm	89,600	北京翰海	2010.6.7
清康熙 青花花卉诗文杯	直径6.6cm	1,120,000	北京翰海	2010.6.6
清康熙 青花花卉铃铛杯(一对)	直径8.6cm	44,800	雍和嘉诚	2010.6.3
清康熙 青花花卉罐	高55cm	168,000	北京翰海	2010.1.21
清康熙 青花花卉凤尾尊	高46cm	179,200	浙江中财	2010.4.11
清康熙 青花花卉长颈执壶	高27.3cm	112,000	深圳市拍	2010.6.12
清康熙 青花花卉草虫杯	直径6.6cm	302,400	北京翰海	2010.6.6
清康熙 青花蝶大印盒	直径16.5cm	694,400	北京保利	2010.6.5
清康熙 青花花虫小杯(五件)	直径6.5cm	179,200	北京保利	2010.12.6
清康熙 青花红拂记人物故事图笔筒	高17cm	313,600	中国嘉德	2010.12.18
清康熙 青花鹤鹿同春纹将军罐	高31cm	44,800	中拍国际	2010.11.27
清康熙 青花鹤鹿同春凤尾尊	高45.8cm	212,800	中国嘉德	2010.5.16
清康熙 青花鹤鹿同春凤尾尊	高46cm	44,800	辽宁志和	2010.11.28
清康熙 青花鹤鹿同春棒槌瓶	高46cm	672,000	广州艺拍	2010.6.15
清康熙 青花和谐如意婴戏图罐	高18cm	44,800	中国嘉德	2010.12.18
清康熙 青花海水云龙纹碗	直径18.9cm	179,200	北京中汉	2010.5.18
清康熙 青花海水瑞兽图香炉	直径23cm	44,800	广州嘉德	2010.6.16
清康熙 青花海水龙纹将军罐	高60.5cm	53,760	广东古今	2010.6.20
清康熙 青花海八怪小缸	直径19cm	100,800	中国嘉德	2010.11.20
清康熙 青花海八怪纹钵	直径12cm	56,000	中国嘉德	2010.12.18
清康熙 青花贯套纹折胫杯	直径8.8cm	78,400	十竹斋	2010.7.11
清康熙 青花高士论道图三足炉	高9.9cm	50,400	北京九歌	2010.6.22
清康熙 青花福寿纹凤尾尊	高45.5cm	49,500	天津瀚雅	2010.11.28
清康熙 青花福寿康宁碗	直径13cm	1,736,000	北京翰海	2010.12.12
清康熙 青花伏虎罗汉杯	高7.3cm	109,760	中国嘉德	2010.11.20
清康熙 青花凤穿牡丹盘(一对)	直径33.8cm	44,800	长风拍卖	2010.6.22
清康熙 青花凤穿牡丹将军罐	高59.5cm	78,400	广东古今	2010.6.20
清康熙 青花梵文盘	直径20cm	132,000	天津文物	2010.5.24
清康熙 青花多棱荷叶鱼藻纹盖罐	高44.3cm	1,344,000	中翰清花	2010.5.2
清康熙 青花蝶恋花纹盖盒	直径16.9cm	963,200	北京中汉	2010.11.22
清康熙 青花狄仁杰夜会武则天纹棒槌瓶	高49cm	257,600	北京荣宝	2010.3.14
清康熙 青花刀马人物纹大瓶	高64cm	582,400	北京荣宝	2010.3.14
清康熙 青花大盘	直径45cm	95,200	浙江中财	2010.4.11
清康熙 青花赤壁图花觚	高45cm	649,600	中国嘉德	2010.11.20
清康熙 青花赤壁赋笔筒	高16.5cm	280,000	中国嘉德	2010.12.18
清康熙 青花缠枝牵牛花纹碗	直径16.4cm	72,800	北京中汉	2010.5.18
清康熙 青花缠枝莲纹碗	直径19.1cm	201,600	北京翰海	2010.6.7
清康熙 青花缠枝莲纹碗	直径19.3cm	173,600	北京诚轩	2010.11.22
清康熙 青花缠枝莲纹碗	直径19cm	40,320	雍和嘉诚	2010.6.3
清康熙 青花缠枝莲纹凤尾尊	高45.5cm	112,000	中国嘉德	2010.12.18
清康熙 青花缠枝莲纹大罐	高46cm	112,000	北京荣宝	2010.3.14
清康熙 青花缠枝莲卷缸	高37.5cm	156,800	北京保利	2010.12.6
清康熙 青花缠枝莲花卉大盘	直径37.5cm	224,000	北京保利	2010.3.19
清康熙 青花缠枝花卉纹碗	直径11.8cm	112,000	中国嘉德	2010.5.16
清康熙 青花缠枝花卉碗	直径13cm	179,200	北京匡时	2010.6.6
清康熙 青花缠枝花卉大碗	直径16cm	89,600	苏州吴门	2010.6.13
清康熙 青花博古纹长颈吉瓶	高20cm	78,400	广州艺拍	2010.6.15

拍品名称	尺寸	成交价RMB	拍卖公司	拍卖日期
清康熙 青花博古图直颈瓶(一对)	高39.5cm	403,200	北京诚轩	2010.11.22
清康熙 青花百子婴戏图将军罐	高35cm	50,400	北京保利	2010.10.23
清康熙 青花百子婴戏将军盖罐(一对)	高43cm	168,000	北京保利	2010.7.31
清康熙 青花百子图将军罐	高62cm	52,800	天津瀚雅	2010.11.28
清康熙 青花百寿纹瓶	高44cm	761,600	云南典藏	2010.4.25
清康熙 青花芭蕉人物笔筒	高15.2cm	42,560	北京翰海	2010.9.19
清康熙 青花八仙渡海碗	直径20.5cm	112,000	北京保利	2010.6.5
清康熙 青花暗刻缠枝花卉盘	直径16.6cm	69,440	北京翰海	2010.6.7
清康熙 青花"四美拜月"象耳瓶	高29cm	201,600	北京荣宝	2010.11.14
清康熙 青花"圣主得贤臣颂"书法笔筒	口径18.5cm	246,400	上海大众	2010.1.3
清康熙 青花"春夜宴桃李园"图诗文笔筒	直径17.5cm	280,000	北京荣宝	2010.3.14
清康熙 蓝釉青花博古纹梅瓶	高19cm	280,000	北京荣宝	2010.11.14
清康熙 黄釉青花龙纹盘	直径14.5cm	57,200	天津瀚雅	2010.11.28
清康熙 黄地青花福寿龙纹碗(一对)	直径13.2cm	683,200	北京中汉	2010.11.22
清康熙 荷塘鸳鸯纹卷缸	高33cm	80,000	金仕德	2010.5.19
清康熙 龚心钊旧藏青花凤纹盘	直径16cm	50,400	中国嘉德	2010.11.21
清康熙 豆青釉青花鹤鹿同春笔筒	高14.8cm	134,400	北京翰海	2010.6.7
清康熙 博古八宝棋子盖罐	高9cm	134,400	北京九歌	2010.6.22
清康熙 白釉青花花卉小杯	直径5.8cm	336,000	北京保利	2010.12.6
清康熙/雍正 青花淡描菊花纹印泥盒	直径5.6cm	42,560	北京永乐	2010.11.23
清中期 青花双龙戏珠纹簋式炉	直径34.5cm	89,600	广州嘉德	2010.12.8
清中期 青花开光山水大缸	直径54cm	100,800	北京保利	2010.7.31
清中期 青花花鸟图攒盘	直径40.8cm	134,400	北京诚轩	2010.11.22
清中期 青花荷池鸳鸯纹简瓶	高44.5cm	67,200	北京荣宝	2010.3.14
清中期 青花蝶纹尊	高23.6cm	71,680	中国嘉德	2010.3.20
清中期 青花蝶纹方瓶(一对)	高38cm	56,000	辽宁中正	2010.4.18
清中期 青花缠枝莲托"寿"字纹瓶	高35cm	44,800	北京中汉	2010.5.18
清中期 青花缠枝花卉纹高足碗	高16.3cm	112,000	北京中汉	2010.5.18
清中期 青花八宝竹节贯耳尊	高53cm	201,600	北京保利	2010.7.31
清雍正 青花竹石灵芝图盘	直径16cm	44,800	中国嘉德	2010.12.18
清雍正 青花竹石芭蕉纹玉壶春瓶	高31.1cm	761,600	北京中汉	2010.11.22
清雍正 青花竹石芭蕉纹玉壶春瓶	高20cm	89,600	中翰清花	2010.12.12
清雍正 青花竹林七贤图盘(两件其一)	直径19.3cm.	61,600	北京永乐	2010.11.23
清雍正 青花云龙纹折腰碗	直径16.9cm	336,000	中国嘉德	2010.11.20
清雍正 青花云龙纹盘	直径15cm	56,000	四川嘉禾	2010.7.25
清雍正 青花云龙瓶	高24.5cm	95,200	深圳市拍	2010.6.12
清雍正 青花婴戏图方瓶	高11.2cm	672,000	广州艺拍	2010.6.15
清雍正 青花松竹梅纹小罐	高7.5cm	95,200	广州嘉德	2010.6.16
清雍正 青花松竹梅碗(四件)	直径12cm	392,000	北京保利	2010.6.5
清雍正 青花松竹梅图罐	高9cm	201,600	中国嘉德	2010.5.16
清雍正 青花松竹梅杯	直径8.5cm	672,000	北京保利	2010.12.6
清雍正 青花松鹤逸士图笔筒	高11.3cm	44,800	广东古今	2010.6.20
清雍正 青花四骏观音瓶	高39cm	145,600	北京保利	2010.7.31
清雍正 青花四季花卉纹小碗	直径9.6cm	56,000	北京诚轩	2010.11.22
清雍正 青花寿字海水纹贯耳瓶	高44.5cm	2,240,000	北京匡时	2010.6.6
清雍正 青花寿石花卉图盘	直径20.7cm	89,600	北京诚轩	2010.5.17
清雍正 青花山水人物纹大罐	高40cm	132,000	天津鼎天	2010.6.20
清雍正 青花三果纹盘	直径25.2cm	134,400	北京翰海	2010.12.12
清雍正 青花如意云纹花盆	长36	291,200	北京诚轩	2010.5.17
清雍正 青花如意寿桃纹盘(一对)	直径20.9cm	504,000	北京中汉	2010.11.22

(成交价RMB：4万元以上)

拍品名称	尺寸	成交价RMB	拍卖公司	拍卖日期
清雍正 青花人物杯	高6.5cm	67,200	北京匡时	2010.6.6
清雍正 青花群仙祝寿图花盆	高27.5cm	336,000	中鼎国际	2010.11.18
清雍正 青花苜蓿纹大盘	直径27.5cm	425,600	北京保利	2010.6.5
清雍正 青花龙纹碗(一对)	直径9.5cm	448,000	北京保利	2010.6.5
清雍正 青花龙纹捧寿大盘	直径45cm	1,232,000	北京保利	2010.6.5
清雍正 青花龙纹盘	直径21.5cm	257,600	北京保利	2010.7.31
清雍正 青花龙纹瓷砚	直径12cm	76,160	广州嘉德	2010.6.16
清雍正 青花菱口莲瓣形八宝纹深腹盘	宽15cm	134,400	福建拍卖	2010.1.10
清雍正 青花灵芝纹八棱小罐	高6.5cm	134,400	北京翰海	2010.12.12
清雍正 青花灵芝八方小瓶	高11cm	336,000	北京保利	2010.6.5
清雍正 青花莲纹小杯(一对)	直径8.1cm	103,040	中国嘉德	2010.11.20
清雍正 青花莲池行龙图撇口尊	直径17.1cm	560,000	北京永乐	2010.11.23
清雍正 青花瓣瓜纹瓜棱小罐	高6.5cm	67,200	中拍国际	2010.11.27
清雍正 青花开光灵芝花果纹高足杯	直径15.3cm	582,400	北京荣宝	2010.11.14
清雍正 青花卷草纹梅瓶	高23.3cm	3,938,800	香港佳士得	2010.12.1
清雍正 青花菊纹八角碗(一对)	直径10.6cm	604,800	中国嘉德	2010.11.21
清雍正 青花花鸟图八方扁壶	高48.5cm	67,991,600	香港佳士得	2010.12.1
清雍正 青花花卉小盘	直径8cm	47,040	北京保利	2010.7.31
清雍正 青花花卉纹盏托	高8.4cm	224,000	中拍国际	2010.6.19
清雍正 青花花卉纹花口碗	直径11.5cm	176,000	天津文物	2010.5.24
清雍正 青花花卉寿字纹盘(一对)	直径15.5cm	672,000	北京荣宝	2010.11.14
清雍正 青花花卉盘(二件)	直径10.8cm	179,200	北京翰海	2010.6.7
清雍正 青花红彩缠枝花卉盘	直径15.5cm	179,200	北京翰海	2010.6.7
清雍正 青花海水斗彩蝠纹马蹄碗	直径18cm	123,200	北京翰海	2010.6.7
清雍正 青花瓜瓞绵绵瓜楞小罐	高11.2cm	336,000	北京匡时	2010.12.4
清雍正 青花瓜瓞绵绵瓜棱小罐	高9cm	168,000	北京保利	2010.12.6
清雍正 青花蝠纹小盘	直径11.5cm	235,200	北京保利	2010.12.6
清雍正 青花福禄寿图洗口碗	高11.7cm	145,600	北京永乐	2010.11.23
清雍正 青花仿古兽面纹兽耳炉	直径23cm	145,600	北京保利	2010.12.6
清雍正青花梵文小杯(一对)	直径7.2cm	582,400	中国嘉德	2010.11.20
清雍正 青花梵文碗	9.5cm	95,200	雍和嘉诚	2010.12.3
清雍正 青花梵文杯(一对)	直径9.7cm	392,000	中国嘉德	2010.11.20
清雍正 青花矾红云龙纹碟(一对)	长7.7cm	123,200	北京中汉	2010.5.18
清雍正 青花斗彩折枝花纹盘	直径13.8cm	1,568,000	福建拍卖	2010.6.21
清雍正 青花斗彩福山寿海纹盘	直径17cm	313,600	福建拍卖	2010.6.21
清雍正 青花淡描九桃八鹤纹盘	直径21.6cm	896,000	北京中汉	2010.5.18
清雍正 青花螭龙纹洗	直径39cm	392,000	中国嘉德	2010.12.18
清雍正 青花缠枝纹灯笼瓶	高25cm	5,040,000	北京匡时	2010.6.6
清雍正 青花缠枝莲小罐(一对)	8cm	201,600	雍和嘉诚	2010.12.3
清雍正 青花缠枝莲纹小梅瓶	高15.5cm	56,000	北京九歌	2010.6.22
清雍正 青花缠枝莲纹小罐(一对)	高11cm	616,000	北京匡时	2010.6.6
清雍正 青花缠枝莲纹小罐(一对)	高5.2cm	106,400	中国嘉德	2010.5.16
清雍正 青花缠枝莲纹小罐	高4.3cm	56,000	中国嘉德	2010.11.20
清雍正 青花缠枝莲纹石榴尊	高18.5cm	61,600	广州嘉德	2010.6.16
清雍正 青花缠枝莲纹盘	直径37.2cm	78,400	中拍国际	2010.11.27
清雍正 青花缠枝莲纹葵口折沿盘	直径16.5cm	67,200	上海大众	2010.1.3
清雍正 青花缠枝花寿字纹盘(一对)	直径15.5cm	425,600	广州艺拍	2010.6.15
清雍正 青花缠枝花鸟图大盘	直径38.5cm	560,000	北京诚轩	2010.5.17

拍品名称	尺寸	成交价RMB	拍卖公司	拍卖日期
清雍正 青花缠枝花卉小碗	直径7cm	235,200	北京翰海	2010.12.12
清雍正 青花缠枝花卉纹小杯(一对)	直径7cm	560,000	北京匡时	2010.12.4
清雍正 青花缠枝花卉纹盘(一对)	直径15.5cm	806,400	北京匡时	2010.12.4
清雍正 青花缠枝花卉纹笠式小杯(一对)	直径7.3cm	201,600	北京保利	2010.6.5
清雍正 青花缠枝花卉纹杯(一对)	直径7cm	694,400	中国嘉德	2010.9.18
清雍正 青花缠枝花卉碗	直径11.5cm	313,600	北京保利	2010.6.5
清雍正 青花缠枝花卉盘	直径21cm	145,600	北京保利	2010.7.31
清雍正 青花缠枝花卉罐	高9.2cm	246,400	北京翰海	2010.12.12
清雍正 青花缠枝花卉梵纹杯(二件)	直径6cm	784,000	北京翰海	2010.6.7
清雍正 青花缠枝花卉大碗	直径26cm	168,000	北京保利	2010.7.31
清雍正 青花缠枝勾莲纹盘(一对)	直径15.2cm	280,000	北京永乐	2010.11.23
清雍正 青花缠枝"灵芝寿莲"图贴双环绶带纹壶	高25.5cm	1,812,800	香港苏富比	2010.4.8
清雍正 青花八宝纹云鹤纹盘	直径20cm	77,000	天津文物	2010.5.24
清雍正 青花暗八仙螭龙纹鹰耳瓶	高38.2cm	201,600	中国嘉德	2010.5.16
清雍正 柠檬黄地青花缠枝花卉仿汉壶尊	高34.5cm	33,600,000	北京保利	2010.12.5
清雍正 黄地青花花卉小玉壶春	高9cm	2,072,000	北京保利	2010.12.6
清雍正 黄地青花花果纹蒜头瓶	高29cm；宽17cm	672,000	中翰清花	2010.12.12
清雍正 红地青花鸡纹水盂	高4.8cm	134,400	中国嘉德	2010.9.18
清雍正 官窑仿明青花折枝花果纹梅瓶	高27.5cm	4,480,000	北京永乐	2010.11.23
清雍正 仿宣德青花开光花果纹高足杯	高6.5cm	728,000	北京荣宝	2010.3.14
清雍正 淡描青花斗鸡图杯	直径7.3cm	42,560	中国嘉德	2010.5.16
清乾隆 枣红釉青花缠枝莲海水云头纹蒜头赏瓶	高51cm	67,200	中都国际	2010.9.25
清乾隆 御制青花"天竺恩波"盖罐	高19.5cm	1,462,000	香港佳士得	2010.12.1
清乾隆 唐英制青花缠枝莲纹花觚	高64.1cm	66,080,000	北京匡时	2010.12.4
清乾隆 唐窑青花御题诗文笔搁	长8.7cm	84,000	福建拍卖	2010.1.10
清乾隆 青花竹石芭蕉玉壶春瓶	高29cm	1,288,000	北京保利	2010.10.23
清乾隆 青花竹石芭蕉玉壶春瓶	高28.5cm	308,000	中鸿信	2010.9.19
清乾隆 青花竹石芭蕉玉壶春瓶	高28cm	242,000	天津瀚雅	2010.11.28
清乾隆 青花竹石芭蕉纹玉壶春瓶	高28.7cm	1,097,600	北京中汉	2010.11.22
清乾隆 青花竹石芭蕉纹玉壶春瓶	高29.2cm	784,000	中国嘉德	2010.11.20
清乾隆 青花竹石芭蕉纹玉壶春瓶	高28.8cm	224,000	中国嘉德	2010.5.16
清乾隆 青花竹石芭蕉图玉壶春瓶	高28.3cm	459,200	中国嘉德	2010.3.20
清乾隆 青花折枝花卉直颈瓶	高30cm	1,344,000	北京保利	2010.12.6
清乾隆 青花折枝花卉蒜头瓶	高28.5cm	2,184,000	北京保利	2010.12.6
清乾隆 青花折枝花果纹梅瓶	高32cm	6,725,200	香港佳士得	2010.12.1
清乾隆 青花折枝花果蒜头瓶	高28cm	257,600	北京保利	2010.10.23
清乾隆 青花折枝花果六方瓶	高68.7cm	7,952,000	北京翰海	2010.6.7
清乾隆 青花云纹斗(连盖)	高41.5cm	89,600	广东古今	2010.6.20
清乾隆 青花云龙纹折腰碗	直径17cm	336,000	北京翰海	2010.12.12
清乾隆 青花云龙纹小卷缸	直径21.5cm	616,000	北京荣宝	2010.5.30
清乾隆 青花云龙纹小碟(一对)	直径7cm	44,800	辽宁中正	2010.4.18
清乾隆 青花云龙纹盘	直径17.2cm	123,200	中国嘉德	2010.11.20
清乾隆 青花云龙纹碟(一对)	直径7.8cm	84,000	中国嘉德	2010.5.16
清乾隆 青花云龙盘	直径17.1cm	78,400	北京翰海	2010.6.7
清乾隆 青花云鹤纹印盒	直径10.5cm	50,400	中国嘉德	2010.6.19

2010瓷器拍卖成交汇总

(成交价RMB：4万元以上)

拍品名称	尺寸	成交价RMB	拍卖公司	拍卖日期
清乾隆 青花云蝠纹花盆	长24cm	224,000	北京保利	2010.10.23
清乾隆 青花云凤纹盘	直径16.3cm	87,360	北京翰海	2010.12.12
清乾隆 青花鱼化龙纹高足盘	直径22.5cm	672,000	北京荣宝	2010.5.30
清乾隆 青花鱼化龙高足盘	直径23cm	537,600	北京保利	2010.3.19
清乾隆 青花婴戏图碗	直径15.5cm	275,000	天津文物	2010.5.24
清乾隆 青花一把莲纹盘(一对)	直径11.4cm	66,000	天津瀚雅	2010.11.28
清乾隆 青花西番莲纹贯耳扁瓶	高35cm	8,288,000	北京保利	2010.6.4
清乾隆 青花五龙纹扁瓶	高33cm	49,500	天津瀚雅	2010.11.28
清乾隆 青花五蝠捧寿贯耳瓶	高50cm	12,320,000	北京匡时	2010.6.6
清乾隆 青花万寿无疆碗(一对)	直径17.8cm	403,200	北京保利	2010.6.5
清乾隆 青花团花纹马蹄碗	直径15cm	302,400	北京翰海	2010.12.12
清乾隆 青花通景山水人物花盆(一对)	直径42cm	61,600	广州嘉德	2010.10.24
清乾隆 青花庭院婴戏纹盘	直径18cm	67,200	北京九歌	2010.6.22
清乾隆 青花岁寒三友图盘(一对)	直径18cm	140,000	云南典藏	2010.4.25
清乾隆 青花岁寒三友盘(一对)	直径17.8cm	470,400	北京保利	2010.6.5
清乾隆 青花蒜头瓶	高28cm	918,400	北京匡时	2010.12.4
清乾隆 青花松竹梅仕女婴戏盘(一对)	直径18cm	302,400	中国嘉德	2010.11.20
清乾隆 青花双龙戏珠纹盘(一对)	直径15cm	106,400	北京九歌	2010.6.22
清乾隆 青花双龙赶珠纹碗	直径13cm	351,200	香港佳士得	2010.5.31
清乾隆 青花双凤纹盘	直径16.4cm	112,000	北京中汉	2010.11.22
清乾隆 青花寿字盘	直径10.2cm	56,000	福建拍卖	2010.6.21
清乾隆 青花山水纹狮钮盖瓶	高32cm	190,400	北京荣宝	2010.5.30
清乾隆 青花山水人物纹笔筒	高14.2cm	68,200	天津文物	2010.5.24
清乾隆 青花山水人物双龙耳扁瓶	高52cm	5,152,000	北京保利	2010.12.6
清乾隆 青花山茶花纹太平有象瓶	高27cm	16,240,000	中国嘉德	2010.11.20
清乾隆 青花三果纹梅瓶	高35cm	1,321,600	朵云轩	2010.12.17
清乾隆 青花三果梅瓶	高32.4cm	7,728,000	北京翰海	2010.6.6
清乾隆 青花鸾凤纹盘(一对)	直径16cm	179,200	广州嘉德	2010.12.8
清乾隆 青花龙纹碗	直径17.5cm	64,960	中国嘉德	2010.9.18
清乾隆 青花龙纹盘	直径53cm	112,000	中国嘉德	2010.12.18
清乾隆 青花龙纹盘	直径17cm	89,600	辽宁中正	2010.10.31
清乾隆 青花龙纹盘	直径16.5cm	78,400	中国嘉德	2010.12.18
清乾隆 青花龙纹盘	直径17cm	64,960	北京纳高	2010.7.15
清乾隆 青花龙凤纹鼓凳形七孔笔插	高8.9cm	145,600	福建拍卖	2010.1.10
清乾隆 青花六角形折枝花瓶	高65.5cm	470,400	福建拍卖	2010.6.21
清乾隆 青花留白海水龙纹盘(一对)	直径17.6cm	313,600	中国嘉德	2010.11.20
清乾隆 青花灵芝纹花口碗	直径11.7cm	61,600	北京九歌	2010.6.22
清乾隆 青花莲托梵文酥油灯	高10.8cm	112,000	北京中汉	2010.11.22
清乾隆 青花莲托八宝纹盉壶	长24cm	44,800	中国嘉德	2010.6.19
清乾隆 青花莲托八宝万寿无疆碗	直径19cm	190,400	云南典藏	2010.4.25
清乾隆 青花莲托八宝福禄纹碗	直径18cm	134,400	北京中汉	2010.5.18
清乾隆 青花开光折枝花果带盖执壶	高29cm	1,904,000	北京保利	2010.6.4
清乾隆 青花开光桃纹执壶	高26cm	336,000	北京保利	2010.7.31
清乾隆 青花开光式"八吉祥"图双灵芝耳大扁壶	49cm	7,409,600	香港苏富比	2010.4.8
清乾隆 青花九桃纹盘	直径27cm	110,000	天津瀚雅	2010.11.28
清乾隆 青花锦纹壮罐	高29.2cm	175,600	香港佳士得	2010.5.31
清乾隆 青花锦地花卉壮罐	高23cm	53,760	北京九歌	2010.6.22
清乾隆 青花吉祥八宝抱月瓶	高29.5cm	44,800	中翰清花	2010.5.2
清乾隆 青花花卉纹赏瓶	高37cm	47,040	中国嘉德	2010.6.19
清乾隆 青花花卉纹蒲槌瓶	高30.2cm	2,081,200	香港佳士得	2010.12.1
清乾隆 青花花卉纹贯耳尊	高80cm	42,560	中国嘉德	2010.3.20

拍品名称	尺寸	成交价RMB	拍卖公司	拍卖日期
清乾隆 青花花卉纹长颈瓶	高30cm	2,128,000	四川嘉禾	2010.7.25
清乾隆 青花花卉盘(一对)	直径20cm	403,200	北京保利	2010.10.23
清乾隆 青花花卉开光花果执壶	高29.9cm	2,576,000	北京翰海	2010.6.6
清乾隆 青花花卉开光粉彩双耳尊	高61.8cm	76,160	中翰清花	2010.5.2
清乾隆 青花花卉琮式瓶	高28cm	67,200	上海嘉泰	2010.4.20
清乾隆 青花花卉八吉祥大碗	直径25cm	280,000	北京翰海	2010.6.7
清乾隆 青花花果纹执壶	高26.5cm	537,600	中国嘉德	2010.3.20
清乾隆 青花鹤鹿同春胆式瓶	高26.3cm	15,120,000	北京保利	2010.12.5
清乾隆 青花荷塘鸳鸯纹小卧足碗	直径11.3cm	582,400	北京永乐	2010.11.23
清乾隆 青花荷塘御题诗盖杯	高8.5cm	828,800	中国嘉德	2010.11.20
清乾隆 青花海水云龙纹镗锣洗(一对)	直径15.4cm×2	1,874,800	香港佳士得	2010.12.1
清乾隆 青花海水云龙缸	高14.2cm	1,400,000	北京翰海	2010.12.12
清乾隆 青花海水云龙缸	高13.5cm	627,200	北京翰海	2010.6.7
清乾隆 青花海水龙纹卷缸	直径22.5cm	616,000	雍和嘉诚	2010.6.3
清乾隆 青花海水龙纹缸	直径21.5cm	761,600	北京保利	2010.10.23
清乾隆 青花海水蝠纹马蹄碗	直径14.7cm	168,000	北京保利	2010.7.31
清乾隆 青花勾莲双耳扁瓶	高37cm	58,240	北京翰海	2010.1.21
清乾隆 青花勾莲赏瓶	高33cm	56,000	北京翰海	2010.1.21
清乾隆 青花赶珠龙纹盘(一对)	直径17cm	224,000	北京荣宝	2010.3.14
清乾隆 青花福山寿海云鹤纹匾托	高5cm	313,600	北京中汉	2010.11.22
清乾隆 青花福庆有余团龙小鹿头尊	高31cm	4,032,000	北京保利	2010.6.5
清乾隆 青花福禄寿图瓶	高36.5cm	201,600	广州艺拍	2010.6.15
清乾隆 青花梵文高足碗	高13.5cm	112,000	云南典藏	2010.4.25
清乾隆 青花对凤纹盘	直径16.5cm	201,600	辽宁中正	2010.10.31
清乾隆 青花淡描龙纹盘	直径17.5cm	448,000	北京保利	2010.12.6
清乾隆 青花淡描海水九龙盘	直径17.6cm	78,400	北京翰海	2010.6.7
清乾隆 青花单龙赶珠纹盘	直径17.1cm	123,200	中国嘉德	2010.12.18
清乾隆 青花穿花龙纹梅瓶	高33cm	35,840,000	北京保利	2010.6.4
清乾隆 青花缠枝纹赏瓶	高37.5cm	336,000	广州嘉德	2010.6.16
清乾隆 青花缠枝纹大罐	高42cm	190,400	浙江中财	2010.4.11
清乾隆 青花缠枝四季花卉天球瓶	高54cm	1,030,400	北京保利	2010.10.23
清乾隆 青花缠枝四季花卉海浪纹双龙耳尊	高51cm	2,016,000	北京中汉	2010.5.18
清乾隆 青花缠枝什锦花卉纹缸	直径32.8 高22.3cm	5,712,000	北京诚轩	2010.5.17
清乾隆 青花缠枝灵芝花卉图双如意耳平底葫芦瓶	高18.1cm	7,409,600	香港苏富比	2010.4.8
清乾隆 青花缠枝莲纹迎手	高23cm	67,200	北京荣宝	2010.11.14
清乾隆 青花缠枝莲纹绣墩	高48.5cm	170,500	天津文物	2010.5.24
清乾隆 青花缠枝莲纹绣墩	高46cm	165,000	天津文物	2010.5.24
清乾隆 青花缠枝莲纹绣墩	高48.5cm	132,000	天津文物	2010.11.21
清乾隆 青花缠枝莲纹小瓶	高11.9cm	179,200	北京中汉	2010.11.22
清乾隆 青花缠枝莲纹小荸荠瓶	高17cm	3,136,000	中国嘉德	2010.11.20
清乾隆 青花缠枝莲纹天球瓶	高38.8cm	11,088,000	北京翰海	2010.12.11
清乾隆 青花缠枝莲纹双龙瓶	高36cm	76,160	广州艺拍	2010.6.15
清乾隆 青花缠枝莲纹赏瓶	高37.5cm	1,703,320	香港佳士得	2010.5.31
清乾隆 青花缠枝莲纹赏瓶	高38cm	1,568,000	四川嘉禾	2010.7.25
清乾隆 青花缠枝莲纹赏瓶	高36.4cm	1,344,000	北京永乐	2010.11.23
清乾隆 青花缠枝莲纹赏瓶	高37.3cm	1,344,000	中国嘉德	2010.12.18
清乾隆 青花缠枝莲纹铺首尊	高49cm	7,840,000	北京匡时	2010.12.4
清乾隆 青花缠枝莲纹铺首尊	高25cm	694,400	中国嘉德	2010.11.20
清乾隆 青花缠枝莲纹梅瓶	高33cm	67,200	中国嘉德	2010.3.20
清乾隆 青花缠枝莲纹夔耳尊	高45cm	5,040,000	北京诚轩	2010.11.22
清乾隆 青花缠枝莲纹贯耳尊(一对)	高42cm	616,000	中鼎国际	2010.11.18
清乾隆 青花缠枝莲纹贯耳壶	高50.8cm	8,938,040	香港佳士得	2010.5.31

(成交价RMB：4万元以上)

拍品名称	尺寸	成交价RMB	拍卖公司	拍卖日期
清乾隆 青花缠枝莲纹高足盘	直径15.2cm	89,600	四川嘉禾	2010.7.25
清乾隆 青花缠枝莲纹凤耳背壶	高45.4cm	17,905,200	香港佳士得	2010.12.1
清乾隆 青花缠枝莲纹胆瓶	高41cm	192,000	安华白云	2010.7.24
清乾隆 青花缠枝莲纹大缸	高50cm	180,000	金仕德	2010.11.26
清乾隆 青花缠枝莲万字纹双羊耳尊	高52cm	1,344,000	北京保利	2010.10.23
清乾隆 青花缠枝莲托梵文盘	直径24.2cm	224,000	北京永乐	2010.11.23
清乾隆 青花缠枝莲托梵文高足杯	高8.5cm	168,000	中国嘉德	2010.6.19
清乾隆 青花缠枝莲托梵文高足杯	高10.8cm	76,160	中国嘉德	2010.5.16
清乾隆 青花缠枝莲托八吉祥纹盉壶	长26cm	78,400	中国嘉德	2010.9.18
清乾隆 青花缠枝莲托八宝纹绣墩	高48.5cm	77,000	天津文物	2010.11.21
清乾隆 青花缠枝莲托八宝纹双蝠耳扁瓶	高30.5cm	3,920,000	北京保利	2010.6.4
清乾隆 青花缠枝莲托八宝纹盘(一对)	直径15.8cm	280,000	中国嘉德	2010.5.16
清乾隆 青花缠枝莲托八宝纹盉壶	24cm	275,000	天津文物	2010.5.24
清乾隆 青花缠枝莲托八宝纹盉	高22.2cm	1,960,000	中国嘉德	2010.11.21
清乾隆 青花缠枝莲托八宝纹盉	高22cm	1,008,000	辽宁中正	2010.1.10
清乾隆 青花缠枝莲双耳尊	高45.1cm	4,704,000	中国嘉德	2010.5.15
清乾隆 青花缠枝莲绶带耳如意尊	高23.3cm	20,794,800	香港佳士得	2010.12.1
清乾隆 青花缠枝莲石榴尊	高44cm	58,240	北京纳高	2010.7.15
清乾隆 青花缠枝莲赏瓶	高36cm	425,600	北京保利	2010.3.19
清乾隆 青花缠枝莲鹿头尊	高45cm	2,464,000	北京匡时	2010.6.6
清乾隆 青花缠枝莲六方贯耳瓶	高45cm	7,392,000	北京保利	2010.12.5
清乾隆 青花缠枝莲开光福寿纹抱月瓶	高24.5cm	884,800	中鼎国际	2010.11.18
清乾隆 青花缠枝莲花卉寿字如意尊	高23.2cm	22,400,000	北京匡时	2010.6.6
清乾隆 青花缠枝莲贯耳瓶	高45cm	330,000	天津瀚雅	2010.11.28
清乾隆 青花缠枝莲大瓶	高71cm	56,000	北京保利	2010.10.23
清乾隆 青花缠枝莲螭龙纹双耳海棠瓶	高37cm	672,000	北京纳高	2010.7.15
清乾隆 青花缠枝莲钵	直径26cm	336,000	北京保利	2010.3.19
清乾隆 青花缠枝菊纹花觚(一对)	高41.5cm	112,000	中翰清花	2010.5.2
清乾隆 青花缠枝菊纹抱月瓶	高42cm	392,000	中翰清花	2010.5.2
清乾隆 青花缠枝锦纹盖罐	高28cm	403,200	北京翰海	2010.12.12
清乾隆 青花缠枝花玉壶春瓶	高33.5cm	42,560	福建拍卖	2010.1.10
清乾隆 青花缠枝花卉纹烛台	高25cm	67,200	中拍国际	2010.11.27
清乾隆 青花缠枝花卉纹赏瓶	高37.2cm	2,800,000	北京翰海	2010.12.11
清乾隆 青花缠枝花卉纹铺首尊	高25cm	582,400	中国嘉德	2010.3.20
清乾隆 青花缠枝花卉纹铺首耳尊	高25cm	1,597,960	香港佳士得	2010.5.31
清乾隆 青花缠枝花卉纹花觚	高24.5cm	168,000	辽宁建投	2010.11.15
清乾隆 青花缠枝花卉纹荸荠扁瓶	高22cm	190,400	北京保利	2010.6.5
清乾隆 青花缠枝花卉赏瓶	高36.5cm	1,792,000	北京翰海	2010.6.7
清乾隆 青花缠枝花卉赏瓶	高37cm	324,800	北京翰海	2010.6.7
清乾隆 青花缠枝花卉赏瓶	高37cm	280,000	北京保利	2010.6.5
清乾隆 青花缠枝花卉三羊开泰尊	高33.5cm	38,640,000	北京保利	2010.12.5
清乾隆 青花缠枝花卉铺首尊	高26cm	1,097,600	北京保利	2010.10.23
清乾隆 青花缠枝花卉铺首尊	高24.5cm	224,000	北京保利	2010.7.31
清乾隆 青花缠枝花卉铺耳尊	高39.3cm	6,160,000	北京翰海	2010.6.7
清乾隆 青花缠枝花卉梅花形格碟	直径13.5cm	47,040	苏州吴门	2010.6.13

拍品名称	尺寸	成交价RMB	拍卖公司	拍卖日期
清乾隆 青花缠枝花卉开光福寿贯耳尊	高49cm	1,568,000	北京翰海	2010.6.7
清乾隆 青花缠枝花卉缸	高22.7cm	2,800,000	北京翰海	2010.6.7
清乾隆 青花缠枝花卉福寿纹双如意耳抱月瓶	高49.3cm	5,376,000	北京中汉	2010.11.22
清乾隆 青花缠枝花卉大贯耳尊	高51cm	3,920,000	北京保利	2010.6.5
清乾隆 青花缠枝花卉八吉祥铺耳尊	高49.2cm	6,944,000	北京翰海	2010.12.11
清乾隆 青花苍龙教子双螭耳扁壶	高29.8cm	28,000,000	中国嘉德	2010.11.20
清乾隆 青花并蒂莲纹高足盘(一对)	直径16.1cm	571,200	北京中汉	2010.5.18
清乾隆 青花变体夔龙纹折肩洗口瓶	高20cm	1,120,000	北京匡时	2010.12.4
清乾隆 青花宝杵纹镗锣洗	直径15.5cm	95,200	北京保利	2010.6.5
清乾隆 青花芭蕉竹石玉壶春瓶(一对)	高28cm；高29cm	5,600,000	北京匡时	2010.6.6
清乾隆 青花芭蕉竹石纹玉壶春瓶	高28.6cm	2,700,400	香港佳士得	2010.12.1
清乾隆 青花八仙纹碗	15cm×6cm	246,400	广州艺拍	2010.6.15
清乾隆 青花八仙碗(五件)	直径15cm	705,600	北京保利	2010.10.23
清乾隆 青花八仙碗	直径15cm	268,800	北京保利	2010.6.5
清乾隆 青花八仙图碗	直径15cm	414,400	北京永乐	2010.11.23
清乾隆 青花八仙图碗	直径15cm	47,040	中国嘉德	2010.3.20
清乾隆 青花八仙人物碗	直径14.4cm	53,760	十竹斋	2010.7.11
清乾隆 青花八仙过海图碗	直径14.9cm	112,000	中国嘉德	2010.9.18
清乾隆 青花八吉祥纹双螭耳抱月瓶	高49cm	15,978,800	香港佳士得	2010.12.1
清乾隆 青花八吉祥纹盉壶	高17.2cm	470,400	北京翰海	2010.12.12
清乾隆 青花八吉祥碗(二件)	直径14.2cm	280,000	北京翰海	2010.6.7
清乾隆 青花八吉祥大扁瓶	高51cm	985,600	北京保利	2010.6.5
清乾隆 青花八吉祥大抱月瓶	高50cm	6,496,000	北京保利	2010.6.4
清乾隆 青花八宝纹铜锣洗	直径19.5cm	89,600	四川嘉禾	2010.7.25
清乾隆 青花八宝纹四足盉	高17.8cm	537,600	广州嘉德	2010.6.16
清乾隆 青花八宝纹抱月瓶	高50cm	1,904,000	北京翰海	2010.12.12
清乾隆 青花八宝贯耳方尊	高34cm	89,600	北京翰海	2010.9.19
清乾隆 青花八宝缠枝莲纹扁瓶	高50cm	1,232,000	北京匡时	2010.12.4
清乾隆 青花暗刻寿山福海纹碗	直径15cm	89,600	广州嘉德	2010.12.8
清乾隆 青花“缠枝花卉”纹叶形洗	长13cm	2,950,740	香港苏富比	2010.10.7
清乾隆 青花“折枝花果”图梅瓶	高32cm	1,812,800	香港苏富比	2010.4.8
清乾隆 柠檬黄地青花九桃盘	直径26.8cm	2,464,000	北京保利	2010.12.6
清乾隆 黄釉青花九桃纹盘	直径27.3cm	1,120,000	上海新华	2010.9.5
清乾隆 黄地青花福禄万代葫芦瓶	高32cm	165,000	天津瀚雅	2010.11.28
清乾隆 官窑螭龙纹青花大盘	径44cm	72,800	浙江中财	2010.4.11
清乾隆 豆青青花开光山水双耳瓶	高38cm	42,560	北京翰海	2010.1.21
清嘉庆/道光 青花九龙大缸	直径79cm	1,808,680	香港佳士得	2010.5.31
清嘉庆 青花竹林七贤图小尊	高7cm	89,600	北京九歌	2010.6.22
清嘉庆 青花云鹤纹碗	直径14.4cm	42,560	中国嘉德	2010.9.18
清嘉庆 青花御题诗三清茶碗(一对)	直径10.8cm	358,400	北京保利	2010.6.5
清嘉庆 青花御题诗茶盏	直径10.5cm	358,400	北京保利	2010.12.6
清嘉庆 青花御题诗茶盘(一对)	长16cm	1,176,000	北京保利	2010.12.6
清嘉庆 青花万寿无疆碗	直径18.2cm	112,000	北京纳高	2010.7.15
清嘉庆 青花团果纹马蹄碗	直径15.2cm	84,000	北京诚轩	2010.5.17
清嘉庆 青花岁寒三友纹碗(一对)	直径13cm×2	560,000	北京荣宝	2010.11.14
清嘉庆 青花岁寒三友图方茶盘	直径37cm	58,240	北京匡时	2010.12.4
清嘉庆 青花水波祥云“九龙”图直颈撇口瓶	高30.5cm	1,918,400	香港苏富比	2010.4.8
清嘉庆 青花山水诗文瓷板	28.7cm×26.8cm	69,440	中国嘉德	2010.3.20
清嘉庆 青花三果纹碗(二件)	直径11.8cm	212,800	北京翰海	2010.12.12
清嘉庆 青花三多纹碗	直径11.9cm	95,200	中国嘉德	2010.5.16
清嘉庆 青花龙纹碗(一对)	直径17.2cm	537,600	中国嘉德	2010.3.20

(成交价RMB：4万元以上)

拍品名称	尺寸	成交价RMB	拍卖公司	拍卖日期
清嘉庆 青花花卉纹折腰盘	直径21cm	224,000	中国嘉德	2010.3.20
清嘉庆 青花海水九龙葫芦瓶	高30cm	13,440,000	北京保利	2010.12.5
清嘉庆 青花海水飞鹤八卦碗	直径14cm	100,800	上海嘉泰	2010.9.27
清嘉庆 青花海兽纹碗	直径21cm	246,400	北京翰海	2010.12.12
清嘉庆 青花淡描团果纹马蹄碗	直径15.3cm	117,600	北京永乐	2010.11.23
清嘉庆 青花缠枝莲托八宝纹高足盘	直径16.7cm	69,440	中国嘉德	2010.12.18
清嘉庆 青花缠枝莲八宝香炉	高28.5cm	560,000	辽宁建投	2010.11.15
清嘉庆 青花缠枝花卉纹小渣斗	高8.3cm	1,568,000	北京永乐	2010.11.23
清嘉庆 青花八仙碗	直径15cm	291,200	北京保利	2010.10.23
清嘉庆 青花八吉祥纹三足炉	直径22cm	492,800	北京保利	2010.6.5
清嘉庆 青花八吉祥纹盘(一对)	直径16.6cm	72,800	北京诚轩	2010.5.17
清嘉庆 青花“吉庆有余”大碗(一对)	直径17cm	106,400	北京保利	2010.6.5
清道光 青花竹石芭蕉玉壶春瓶	高28cm	100,800	北京保利	2010.7.31
清道光 青花竹石芭蕉玉壶春	高27cm	392,000	北京保利	2010.3.19
清道光 青花竹石芭蕉纹玉壶春瓶	高28.5cm	385,000	天津文物	2010.5.24
清道光 青花竹石芭蕉图玉壶春瓶	高28.5cm	123,200	广州艺拍	2010.6.15
清道光 青花折枝花果纹执壶	高27.1cm	1,008,000	北京中汉	2010.5.18
清道光 青花折枝花果纹蒜头瓶	高28cm	728,000	北京诚轩	2010.5.17
清道光 青花云龙纹折腰碗	直径17cm	64,800	天津文物	2010.5.24
清道光 青花云龙纹碗(一对)	直径17cm	168,000	中国嘉德	2010.12.18
清道光 青花云龙纹碗	直径14.5cm	91,840	中国嘉德	2010.11.20
清道光 青花云龙纹碗	直径14.5cm	84,000	北京中汉	2010.11.22
清道光 青花云龙纹碗	直径11cm	61,600	北京永乐	2010.11.23
清道光 青花云龙蝙蝠纹双耳瓶	高31.5cm	918,400	中国嘉德	2010.11.20
清道光 青花婴戏图碗	直径15cm	286,000	天津文物	2010.5.24
清道光 青花婴戏图碗	直径15.5cm	145,600	中国嘉德	2010.11.20
清道光 青花万寿无疆纹碗(一对)	直径18cm	201,600	广州艺拍	2010.6.15
清道光 青花团花纹马蹄碗	直径15.1cm	106,400	北京翰海	2010.12.12
清道光 青花岁寒三友图盘	直径18.2cm	84,000	北京中汉	2010.11.22
清道光 青花双凤纹盘(一对)	直径16.8cm	134,400	中国嘉德	2010.11.20
清道光 青花诗文携琴访友图茶壶	宽15.4cm	702,400	香港佳士得	2010.5.31
清道光 青花三果碗	直径12cm	69,440	北京翰海	2010.6.7
清道光 青花瑞果纹小碗	直径11.9cm	50,400	中国嘉德	2010.11.20
清道光 青花抹红海水龙纹盘	直径17cm	66,000	天津文物	2010.11.21
清道光 青花龙纹碗(一对)	直径11.2cm	179,200	北京诚轩	2010.11.22
清道光 青花龙凤纹象耳瓶	高42cm	56,000	广州艺拍	2010.6.15
清道光 青花夔凤莲纹碗	直径23.5cm	246,400	北京翰海	2010.12.12
清道光 青花花卉直颈瓶	高30.5cm	560,000	北京保利	2010.6.5
清道光 青花花卉纹碗(一对)	直径16.4cm	91,840	中国嘉德	2010.11.20
清道光 青花花卉纹碗(一对)	直径15.4cm	89,600	中国嘉德	2010.11.20
清道光 青花花卉纹碗	直径11.5cm	64,960	中国嘉德	2010.9.18
清道光 青花花卉纹碗	直径15cm	50,400	北京匡时	2010.12.4
清道光 青花花卉纹海棠式盘	宽16.2cm	153,650	香港佳士得	2010.5.31
清道光 青花花卉碗	直径14.7cm	91,840	北京翰海	2010.6.7
清道光 青花花卉寿字碗	直径17.8cm	179,200	北京翰海	2010.6.7
清道光 青花花卉蝠纹盘(二件)	直径13.2cm	95,200	北京翰海	2010.6.7
清道光 青花勾莲大缸	直径40cm	53,760	北京翰海	2010.11.21
清道光 青花凤纹盘(一对)	直径16.3cm	100,800	北京诚轩	2010.11.22
清道光 青花梵文碗	直径18cm	99,360	天津文物	2010.11.21
清道光 青花梵文高足杯	高13.5cm	235,200	北京保利	2010.12.6
清道光 青花梵文缠枝莲纹高足杯	高8.9cm	182,750	香港佳士得	2010.12.1
清道光 青花二龙戏珠纹罐	直径20cm	270,000	天津文物	2010.11.21
清道光 青花二龙戏珠纹大碗	直径27cm	134,400	中国嘉德	2010.11.20
清道光 青花淡描勾莲大缸	直径40cm	190,400	北京翰海	2010.11.21
清道光 青花串枝花卉纹纸锤瓶	高31cm	560,000	浙江一通	2010.9.5
清道光 青花缠枝莲纹赏瓶(一对)	高37.3cm	1,097,600	中国嘉德	2010.11.20
清道光 青花缠枝莲纹赏瓶	高37cm	952,000	广州艺拍	2010.6.15
清道光 青花缠枝莲纹赏瓶	高37cm	728,000	北京永乐	2010.11.23
清道光 青花缠枝莲纹赏瓶	高37.8cm	616,000	北京九歌	2010.6.22
清道光 青花缠枝莲纹赏瓶	高37.5cm	544,360	香港佳士得	2010.5.31
清道光 青花缠枝莲纹赏瓶	高38.5cm	66,000	天津文物	2010.11.21
清道光 青花缠枝莲纹铺首尊	高25.2cm	313,600	云南典藏	2010.4.25
清道光 青花缠枝莲纹盘(一对)	直径15.2cm	42,560	云南典藏	2010.4.25
清道光 青花缠枝莲托梵文高足杯(一对)	高10.7cm	134,400	北京永乐	2010.11.23
清道光 青花缠枝莲赏瓶	高37cm	985,600	中国嘉德	2010.11.20
清道光 青花缠枝莲梵文高足杯	高10.9cm	78,400	广东古今	2010.6.20
清道光 青花缠枝花卉纹碗	直径17cm	79,200	天津文物	2010.11.21
清道光 青花八仙纹碗	宽18.3cm	56,000	福建拍卖	2010.1.10
清道光 青花八仙碗(一对)	直径15cm	145,600	北京保利	2010.6.5
清道光 青花八棱开光花卉棒槌瓶	高31.5cm	44,800	福建拍卖	2010.1.10
清道光 青花“高山水长”大碗(一对)	直径17.5cm	56,000	北京保利	2010.6.5
清道光 青花“穿花祥凤”图椭圆碗	直径26.6cm	308,000	香港苏富比	2010.4.8
清道光 内青花外粉彩碗(一对)	直径17.5cm	89,600	中鼎国际	2010.11.18
清咸丰 青花折枝花果碗	直径15cm	78,400	北京保利	2010.6.5
清咸丰 青花云龙大箭筒(一对)	高112cm	280,000	北京保利	2010.6.5
清同治 青花五氏宗祠盖碗(二件)	直径9.2cm	235,200	北京翰海	2010.12.12
清同治 青花岁寒三友小盘	直径17.5cm	56,000	北京保利	2010.6.5
清同治 青花人物纹盘	直径17.6cm	42,560	辽宁中正	2010.10.31
清同治 青花花卉小盖盒	直径6.5cm	313,600	中国嘉德	2010.11.22
清同治 青花福禄寿双耳瓶(一对)	口径20.8cm；底径20cm；高60.4cm	235,200	广东古今	2010.6.20
清同治 青花淡描花卉纹杯(一对)	高4.8cm	56,000	辽宁中正	2010.1.10
清同治 青花缠枝花卉纹赏瓶	高38.3cm	336,000	北京中汉	2010.5.18
清同治 青花缠枝花卉赏瓶	高37.4cm	784,000	北京翰海	2010.12.12
清同治 青花缠枝花卉赏瓶	高38.7cm	504,000	北京翰海	2010.6.7
清同治 青花缠枝福寿纹碗(二件)	直径16.2cm	168,000	北京翰海	2010.6.7
清光绪 青花竹石芭蕉玉壶春(官窑)	高29	77,000	天津鼎天	2010.12.11
清光绪 青花竹石芭蕉玉壶春	高29.5cm	336,000	北京保利	2010.12.6
清光绪 青花云龙纹小缸	高23cm	179,200	中国嘉德	2010.5.16
清光绪 青花云龙纹洗(连座)	直径18cm	72,000	安华白云	2010.7.24
清光绪 青花云龙纹大盘	直径34cm	60,500	蓝天国拍	2010.6.3
清光绪 青花云龙盘	直径31.8cm	156,800	北京翰海	2010.6.7
清光绪 青花云龙大碗	直径27.1cm	95,200	北京翰海	2010.6.7
清光绪 青花婴戏图碗	直径21.8cm	672,000	广州艺拍	2010.6.15
清光绪 青花五蝠捧寿图捧盒	直径26.5cm	112,000	长风拍卖	2010.6.22
清光绪 青花万寿无疆纹冰箱	高44cm	473,000	天津文物	2010.11.21
清光绪 青花松鼠葡萄纹大碗	直径22cm	224,000	北京翰海	2010.12.12
清光绪 青花双凤纹盘	直径26.5cm	50,400	中国嘉德	2010.5.16
清光绪 青花寿字碗(四只)	直径10.7cm	72,800	中国嘉德	2010.12.18
清光绪 青花赏瓶	高39cm	224,000	雍和嘉诚	2010.6.3
清光绪 青花龙纹折沿洗	直径33cm	324,800	北京保利	2010.10.23
清光绪 青花龙纹捧盒	高15.5	104,500	天津鼎天	2010.12.11
清光绪 青花龙纹盘(四只)	直径16.5cm	78,400	中国嘉德	2010.11.20
清光绪 青花莲纹大盘	直径64cm	279,500	香港佳士得	2010.12.1
清光绪 青花莲托八宝纹碗(一对)	直径14cm	42,560	北京九歌	2010.6.22

拍品名称	尺寸	成交价RMB	拍卖公司	拍卖日期
清光绪 青花莲托八宝纹铺首尊	高41.8cm	84,000	中国嘉德	2010.3.20
清光绪 青花花鸟纹铺首尊	高56cm	100,800	北京保利	2010.3.19
清光绪 青花花卉纹碗一对(官窑)	直径17.5	66,000	天津鼎天	2010.12.11
清光绪 青花花卉赏瓶	高39cm	218,400	北京翰海	2010.1.21
清光绪 青花花果纹碗(一对)	直径16.3cm	72,800	中国嘉德	2010.9.18
清光绪 青花海水云鹤八卦纹碗(一对)	直径16.8cm	53,760	辽宁中正	2010.10.31
清光绪 青花海兽纹碗	直径21cm	61,600	北京翰海	2010.6.7
清光绪 青花勾莲赏瓶	高39cm	347,200	北京翰海	2010.1.21
清光绪 青花勾莲赏瓶	高39cm	224,000	北京翰海	2010.1.21
清光绪 青花凤纹盘(一对)	直径16.4cm	47,040	中国嘉德	2010.3.20
清光绪 青花对弈图宝月瓶	高35.2cm	44,800	广州艺拍	2010.6.15
清光绪 青花缠枝纹冰箱	高41cm	392,000	浙江佳宝	2010.6.6
清光绪 青花缠枝赏瓶	高40cm	212,800	雍和嘉诚	2010.6.3
清光绪 青花缠枝莲纹碗(二件)	直径15cm	69,440	北京翰海	2010.12.12
清光绪 青花缠枝莲纹碗(二件)	直径11.3cm	64,960	北京翰海	2010.12.12
清光绪 青花缠枝莲纹水洗(一对)	口径21.6cm	50,400	上海大众	2010.1.3
清光绪 青花缠枝莲纹赏瓶	高39.8cm	392,000	辽宁中正	2010.10.31
清光绪 青花缠枝莲纹赏瓶	高39cm	313,600	广州艺拍	2010.6.15
清光绪 青花缠枝莲纹赏瓶	高38.5cm	176,000	天津文物	2010.5.24
清光绪 青花缠枝莲纹赏瓶	高39cm	47,300	天津文物	2010.11.21
清光绪 青花缠枝莲纹铺首瓶	高45cm	95,200	广州艺拍	2010.6.15
清光绪 青花缠枝莲纹罐	高39cm	201,600	中国嘉德	2010.12.18
清光绪 青花缠枝莲托八吉祥纹花觚	高42.2cm	358,400	北京诚轩	2010.5.17
清光绪 青花缠枝莲赏瓶(一对)	高39cm	560,000	北京荣宝	2010.11.14
清光绪 青花缠枝莲赏瓶	高40cm	168,000	雍和嘉诚	2010.12.3
清光绪 青花缠枝莲赏瓶	高39cm	110,000	金仕德	2010.5.19
清光绪 青花缠枝花卉赏瓶	高39.3cm	470,400	北京翰海	2010.12.12
清光绪 青花缠枝花卉赏瓶	高39cm	392,000	北京翰海	2010.6.7
清光绪 青花博古纹朝珠盒(一对)	直径21.7cm	98,560	北京中汉	2010.5.18
清光绪 青花八卦云鹤纹碗(二件)	直径13.5cm	42,560	北京翰海	2010.12.12
清光绪 内青花外黄地粉彩轧道开光三羊开泰图碗(一对)	直径15cm	268,800	长风拍卖	2010.6.22
清光绪 黄地青花缠枝莲纹盘	直径47.5cm	515,200	广州艺拍	2010.6.15
清宣统 青花缠枝花卉纹赏瓶	高40cm	347,200	中国嘉德	2010.5.16
清17世纪早期 李朝白瓷青花诗文八棱玉壶春瓶	高21cm	336,000	中拍国际	2010.6.19
清 青花竹石芭蕉玉壶春瓶	高29cm	470,400	北京保利	2010.3.19
清 青花折枝花卉棒槌瓶	高31cm	280,000	北京保利	2010.3.19
清 青花折枝花果纹六棱瓶(一对)	高35.6cm	112,000	北京纳高	2010.7.15
清 青花云龙纹灯笼瓶(一对)	高16.5cm	44,800	辽宁中正	2010.1.10
清 青花鱼藻纹碗	直径16.3cm	123,200	长风拍卖	2010.6.22
清 青花鱼藻纹大缸	直径40cm	42,560	北京保利	2010.10.23
清 青花携琴访友图笔筒	直径19.7cm	84,000	北京纳高	2010.7.15
清 青花喜鹊闹梅大缸	直径44cm	880,000	金仕德	2010.11.26
清 青花西厢人物盘口瓶	高61cm	107,520	苏州吴门	2010.6.13
清 青花兽面纹花盆	高23cm	42,560	中国嘉德	2010.6.19
清 青花仕女图折沿盘	直径38.5cm	70,000	北京中嘉	2010.5.9
清 青花山水人物四方贯耳瓶	高34.7cm	190,400	浙江一通	2010.9.5
清 青花山水人物诗文方瓶	高41cm	44,800	中国嘉德	2010.9.18
清 青花山水人物诗文笔筒	高16cm	42,560	北京纳高	2010.7.15
清 青花山水笔筒	直径20cm	61,600	北京保利	2010.7.31
清 青花僧人图直口尊(一对)	高19cm	448,000	北京中嘉	2010.5.9
清 青花人物象腿瓶	高44.5cm	61,600	浙江中财	2010.4.11
清 青花人物纹方瓶	高34.5cm	67,200	中国嘉德	2010.3.20
清 青花人物故事图棒槌瓶	高78cm	106,400	中国嘉德	2010.3.20
清 青花人物故事杯(四只)	高7.5cm	95,200	北京中嘉	2010.5.9
清 青花龙纹罐	口径21cm;	134,400	西泠拍卖	2010.7.6
清 青花莲托八宝纹铺首尊	高36cm	56,000	中国嘉德	2010.12.18
清 青花开光故事人物画缸	直径61cm	168,000	陕西诚挚	2010.9.26
清 青花菊纹碗	直径11cm	42,560	北京保利	2010.10.23
清 青花花鸟纹棒槌瓶	高45cm	112,000	四川嘉禾	2010.7.25
清 青花花卉壮罐	高28cm	56,000	北京保利	2010.7.31
清 青花花卉纹洗	直径17.8cm	50,400	中国嘉德	2010.9.18
清 青花花卉天球瓶	高56cm	403,200	北京翰海	2010.1.21
清 青花花卉大碗	直径21.5cm	56,000	北京保利	2010.7.31
清 青花花草纹瓶	高20cm	56,000	北京纳高	2010.7.15
清 青花后赤壁赋诗文笔筒	直径18.6cm	87,360	北京纳高	2010.7.15
清 青花故事纹葫芦瓶	高34cm	42,560	蓝天国拍	2010.12.5
清 青花勾莲象耳尊	高29.5cm	95,200	北京翰海	2010.11.21
清 青花缠枝牡丹纹双耳尊	高48cm	145,600	北京纳高	2010.7.15
清 青花缠枝莲纹尊	高56.3cm	44,800	中国嘉德	2010.3.20
清 青花缠枝莲纹玉壶春瓶	高33cm	44,800	北京纳高	2010.7.15
清 青花缠枝莲纹夔龙耳百鹿尊(一对)	高49cm	201,600	上海大众	2010.1.3
清 青花缠枝莲纹开光花鸟盆(一对)	高33cm	40,388	华辉拍卖	2010.5.29
清 青花缠枝莲纹卷缸	直径66cm	78,400	北京纳高	2010.7.15
清 青花缠枝莲纹缸	直径38.5cm	44,800	中国嘉德	2010.6.19
清 青花缠枝莲托八宝小玉壶春瓶	高22.4cm	448,000	北京保利	2010.3.19
清 青花缠枝莲托八宝纹双耳三足炉	高43.5cm	115,500	天津文物	2010.11.21
清 青花缠枝莲赏瓶	高41cm	150,000	金仕德	2010.5.19
清 青花缠枝花卉纹圆瓷板	长35cm	52,800	天津文物	2010.11.21
清 青花缠枝花卉托八宝纹箭筒	高65cm	77,000	蓝天国拍	2010.6.3
清 青花缠枝花卉铺首尊	高25cm	392,000	北京保利	2010.3.19
清 青花缠枝八宝碗	直径26.2cm	246,400	北京翰海	2010.9.19
清 青花八仙人物碗(一对)	直径15.5cm	50,400	雍和嘉诚	2010.12.3
清 青花八宝缠枝纹尊	高42.5cm	336,000	北京翰海	2010.6.7
清 豆青釉青花开光人物纹双耳瓶	高41cm	66,000	天津文物	2010.11.21
清 豆青青花人物双耳瓶	高39cm	44,800	北京翰海	2010.11.21
清 豆青地开光青花花鸟纹六角竹节鼓墩(一对)	高47cm	65,631	华辉拍卖	2010.5.29
19世纪 青花牡丹凤纹大瓶	高76cm	672,000	广州艺拍	2010.6.15
民国 王步青花山水人物瓶	高21cm	2,016,000	福建拍卖	2010.6.21
民国 王步款青花花卉纹笔筒	高16cm	1,650,000	天津文物	2010.5.24
民国 王步风格 青花山水人物瓷瓶	高24cm	100,800	中国嘉德	2010.11.20
民国 青花渊明山居图瓷板	长27.4	112,000	北京永乐	2010.11.23
民国 青花山水纹琮式瓶	高38.5cm	66,000	天津文物	2010.5.24
民国 青花山水墨彩花鸟诗文茗壶	长19.7cm	67,200	北京中汉	2010.5.18
民国 青花花鸟纹帽筒	高35cm	44,000	天津文物	2010.5.24
民国 青花花鸟瓶	高26cm	134,400	上海新华	2010.9.5
民国 青花花卉纹天球瓶	高57cm	89,600	中国嘉德	2010.3.20
民国 青花虎纹碗	直径12cm	156,800	北京保利	2010.10.23
民国 青花对鸟瓶	高25cm	84,000	上海新华	2010.9.5
民国 青花淡描夔龙纹八方花盆	直径18cm	68,200	天津文物	2010.11.21
民国 青花缠枝莲纹天球瓶	高57.5cm	165,000	天津文物	2010.5.24
民国 青花苍松山居图瓷板(一对)	长48cm	89,600	广东古今	2010.6.20
青花云龙尊	高14.2cm	47,040	北京翰海	2010.11.21
青花云龙纹罐	高31.8cm	67,200	中国嘉德	2010.3.20
青花跃龙云蝠纹盘(无图)	直径27.3cm	82,313	香港佳士得	2010.5.31
何加林 青花山水天球瓶	高38cm	53,760	北京容海	2010.12.2
李孝萱 青花箭筒	高57cm	56,000	北京容海	2010.12.2
陆如 高瞻远瞩 青花瓷板	长106cm	201,600	中国嘉德	2010.11.20
陆如 梅花图 青花釉下彩瓷瓶	高56cm	134,400	中国嘉德	2010.11.20
罗小聪 家 青花瓷板	长92cm	145,600	中国嘉德	2010.5.17
袁运生 青花人物瓷瓶	高45cm	649,600	中国嘉德	2010.11.20
徐国琴 青花牡丹瓶	高50cm	47,040	北京保利	2010.12.5
王芝文 微书青花山水《传世唐诗》画筒	高35cm	280,000	广州嘉德	2010.6.16
王锡良 青花苍松瓶	高31cm	358,400	北京保利	2010.12.5
王希怀 青花笔筒 1980	高17.5cm	112,000	中国嘉德	2010.11.20
王步 双禽图 青花浅刻瓷盘	直径24cm	212,800	中国嘉德	2010.5.17
王步 九寿图 青花梅瓶	高27.8cm	224,000	中国嘉德	2010.5.17
日本明治早期 青花人物纹广口梅瓶	高42cm	470,400	中拍国际	2010.6.19
日本明治时期 青花开光花卉纹盘	直径47.5cm	47,040	中拍国际	2010.6.19

2010瓷器拍卖成交汇总

(成交价RMB：4万元以上)

拍品名称	尺寸	成交价RMB	拍卖公司	拍卖日期
日本明治时期 “廉”字款青花山水纹洗	直径36.8cm	50,400	中拍国际	2010.6.19
日本大正时期 青花山水纹盘	直径38cm	50,400	中拍国际	2010.6.19
1991年作 李峻 牡丹图 青花斗彩瓷瓶	高36cm	67,200	中国嘉德	2010.5.17
1999年作 戚培才 夜曲 青花斗彩笔筒	高18.3cm	42,560	中国嘉德	2010.5.17
2001年作 方骏 晴江独钓青花瓷碗	直径32.8cm	112,000	中国嘉德	2010.5.17
2003年作 陆如 君子雅集共春秋 青花釉下彩瓷筒	高52cm	336,000	中国嘉德	2010.5.17
2009年作 金兆韬 江山本如画 青花瓷瓶	高40.5cm	67,200	中国嘉德	2010.5.17
2010年作 吕金泉 又见春天 青花瓷盖罐	高45cm	358,400	中国嘉德	2010.5.17
釉里红				
元 釉里红堆塑人首花卉纹魂瓶	高17.3cm	134,400	辽宁中正	2010.10.31
元 釉里红船形水注	长14.5cm	425,600	中拍国际	2010.11.27
元 釉里红缠枝莲纹玉壶春瓶	高22.1cm	1,993,600	深圳市拍	2010.10.23
明洪武 釉里红水草凤纹冬瓜瓶	高44.5cm	4,256,000	中翰清花	2010.5.2
明洪武 釉里红莲塘鸳鸯纹碗	宽16cm	61,600	辽宁建投	2010.11.15
明洪武 釉里红缠枝牡丹纹罐	高23cm	8,736,000	中鸿信	2010.3.28
明洪武 釉里红缠枝花卉执壶	高33.7cm	1,848,000	北京翰海	2010.6.7
明洪武 釉里红缠枝花卉纹碗	直径20.5cm	1,232,000	北京中汉	2010.5.18
明宣德 釉里红三鱼纹高足杯	宽10.5cm	42,560	中翰清花	2010.12.12
清康熙 釉里红三兽纹直颈瓶	高23.5cm	168,000	北京诚轩	2010.11.22
清康熙 釉里红三兽图锥把瓶	高42cm	168,000	北京诚轩	2010.5.17
清康熙 釉里红加彩折枝花卉杯	高4.5cm	117,600	长风拍卖	2010.6.22
清康熙 釉里红加彩花卉纹石榴尊	高9cm	1,176,000	北京匡时	2010.12.4
清康熙 釉里红“缠枝葫芦花果”图葫芦瓶	高18cm	5,255,460	香港苏富比	2010.10.7
清雍正 釉里红五蝠碗(二件)	直径15cm	918,400	北京翰海	2010.12.11
清雍正 釉里红三鱼纹盘(一对)		280,000	北京中汉	2010.5.18
清雍正 釉里红三鱼纹高足碗	高11cm	106,400	长风拍卖	2010.6.22
清雍正 釉里红三鱼纹大碗	直径19.4cm	392,000	北京诚轩	2010.11.22
清雍正 釉里红三鱼碗	直径15.3cm	100,800	北京翰海	2010.6.7
清雍正 釉里红三鱼盆	直径15cm	246,400	朵云轩	2010.12.17
清雍正 釉里红三鱼盘(一对)	直径15cm	347,200	中国嘉德	2010.11.20
清雍正 釉里红三鱼盘(二件)	直径15cm	69,440	北京翰海	2010.6.7
清雍正 釉里红三多纹大碗	直径19cm	470,400	北京匡时	2010.12.4
清雍正 冬青釉里红五蝠纹碗	直径15cm	515,200	北京保利	2010.12.6
清乾隆 釉里红团龙葫芦瓶	高31.5cm	2,464,000	中翰清花	2010.5.2
清乾隆 釉里红双凤象耳扁方尊	高22.5cm	3,360,000	北京翰海	2010.6.7
清乾隆 釉里红如意云龙纹花瓶	高20.8cm	1,344,000	福建拍卖	2010.6.21
清乾隆 釉里红灵仙祝寿撇口瓶	高25cm	2,464,000	北京保利	2010.7.31
清乾隆 釉里红花卉纹双耳尊	高24cm	134,400	浙江一通	2010.9.5
清乾隆 釉里红缠枝莲梅瓶	高24.5cm	4,592,000	北京保利	2010.6.4
清乾隆 釉里红“穿枝螭龙”图葫芦瓶	高34cm	38,033,600	香港苏富比	2010.4.8
清乾隆 豆青釉里红四方瓶	高37.3cm	44,800	广东古今	2010.6.20
清中期 釉里红云蝠纹鹿头尊	高47cm	952,000	四川嘉禾	2010.7.25
清中期 釉里红芦雁图铺首瓶	高35cm	67,200	广州艺拍	2010.6.15
清道光 釉里红团凤纹碗(一对)	直径14.5cm	140,000	十竹斋	2010.7.11

拍品名称	尺寸	成交价RMB	拍卖公司	拍卖日期
清道光 釉里红团凤纹碗	直径14.6cm	179,200	中国嘉德	2010.11.20
清道光 釉里红团凤纹碗	直径14.5cm	118,800	天津文物	2010.11.21
清 釉里红皮球花纹梅瓶	高14.8cm	76,160	北京中嘉	2010.5.9
黄焕义 祥和 釉里红瓷瓶	高43.5cm	56,000	中国嘉德	2010.5.17
白明 欣悦之红 釉里红瓷瓶	高33.2cm	89,600	中国嘉德	2010.5.17
白磊 釉里红翠石壶	高13cm	58,240	中国嘉德	2010.11.20
饶晓晴 卧薪尝胆 釉里红粉彩瓷瓶 2010	高50cm	134,400	中国嘉德	2010.11.20
青花釉里红				
明青花釉里红灯笼杯(一对)	高6.5cm	76,160	老城隍庙	2010.11.6
明末清初 青花釉里红人物故事筒瓶	高44cm	145,600	北京中嘉	2010.5.9
清初 青花釉里红海水龙纹花口大碗(一对)	直径20.2cm	201,600	深圳市拍	2010.6.12
清康熙 洒蓝开光青花釉里红狮纹洗口瓶	高43cm	336,000	广州嘉德	2010.6.16
清康熙 青花釉里红折枝花盅	直径10cm	179,200	上海嘉泰	2010.9.27
清康熙 青花釉里红仕女婴戏纹盆	直径36.5cm	616,000	北京荣宝	2010.3.14
清康熙 青花釉里红圣主得贤臣颂笔筒	高16cm	134,400	深圳市拍	2010.10.23
清康熙 青花釉里红龙纹瓶	高22cm	806,400	北京匡时	2010.6.6
清康熙 青花釉里红龙纹莲花瓶	高20.5cm	47,040	北京保利	2010.6.5
清康熙 青花釉里红兰亭诗文笔筒	高15.5cm	89,600	辽宁中正	2010.10.31
清康熙 青花釉里红长颈小瓶	高21cm	80,000	金仕德	2010.5.19
清康熙 豆青青花釉里红花鸟纹观音瓶	高41.5cm	246,400	广州艺拍	2010.6.15
清雍正 内青花釉里红福禄寿纹外胭脂水釉小盘(一对)	宽15cm	537,600	中翰清花	2010.12.12
清乾隆/嘉庆 青花釉里红海水云龙大缸	口径52cm；高48.5cm	3,248,000	北京保利	2010.12.5
清乾隆 唐英制青花釉里红狮子戏球蒜头瓶	高38cm	16,800,000	北京保利	2010.6.4
清乾隆 青花釉里红竹石图蝶耳尊	高29cm	168,000	中国嘉德	2010.9.18
清乾隆 青花釉里红云龙双耳瓶	高30cm	1,568,000	中国嘉德	2010.5.16
清乾隆 青花釉里红团凤纹三足炉	直径24cm	61,600	北京保利	2010.3.19
清乾隆 青花釉里红岁寒三友诗文碗	直径20.5cm	53,760	长风拍卖	2010.6.22
清乾隆 青花釉里红瑞兽瑞果双蝶耳铺首尊	高41cm	806,400	北京保利	2010.3.19
清乾隆 青花釉里红瑞兽摆件	高24cm	134,400	北京保利	2010.12.6
清乾隆 青花釉里红人物水盂	长6.4cm	78,400	雍和嘉诚	2010.12.3
清乾隆 青花釉里红龙纹烛台	高35cm	84,000	福建拍卖	2010.1.10
清乾隆 青花釉里红菊花双耳瓶	高35cm	134,400	北京保利	2010.10.23
清乾隆 青花釉里红加彩海水云龙纹背壶	高45cm	7,168,000	中国嘉德	2010.11.20
清乾隆 青花釉里红花卉纹盏托(一对)	直径17cm	112,000	中国嘉德	2010.6.19
清乾隆 青花釉里红海水云龙纹背壶	高44.7cm	6,339,160	香港佳士得	2010.5.31
清乾隆 青花釉里红海水龙纹玉壶春瓶	高29.5cm	224,000	辽宁建投	2010.11.15
清乾隆 青花釉里红缠枝花纹灯笼瓶	高37cm	201,600	中翰清花	2010.5.2
清乾隆 青花釉里红缠枝花卉梅瓶	高35cm	1,680,000	北京保利	2010.12.5
清乾隆 青花釉里红八仙人物碗 茶船(二件)	长13.8cm	392,000	北京翰海	2010.12.12
清乾隆 青花釉里红八仙庆寿大碗	直径22cm	448,000	北京保利	2010.12.6
清乾隆 青花釉红人仙寿星人物小碗(一对)	直径9cm	72,800	福建拍卖	2010.6.21
清乾隆 豆青青花釉里红腾龙天球瓶	宽67cm	1,344,000	福建拍卖	2010.6.21

拍品名称	尺寸	成交价RMB	拍卖公司	拍卖日期
清乾隆 豆青底青花釉里红螭龙双耳扁瓶	高38cm	61,600	谷云轩	2010.6.27
清中期 酱釉青花釉里红缠枝莲纹灯台(一对)	高34.5cm	44,800	辽宁中正	2010.10.31
清嘉庆 青花釉里红云龙纹天球瓶(一对)	高44.2cm	291,200	福建拍卖	2010.1.10
清嘉庆 青花釉里红鱼龙变化大天球瓶	高57cm	336,000	北京保利	2010.12.6
清道光 青花釉里红八仙人物碗	直径22.3cm	84,000	云南典藏	2010.4.25
清光绪 青花釉里红花鸟笔筒	直径18cm	53,760	北京保利	2010.10.23
清 釉里红海水青花八仙人物五蝠捧寿格碟	直径13.3cm	44,800	北京翰海	2010.6.7
清 青花釉里红云凤纹围棋罐	直径11.7cm	168,000	北京中嘉	2010.5.9
清 青花釉里红团龙团凤纹灯笼瓶	高36cm	89,600	北京纳高	2010.7.15
清 青花釉里红人物故事图大笔筒	高17.5cm；口21.5cm	179,200	北京中嘉	2010.5.9
清 青花釉里红皮球花纹尊	高14.3cm	106,400	北京中嘉	2010.5.9
清 青花釉里红帽筒(一对)	高28.5cm	42,560	浙江中财	2010.4.11
清 青花釉里红鹿鹤同春笔筒	高13.2cm	60,000	北京中嘉	2010.5.9
清 青花釉里红海水龙纹玉壶春瓶	高29.5cm	89,600	中国嘉德	2010.3.20
清 青花釉里红长颈瓶	高30cm	89,600	四川嘉禾	2010.7.25
清 青花釉里红缠枝花卉纹瓶	高39cm	67,200	北京纳高	2010.7.15
清 青花釉里红八仙铺首尊	高8.7cm	84,000	云南典藏	2010.4.25
民国 青花釉里红梅石图瓶	高52cm	324,800	北京保利	2010.10.23
黄焕义 青花釉里红陶艺“清新”	49cm×23cm	78,400	北京保利	2010.12.5
黄焕义 红荷秋水 青花釉里红瓷瓶	高30.5cm	67,200	中国嘉德	2010.11.20
白磊 春韵、雅荷 青花釉里红对瓶	高57cm	313,600	中国嘉德	2010.11.20
朱新建 美人图 青花釉里红瓷盘	直径40.8cm	145,600	中国嘉德	2010.5.17
周国桢 青花釉里红猫头鹰筒形瓶	40cm×19cm	280,000	北京保利	2010.12.5
张景辉 松下高士 青花釉里红瓷瓶	高47cm	134,400	中国嘉德	2010.11.20
徐庆庚 岩松无岁月 青花釉里红瓷板	53.3cm×44.2cm	80,640	中国嘉德	2010.11.20
徐庆庚 舞龙 青花釉里红瓷瓶 1991	高30cm	44,800	中国嘉德	2010.11.20
熊汉中 千秋图 青花釉里红瓷瓶	高19cm	61,600	中国嘉德	2010.11.20
熊钢如 鱼乐图 青花釉里红瓷瓶	高53cm	56,000	中国嘉德	2010.11.20
熊钢如 清池香远 青花釉里红瓷瓶	高34cm	42,560	中国嘉德	2010.11.20
王恩怀 双鱼游春 青花釉里红瓷瓶	高36cm	98,560	中国嘉德	2010.11.20
王恩怀 春晓 青花釉里红瓷瓶	高29.5cm	78,400	中国嘉德	2010.5.17
2010年作 白磊 器韵三昧青花釉里红瓷瓶(三件)	高43cm	201,600	中国嘉德	2010.5.17
釉下多彩				
清康熙 釉下三彩“一路连科”纹将军罐	高31cm	201,600	中拍国际	2010.11.27
清康熙 釉下三彩一路连科纹将军罐	高30.8cm	168,000	北京荣宝	2010.3.14
清雍正 釉下三彩芦雁图大碗	口径20.7cm；底径9.1cm；高9.7cm	42,560	广东古今	2010.6.20
清宣统 釉下粉彩花鸟瓶	高52cm	649,600	北京保利	2010.10.23
清 釉下三彩花卉纹盘口尊	高31.4cm	56,000	中国嘉德	2010.3.20
王坚义 釉下五彩“秋趣”瓷板	68cm×68cm	168,000	北京保利	2010.12.5
王坚义 釉下五彩“万花赏”瓶	高48cm	2,296,000	北京保利	2010.12.5
王修功 多彩釉盘	直径51.5cm	257,600	中国嘉德	2010.5.17
熊汉中 其乐融融 釉下彩瓷板	58cm×52cm	44,800	中国嘉德	2010.5.17

拍品名称	尺寸	成交价RMB	拍卖公司	拍卖日期
熊声贵 釉下五彩瓷瓶 1993	高51cm	67,200	中国嘉德	2010.11.20
朱占平 釉下五彩多吉多福图罐	43cm×35cm	61,600	北京保利	2010.12.5
2008年作 胡小军 海上弄花香满之四 釉下多彩绘瓷瓶	高77cm	84,000	中国嘉德	2010.5.17
2009年作 胡小军 海上宴乐之十一 釉下多彩绘瓷板	110cm×55cm	89,600	中国嘉德	2010.5.17
青花加彩				
明宣德 青花五彩高足杯(一对)	高7.5cm；宽7.5cm	56,000	中翰清花	2010.12.12
明嘉靖 青花五彩鱼藻纹盖罐	高40cm	23,520,000	北京翰海	2010.12.11
明嘉靖 青花五彩花卉罐	高15cm	347,200	北京保利	2010.6.5
明嘉靖 青花五彩缠枝花卉罐	8.5cm×13.5cm	224,000	广州艺拍	2010.6.15
明万历 青花五彩人物纹盘	直径17cm	87,360	中国嘉德	2010.12.18
明万历 青花五彩人物盖盒	直径20cm	44,800	北京保利	2010.3.19
明万历 青花五彩龙纹罐	高10.5cm	336,000	中国嘉德	2010.11.20
明万历 青花五彩龙纹格盒	直径21.5cm	50,400	北京荣宝	2010.3.14
明万历 青花五彩进宝图盘	直径15.4cm	560,000	中国嘉德	2010.11.20
明万历 青花五彩方胜式盖盒	长15cm	41,800	天津瀚雅	2010.11.28
明万历 青花五彩缠枝莲纹蒜头瓶	高46cm	89,600	深圳市拍	2010.6.12
明万历 青花绿彩“缠枝蕃莲”纹罐	高11.5cm	1,065,060	香港苏富比	2010.10.7
明崇祯 青花五彩人物小罐	高15.3cm	95,200	中国嘉德	2010.11.20
明末 青花五彩花卉纹罐	高16.5cm	44,800	辽宁中正	2010.10.31
清顺治 青花五彩花卉罐	高25.5cm	44,800	中国嘉德	2010.11.20
清康熙 青花五彩雉鸡牡丹将军罐	高58cm	168,000	北京印千山	2010.6.9
清康熙 青花五彩唐明皇大观音瓶	高53cm	313,600	北京保利	2010.7.31
清康熙 青花五彩三果纹人物花觚	高40.5cm	90,200	天津瀚雅	2010.11.28
清康熙 青花五彩人物故事将军罐	高35cm	89,600	北京保利	2010.10.23
清康熙 青花五彩龙凤穿花盘	直径32.5cm	1,680,000	北京保利	2010.12.6
清康熙 青花五彩花神杯(四只)	直径6.4cm	99,000	天津瀚雅	2010.11.28
清康熙 青花五彩花神杯(六只)	直径6.4cm	1,176,000	北京保利	2010.12.6
清康熙 青花五彩花鸟图盖罐	高33cm	324,800	北京保利	2010.6.5
清康熙 青花五彩洞石花卉八系罐	高30cm	64,960	北京翰海	2010.9.19
清康熙 青花五彩蟾宫折桂纹将军罐	高41cm	313,600	北京荣宝	2010.3.14
清康熙 青花加紫老子出关图梅瓶	高18cm	61,600	广州嘉德	2010.6.16
清康熙 青花红彩云龙纹盘	直径21cm	98,560	中国嘉德	2010.5.16
清康熙 青花红彩海水云龙纹盘	直径18cm	660,800	北京翰海	2010.12.12
清康熙 青花矾红龙纹碗	直径18.3cm	246,400	云南典藏	2010.4.25
清康熙 米黄地青花留白云龙纹盘	直径20cm	95,200	北京中汉	2010.5.18
清康熙 矾红海水青花龙纹盘(一对)	直径18.2cm	4,704,000	中国嘉德	2010.11.20
清雍正 青花五彩花神杯	直径6.1cm	392,000	北京中汉	2010.11.22
清雍正 青花红彩龙纹盘	直径20.3cm	56,000	中国嘉德	2010.11.20
清雍正 青花红彩海水龙纹盘(一对)	直径14.2cm	593,600	中国嘉德	2010.12.18
清雍正 青花粉彩花卉夔凤纹菱口折沿洗	直径20cm	907,200	北京中汉	2010.11.22
清雍正 青花矾红彩云蝠碗(一对)	直径9.8cm	1,344,000	中国嘉德	2010.11.20
清乾隆 御制青花粉彩无量寿佛	高15.5cm	9,856,000	中国嘉德	2010.11.20
清乾隆 青花胭脂红龙纹盘(一对)	直径15.3cm	268,800	北京保利	2010.10.23
清乾隆 青花胭脂红料双凤戏珠纹龙耳扁壶	高48.9cm	106,519,600	香港佳士得	2010.12.1
清乾隆 青花胭脂红加金彩花卉纹折沿洗	宽46.1cm	817,600	北京诚轩	2010.5.17

2010瓷器拍卖成交汇总

(成交价RMB：4万元以上)

拍品名称	尺寸	成交价RMB	拍卖公司	拍卖日期
清乾隆 青花胭脂红缠枝莲纹瓶(一对)	高19.5cm	2,240,000	中国嘉德	2010.11.20
清乾隆 青花胭脂红缠枝莲纹瓶	高24.5cm	246,400	中国嘉德	2010.11.20
清乾隆 青花五彩忍冬纹盘	15.5cm	140,400	天津文物	2010.11.21
清乾隆 青花五彩忍冬纹盘	21cm	105,840	天津文物	2010.11.21
清乾隆 青花五彩龙纹碗	直径10cm	100,800	北京保利	2010.3.19
清乾隆 青花五彩龙凤纹碗(一对)	直径15.8cm	504,000	北京保利	2010.6.5
清乾隆 青花五彩龙凤碗(一对)	直径15.5cm	649,600	北京保利	2010.10.23
清乾隆 青花加矾红龙纹盘(四只)	直径16cm	190,400	北京保利	2010.6.5
清乾隆 青花红龙盘(二件)	直径17.5cm	425,600	北京翰海	2010.6.6
清乾隆 青花红彩云龙纹贲巴壶	高19.5cm	35,840,000	中国嘉德	2010.5.15
清乾隆 青花红彩云龙温酒壶	高19.2cm	2,912,000	北京翰海	2010.12.11
清乾隆 青花红彩描金龙纹小抱月瓶	高30cm	224,000	中国嘉德	2010.11.20
清乾隆 青花红彩海水龙纹盘	直径18cm	168,000	中国嘉德	2010.12.18
清乾隆 青花海水红龙盘	直径17.5cm	48,160	北京翰海	2010.1.21
清乾隆 青花海水矾红龙纹盘	直径18cm	268,800	北京保利	2010.10.23
清乾隆 青花粉彩花卉瓷板	27cm×69cm	80,640	福建拍卖	2010.6.21
清乾隆 青花矾红云龙戏珠纹盘	直径17.5cm	186,575	香港佳士得	2010.5.31
清乾隆 青花矾红云龙戏珠纹盘	直径17.5cm	93,288	香港佳士得	2010.5.31
清乾隆 青花矾红云龙纹温酒壶	高19cm	88,000	天津瀚雅	2010.11.28
清乾隆 青花矾红龙纹盘(一对)	直径16cm	123,200	北京保利	2010.6.5
清乾隆 青花矾红龙纹盘	直径20cm	336,000	北京保利	2010.12.6
清乾隆 青花矾红龙纹盘	直径17.5cm	84,000	北京保利	2010.12.6
清乾隆 青花矾红花卉纹碗(一对)	直径8cm	235,200	北京荣宝	2010.11.14
清乾隆 青花矾红花卉纹杯(一对)	直径8cm	56,000	广州嘉德	2010.6.16
清乾隆 青花矾红海水龙纹盘	直径17.5cm	190,400	北京保利	2010.6.5
清乾隆 青花矾红海水龙纹盘	直径17.6cm	134,400	辽宁建投	2010.11.15
清乾隆 青花矾红海水龙纹盘	直径17.6cm	80,640	辽宁中正	2010.1.10
清乾隆 青花矾红海水龙纹盘	直径17.6cm	61,600	辽宁建投	2010.11.15
清乾隆 青花矾红海水九龙纹盘(一对)	直径17.4cm	224,000	北京中汉	2010.5.18
清乾隆 青花斗彩婴戏纹笔筒	高9.8cm	280,000	福建拍卖	2010.1.10
清乾隆 青花斗彩福寿缠枝纺瓜棱梅瓶	高26cm	2,352,000	福建拍卖	2010.6.21
清嘉庆 青花开光粉彩官人游乐图盖瓶(一对)	高12cm；口5.5cm；底5.5cm	64,960	北京中嘉	2010.5.9
清嘉庆 青花加黄彩云龙纹盘(一对)	直径25.1cm	504,000	北京诚轩	2010.5.17
清嘉庆 青花加黄彩云龙纹盘	直径25cm	201,600	长风拍卖	2010.6.22
清嘉庆 青花矾红龙纹盘	直径17.5cm	224,000	北京保利	2010.12.6
清嘉庆 青花矾红龙纹盘	直径17.5cm	78,400	北京保利	2010.6.5
清嘉庆 青花矾红龙凤纹盖碗	11cm	57,200	天津文物	2010.5.24
清嘉庆 青花矾红彩云龙纹盏托	直径12.3cm	56,000	四川嘉禾	2010.7.25
清中期 青花加紫老子出关纹梅瓶	高18cm	67,200	北京荣宝	2010.3.14
清中期 青花加彩云纹蒜头瓶	直径27cm	67,200	中国嘉德	2010.11.20
清道光 青花五彩龙凤纹碗(一对)	直径13.1cm	470,400	北京匡时	2010.12.4
清道光 青花五彩龙凤纹碗	直径15.5cm	291,200	北京匡时	2010.12.4
清道光 青花加绿彩双龙戏珠纹瓷罐	宽20cm	201,600	福建拍卖	2010.6.21

拍品名称	尺寸	成交价RMB	拍卖公司	拍卖日期
清道光 青花黄彩龙纹盘	直径25cm	89,600	北京保利	2010.10.23
清道光 青花红彩云龙纹盘	直径15.9cm	212,800	北京翰海	2010.12.12
清道光 青花红彩龙纹盘(一对)	直径17.7cm	246,400	中国嘉德	2010.11.20
清道光 青花粉彩荷莲纹碗	直径15cm	212,800	北京翰海	2010.12.12
清道光 青花矾红云龙戏珠纹盘(一对)	直径16cm×2	120,725	香港佳士得	2010.5.31
清道光 青花矾红云龙纹盘(一对)	直径16cm	78,400	广州嘉德	2010.12.8
清道光 青花矾红龙纹盘	直径17.5cm	84,000	长风拍卖	2010.6.22
清道光 青花矾红莲托八宝纹碗(一对)	直径10cm	526,400	长风拍卖	2010.6.22
清道光 青花矾红莲花纹六方印泥盒	高4cm	336,000	北京荣宝	2010.11.14
清道光 青花矾红彩龙纹盘	直径17.8cm	129,000	香港佳士得	2010.12.1
清道光 青花斗彩高足盘	直径19cm	53,760	中国嘉德	2010.5.16
清道光 青花八宝粉彩鱼藻纹碗	直径14.8cm	80,640	北京翰海	2010.6.7
清道光 红地青花描金云龙纹小瓶	高12cm	53,760	北京保利	2010.3.19
清道光 粉彩青花紫地轧道开光博古纹碗	直径14.5cm	67,200	辽宁中正	2010.4.18
清同治 胭脂料海水青花八仙碗	直径22.2cm	69,440	北京翰海	2010.6.7
清同治 青花胭脂红八仙图碗	直径22cm	53,760	中国嘉德	2010.9.18
清同治 青花黄龙纹碗	直径10.5cm	89,600	北京荣宝	2010.11.14
清同治 青花黄彩云龙纹盘(二件)	直径25cm	145,600	北京翰海	2010.12.12
清同治 青花矾红花卉纹碗(一对)	直径8cm	67,200	辽宁中正	2010.10.31
清光绪 胭脂料海水青花八仙人物纹碗	直径22cm	134,400	北京翰海	2010.12.12
清光绪 青花胭脂料八仙大碗	直径22cm	67,200	北京保利	2010.6.5
清光绪 青花胭脂红人物碗	22.5cm	100,800	雍和嘉诚	2010.12.3
清光绪 青花加彩人物故事尊	高19.5cm	42,560	北京保利	2010.10.23
清光绪 青花黄地粉彩开光三羊开泰碗(二件)	直径14.7cm	425,600	北京翰海	2010.12.12
清光绪 青花粉彩莲纹碗(一对)	直径15.4cm	106,400	北京中汉	2010.5.18
清光绪 青花粉彩莲纹碗	直径17.9cm	80,640	北京中汉	2010.11.22
清光绪 青花粉彩荷莲碗(一对)	直径17.6cm	134,400	北京翰海	2010.6.7
清光绪 青花粉彩荷花碗(一对)	直径17.5cm	235,200	北京翰海	2010.6.7
清光绪 青花粉彩芭蕉竹石纹玉壶春瓶	高30.5cm	50,400	四川嘉禾	2010.7.25
清光绪 青花矾红彩云蝠纹茶壶	长22cm	313,600	北京荣宝	2010.11.14
清光绪 内青花外粉彩缠枝莲纹碗(一对)	直径17.5cm	212,800	中国嘉德	2010.12.18
清光绪 官窑青花加彩玉壶春瓶	高30cm	347,200	浙江中财	2010.4.11
清光绪 青花蓝地留白龙纹盘(一对)	直径25.5cm	43,680	中鼎国际	2010.11.18
清宣统 青花云纹红彩描金蝠纹扁瓶	高33.5cm	358,400	北京翰海	2010.12.12
清宣统 青花胭脂红八仙过海纹碗	直径22.5cm	791,200	香港佳士得	2010.12.1
清晚期 青花胭脂红龙纹天球瓶	高48cm	134,400	北京荣宝	2010.3.14
清 乌金釉开光青花山水花卉纹鼓礅(一对)	高41.5cm×2	240,000	安华白云	2010.7.24
清 青花五彩12月花神杯(三只)	高5cm	212,800	北京纳高	2010.7.15
清 青花五彩龙纹蒜头瓶	高37cm	47,040	北京保利	2010.10.23
清 青花抹红描金火珠龙纹缸	40cm	94,600	天津文物	2010.11.21
清 青花开光粉彩人物图碗(一对)	高9.7cm；口18.3cm；底6.8cm	224,000	北京中嘉	2010.5.9
清 青花开光粉彩人物故事图笔筒(一对)	高11.3cm；口5.3cm	44,800	北京中嘉	2010.5.9

拍品名称	尺寸	成交价RMB	拍卖公司	拍卖日期
清 青花加紫夔纹开光瑞兽花鸟摇铃尊	高22cm；口3.7cm；底10.5cm	134,400	北京中嘉	2010.5.9
清 青花红彩云蝠纹盘	直径19.8cm	47,040	中国嘉德	2010.5.16
清 青花红彩诗文碗	直径11cm	212,800	中国嘉德	2010.12.18
清 青花红彩龙纹罐	直径16.5cm	347,200	中国嘉德	2010.3.20
清 青花粉彩人物故事图花形盖盒(一对)	高3.3cm；长9.5cm	44,800	北京中嘉	2010.5.9
清 青花矾红云龙纹胆瓶	高7.2cm	302,400	北京保利	2010.12.6
清 青花矾红龙纹盏托(一对)	直径11.8cm	190,400	长风拍卖	2010.6.22
清 青花矾红龙纹笔杆	高17cm	123,200	浙江钱塘	2010.7.3
青花黄龙人物盘(两件)		100,800	北京翰海	2010.11.21
戚培才 山花 青花斗彩瓷瓶 2004	高27cm	50,400	中国嘉德	2010.11.20
戚培才 青花斗彩瓶	26cm×16cm	42,560	北京保利	2010.12.5
戚培才 青花斗彩春风	50cm×50cm	67,200	北京保利	2010.12.5
戚培才 鸟语花香 青花斗彩瓷瓶 2004	高39cm	42,560	中国嘉德	2010.11.20
民国 青花加粉彩花卉蒜头瓶	高29cm	53,760	北京保利	2010.10.23
民国 青花加彩福寿纹花盆	17cm	51,700	天津文物	2010.11.21
民国 青花加彩八仙纹瓶	25.5cm	63,800	天津文物	2010.11.21
民国 青花粉彩花卉纹小瓶	高15cm	42,560	北京保利	2010.10.23
熊汉中 凌霄花 青花斗彩瓷瓶	高27cm	72,800	中国嘉德	2010.11.20
熊汉中 连年有余 青花斗彩瓷瓶	高25.5cm	58,240	中国嘉德	2010.11.20
王希怀 青花釉下五彩葡萄瓷盘	直径26.5cm	44,800	中国嘉德	2010.11.20
王恩怀 玉堂春色 青花斗彩瓷瓶	高39cm	985,600	中国嘉德	2010.11.20
日本明治时期 青花五彩开光花鸟纹盘	直径42cm	67,200	中拍国际	2010.6.19
日本明治时期 青花五彩花卉纹盘	直径46.4cm	53,760	中拍国际	2010.6.19
日本明治时期 青花五彩海水蝴蝶纹盘	直径48cm	50,400	中拍国际	2010.6.19
陆如 兰馨竹石图 青花斗彩笔筒	高21cm	257,600	中国嘉德	2010.11.20
龚华 青花斗彩“鸡冠花”瓶	46cm×33cm	123,200	北京保利	2010.12.5
斗彩				
明成化 斗彩云龙纹天字罐	高11.5cm	6,160,000	北京中嘉	2010.5.9
明成化 斗彩龙纹小杯	直径6cm	806,400	老城隍庙	2010.11.6
明成化 斗彩花卉纹小碟	直径8.6cm	1,064,000	老城隍庙	2010.11.6
明成化 斗彩海水兽纹盘	直径18.5cm	1,344,000	老城隍庙	2010.11.6
明成化 斗彩缠枝莲纹天字罐	高10.1cm	5,824,000	北京中嘉	2010.5.9
明 斗彩葡萄纹笔洗	长11.8cm	100,800	北京中嘉	2010.5.9
清康熙 斗彩云纹盘	直径9.4cm	42,560	中国嘉德	2010.6.19
清康熙 斗彩喜禄封侯纹盘	直径16cm	60,000	金仕德	2010.5.19
清康熙 斗彩五供养纹卧足杯	直径7cm	78,400	北京诚轩	2010.5.17
清康熙 斗彩团寿纹盘	直径21.1cm	806,400	中国嘉德	2010.11.20
清康熙 斗彩人物纹罐(一对)	高18cm	280,000	中拍国际	2010.11.27
清康熙 斗彩人物盘(一对)	直径11.5cm	89,600	北京保利	2010.10.23
清康熙 斗彩葡萄纹碗(二件)	直径9.1cm	91,840	北京翰海	2010.6.7
清康熙 斗彩描金八吉祥折腰盘	直径26.3cm	2,019,400	香港佳士得	2010.5.31
清康熙 斗彩龙纹盘(一对)	直径16.2cm	67,200	中国嘉德	2010.11.20
清康熙 斗彩莲扩鸳鸯盘	直径29cm	54,000	安华白云	2010.7.24
清康熙 斗彩夔龙长方盒	8.2cm×4.7cm	56,000	北京翰海	2010.6.7
清康熙 斗彩爵禄封侯盘	直径20cm	78,400	北京保利	2010.12.6
清康熙 斗彩花卉暗花龙凤纹盘	直径20cm	134,400	中国嘉德	2010.5.16
清康熙 斗彩荷塘鸳鸯图花盆(一对)	长34.7cm	313,600	中国嘉德	2010.12.18
清康熙 斗彩海水江崖鹤寿纹长方折沿花盆	长34cm	347,200	北京中汉	2010.11.22
清康熙 斗彩过枝凤竹斗笠碗	直径9.5cm	201,600	北京翰海	2010.12.12
清康熙 斗彩过墙凤竹纹笠式小杯(一对)	直径6.6cm	201,600	北京保利	2010.6.5
清康熙 斗彩穿花龙纹盘	直径20cm	145,600	中国嘉德	2010.12.18
清康熙 斗彩八卦太极纹棒槌瓶	高16cm	89,600	中拍国际	2010.11.27
清雍正 外斗彩云龙内青花狮纹合碗	直径15.4cm	78,400	北京永乐	2010.11.23
清雍正 如意纹斗彩碟	口径15.4cm；底径9.3cm；高3cm	78,400	广东古今	2010.6.20
清雍正 仿成化斗彩团灵芝纹小杯	直径10.3cm	268,800	北京保利	2010.6.5
清雍正 斗彩竹石盘	直径20.5cm	106,400	北京保利	2010.6.5
清雍正 斗彩折枝花果纹小盘	直径8cm	537,600	广州嘉德	2010.12.8
清雍正 斗彩云龙戏珠纹盘	直径15cm	219,500	香港佳士得	2010.5.31
清雍正 斗彩云龙纹水盂	直径9cm	1,288,000	北京保利	2010.12.5
清雍正 斗彩云龙纹盘	直径11.5cm	168,000	四川嘉禾	2010.7.25
清雍正 斗彩鸳鸯荷花卧足盘	直径18cm	134,400	中都国际	2010.9.25
清雍正 斗彩鱼龙纹盘	16cm	60,500	天津文物	2010.11.21
清雍正 斗彩祥云纹马蹄式水盂(一对)	高5.3cm×2	11,162,800	香港佳士得	2010.12.1
清雍正 斗彩祥云高足杯	高8.9cm	784,000	中都国际	2010.9.25
清雍正 斗彩西番莲纹碗(一对)	直径10.1cm	1,176,000	北京永乐	2010.11.23
清雍正 斗彩团寿纹盘(一对)	直径21.3cm	504,000	中国嘉德	2010.11.20
清雍正 斗彩团菊纹罐	高23cm	550,000	天津文物	2010.5.24
清雍正 斗彩团花碗	直径9cm	168,000	北京翰海	2010.12.12
清雍正 斗彩岁寒三友小长颈瓶	高12.3cm	313,600	北京保利	2010.12.6
清雍正 斗彩松竹梅纹罐	高11cm	168,000	中国嘉德	2010.11.20
清雍正 斗彩寿字盘	直径21.5cm	179,200	北京保利	2010.6.5
清雍正 斗彩寿山福海纹盘	直径15.4cm	739,200	北京保利	2010.6.5
清雍正 斗彩山水人物纹盘	直径15.7cm	560,000	北京荣宝	2010.11.14
清雍正 斗彩三果纹杯(一对)	直径7cm	57,200	天津瀚雅	2010.11.28
清雍正 斗彩三多纹小杯	直径7.2cm	89,600	中国嘉德	2010.9.18
清雍正 斗彩三多杯(一对)	直径7.1cm	2,464,000	中国嘉德	2010.5.15
清雍正 斗彩三多杯(一对)	直径7.2cm×2	2,335,480	香港佳士得	2010.5.31
清雍正 斗彩三多杯(一对)	直径7cm	2,016,000	北京保利	2010.12.5
清雍正 斗彩如意多寿纹杯(一对)	直径8.8cm	649,600	北京诚轩	2010.11.22
清雍正 斗彩葡萄纹杯	直径7.7cm	795,200	北京中汉	2010.5.18
清雍正 斗彩梅竹双清纹小瓶	高11.2cm	112,000	上海工美	2010.11.4
清雍正 斗彩龙纹盖碗	直径20cm	728,000	北京保利	2010.7.31
清雍正 斗彩龙凤纹碗	直径19.5cm	67,200	中国嘉德	2010.11.20
清雍正 斗彩灵芝纹盘	直径11.3cm	369,600	北京翰海	2010.12.12
清雍正 斗彩灵芝纹盘	直径17.8cm	58,240	中国嘉德	2010.12.18
清雍正 斗彩灵芝杯(一对)	直径10.2cm	1,680,000	北京保利	2010.6.4
清雍正 斗彩灵仙祝寿盘	直径20.5cm	1,680,000	北京保利	2010.6.4
清雍正 斗彩夔龙团寿花卉卧足碗	直径15cm	1,904,000	北京保利	2010.12.5
清雍正 斗彩开光四季花卉团蝶纹斗笠碗	直径22.2cm	3,192,000	北京中汉	2010.11.22
清雍正 斗彩鸡缸碗	直径15cm	4,704,000	北京保利	2010.6.4
清雍正 斗彩鸡缸杯(一对)	直径6.5cm	2,240,000	北京保利	2010.6.4
清雍正 斗彩火焰禄龙纹盘	直径21cm	201,600	中都国际	2010.9.25
清雍正 斗彩花鸟纹盘(一对)	直径17.6cm	69,440	中国嘉德	2010.9.18
清雍正 斗彩花鸟纹杯	直径8.1cm	78,400	北京翰海	2010.12.12
清雍正 斗彩花卉纹碗	直径12.2cm	145,600	中国嘉德	2010.5.16
清雍正 斗彩花卉纹盘	直径15.7cm	358,400	北京中汉	2010.11.22
清雍正 斗彩花卉诗文鸡心碗(二件)	直径9.5cm	369,600	北京翰海	2010.12.12
清雍正 斗彩花卉盘(二件)	直径11.5cm	268,800	北京翰海	2010.6.7
清雍正 斗彩富寿三多纹杯(一对)	直径7.2cm×2	3,319,600	香港佳士得	2010.12.1
清雍正 斗彩福寿碗(二件)	直径12.6cm	616,000	北京翰海	2010.6.7
清雍正 斗彩番莲纹盘	直径20.8cm	241,450	香港佳士得	2010.5.31

2010瓷器拍卖成交汇总

(成交价RMB：4万元以上)

拍品名称	尺寸	成交价RMB	拍卖公司	拍卖日期
清雍正 斗彩缠枝番莲纹长颈瓶	高25cm	9,429,720	香港佳士得	2010.5.31
清雍正 斗彩缠枝莲纹碗	直径13.3cm	95,200	中国嘉德	2010.5.16
清雍正 斗彩缠枝花卉纹碗(一对)	直径12.5cm	2,856,000	北京诚轩	2010.5.17
清雍正 斗彩缠枝宝相花折沿杯	直径10cm	44,800	广州嘉德	2010.12.8
清雍正 斗彩并蒂莲纹碗(一对)	直径12.3cm×2	1,565,200	香港佳士得	2010.12.1
清雍正 斗彩杯	直径7.5cm	52,800	天津瀚雅	2010.11.28
清雍正 斗彩八仙图撇口碗(一对)	直径10.6cm×2	10,413,080	香港佳士得	2010.5.31
清雍正 斗彩八蛮进宝纹大碗	口径21.2cm；底径10.5cm；高9cm	61,600	广东古今	2010.6.20
清雍正 斗彩暗八仙纹碗(一对)	直径13.3cm	2,520,000	北京诚轩	2010.11.22
清雍正 斗彩暗八仙碗(二件)	直径13.4cm	5,152,000	北京翰海	2010.12.11
清雍正 斗彩“云蝠”图碗(一对)	直径10cm	1,918,400	香港苏富比	2010.4.8
清雍正 斗彩“婴戏图”盘(一对)	13.8cm	165,000	香港苏富比	2010.4.8
清雍正 斗彩“五色祥云”图长颈撇口胆瓶	高25.5cm	19,307,200	香港苏富比	2010.4.8
清乾隆 斗彩团花祥云穿鹤纹盘	直径14.4cm	291,200	北京永乐	2010.11.23
清乾隆 斗彩祝寿图花盆	44cm×21.5cm×17cm	67,200	中国嘉德	2010.11.20
清乾隆 斗彩云龙八吉祥盖罐	高20.5cm	2,016,000	北京翰海	2010.6.7
清乾隆 斗彩云鹤纹爵杯	高12cm	1,120,000	北京保利	2010.12.5
清乾隆 斗彩云蝠如意纹罐	高18cm	3,360,000	广州嘉德	2010.6.16
清乾隆 斗彩鸳鸯莲塘纹碗	直径17cm	201,600	广州嘉德	2010.12.8
清乾隆 斗彩小盘(一对)	15.8cm	44,800	雍和嘉诚	2010.6.3
清乾隆 斗彩团菊纹尊	高22cm	1,680,000	中国嘉德	2010.12.18
清乾隆 斗彩团菊纹罐	高11.2cm	560,000	北京保利	2010.12.6
清乾隆 斗彩团菊纹盖罐(一对)	直径12.5cm	308,000	天津瀚雅	2010.11.28
清乾隆 斗彩团花纹碗(一对)	直径12.5cm	224,000	四川嘉禾	2010.7.25
清乾隆 斗彩团花马蹄碗	直径18cm	313,600	长风拍卖	2010.6.22
清乾隆 斗彩双龙戏珠水盂	高6cm	48,000	金仕德	2010.11.26
清乾隆 斗彩寿字纹盘	直径14.7cm	56,000	十竹斋	2010.7.11
清乾隆 斗彩寿字纹盘	直径21cm	50,400	北京荣宝	2010.5.30
清乾隆 斗彩寿字盘(一对)	高5cm；直径20.8cm	224,000	上海新华	2010.9.5
清乾隆 斗彩寿字盘(一对)	直径20.5cm	156,800	北京保利	2010.10.23
清乾隆 斗彩寿石灵芝纹盘	直径14.5cm	302,400	北京诚轩	2010.11.22
清乾隆 斗彩皮球花马蹄碗	高6.7cm；直径15.3cm	78,400	上海新华	2010.9.5
清乾隆 斗彩夔凤纹盘	直径19cm	425,600	中国嘉德	2010.11.20
清乾隆 斗彩夔凤纹盘	直径19cm	425,600	北京匡时	2010.12.4
清乾隆 斗彩夔凤纹盘	直径16cm	201,600	广州嘉德	2010.12.8
清乾隆 斗彩开光花卉八吉祥纹盘(一对)	直径23.5cm	95,200	北京纳高	2010.7.15
清乾隆 斗彩卷草纹瓜棱形三足瓯尊	高5cm	134,400	辽宁中正	2010.10.31
清乾隆 斗彩加粉彩描金“如意蕃莲”图撇口荸荠瓶	直径19cm	8,465,600	香港苏富比	2010.4.8
清乾隆 斗彩花卉纹八棱瓶	高22.5cm	280,000	辽宁中正	2010.1.10
清乾隆 斗彩花卉凤纹盘	直径19cm	84,000	中国嘉德	2010.3.20
清乾隆 斗彩花卉梵文盘	直径15.8cm	44,800	中国嘉德	2010.5.16
清乾隆 斗彩荷塘鸳鸯纹碗	直径10.1cm	44,800	中国嘉德	2010.3.20
清乾隆 斗彩福寿纹碗	17cm	308,000	天津文物	2010.11.21
清乾隆 斗彩福寿纹碗	高6cm；直径13cm	67,200	上海新华	2010.9.5
清乾隆 斗彩福寿纹将军罐	高49.5cm	481,600	中国嘉德	2010.9.18
清乾隆 斗彩福寿连绵碗	直径17.8cm	280,000	北京保利	2010.7.31
清乾隆 斗彩福山寿海大捧盒	宽15.5cm	492,800	福建拍卖	2010.1.10
清乾隆 斗彩梵文碗(一对)	直径17.8cm	112,000	北京匡时	2010.6.6
清乾隆 斗彩梵文碗	17.5cm	143,000	天津文物	2010.11.21
清乾隆 斗彩大吉图小碟(一对)	宽8cm	100,800	福建拍卖	2010.1.10
清乾隆 斗彩缠枝莲开光诗文壁瓶	高22.3cm	392,000	中国嘉德	2010.12.18
清乾隆 斗彩缠枝花卉纹双耳瓶	高18.5cm	840,000	北京匡时	2010.6.6
清乾隆 斗彩宝相花纹水盂	高5.5cm	91,840	辽宁建投	2010.11.15
清乾隆 斗彩八宝纹束腰盘	直径20cm	324,800	北京荣宝	2010.5.30
清乾隆 斗彩暗八仙纹折腰碗	直径20.8cm	53,760	中国嘉德	2010.3.20
清乾隆 斗彩暗八仙纹束腰盘	直径20cm	347,200	北京荣宝	2010.11.14
清乾隆 斗彩“宝相花卉纹”葵式三足盘	直径21.3cm	8,398,260	香港苏富比	2010.10.7
清嘉庆 斗彩团花纹马蹄碗	15cm	275,000	天津文物	2010.5.24
清嘉庆 斗彩团花马蹄碗(二件)	直径15.2cm	302,400	北京翰海	2010.6.6
清嘉庆 斗彩葵口碗	18cm	56,000	雍和嘉诚	2010.6.3
清嘉庆 斗彩花卉碗(一对)	直径15cm	492,800	北京保利	2010.12.6
清嘉庆 斗彩暗八仙折腰盘	口径20.5cm	106,400	上海大众	2010.1.3
清嘉庆 斗彩暗八仙纹折腰盘	直径22cm	112,000	中国嘉德	2010.5.16
清嘉庆 斗彩暗八仙缠枝花卉纹折腰盘	直径20.5cm	145,600	北京诚轩	2010.5.17
清中期 斗彩团菊纹卷口瓶	高44.5cm	275,000	天津文物	2010.5.24
清中期 斗彩团螭纹花盆(一对)	直径20cm	44,800	中国嘉德	2010.6.19
清中期 斗彩夔龙高足盘	高23.5cm	67,200	中国嘉德	2010.5.16
清中期 斗彩荷塘小盘(一对)	直径8.8cm	89,600	中国嘉德	2010.11.20
清中期 斗彩缠枝莲花盆	高20.2cm	95,200	上海嘉泰	2010.9.27
清道光 斗彩鸳鸯荷塘图碗(一对)	直径10.3cm	201,600	北京诚轩	2010.5.17
清道光 斗彩万寿纹盘(一对)	直径14.7cm×2	193,500	香港佳士得	2010.12.1
清道光 斗彩团菊纹罐	高15cm	69,440	中国嘉德	2010.12.18
清道光 斗彩团花马蹄碗(二件)	直径15.4cm	257,600	北京翰海	2010.6.7
清道光 斗彩水仙花神杯	高6cm	84,000	长风拍卖	2010.6.22
清道光 斗彩寿字纹碗(一对)	直径13cm	224,000	北京荣宝	2010.11.14
清道光 斗彩寿字盘	直径20.8cm	134,400	中国嘉德	2010.9.18
清道光 斗彩忍冬纹盘	直径20.8cm	50,400	中国嘉德	2010.12.18
清道光 斗彩青花忍冬纹碗(一对)	直径13cm	112,000	福建拍卖	2010.6.21
清道光 斗彩牡丹凤纹盘	直径19.3cm	106,400	长风拍卖	2010.6.22
清道光 斗彩绿龙盖罐	高21cm	336,000	云南典藏	2010.4.25
清道光 斗彩莲池鸳鸯图卧足碗	直径16.5cm	604,800	北京永乐	2010.11.23
清道光 斗彩夔凤纹盘	直径19.5cm	47,040	中国嘉德	2010.6.19
清道光 斗彩夔凤纹盘	直径19.6cm	58,240	中国嘉德	2010.12.18
清道光 斗彩花卉纹碗(一对)	直径15cm	537,600	北京匡时	2010.12.4
清道光 斗彩花卉纹碗(二件)	直径15cm	694,400	北京翰海	2010.12.11
清道光 斗彩荷塘鸳鸯碗	直径17cm	246,400	北京匡时	2010.6.6
清道光 斗彩荷塘鸳鸯墩式碗	直径16.8cm	291,200	北京匡时	2010.6.6
清道光 斗彩荷莲鸳鸯纹卧足碗	直径16.5cm	67,200	中鼎国际	2010.11.18
清道光 斗彩福寿纹盘	直径14cm	60,000	金仕德	2010.5.19
清道光 斗彩凤穿花纹盘(一对)	直径19.2cm	347,200	北京荣宝	2010.11.14
清道光 斗彩凤穿缠枝莲纹盘	直径15.6cm	80,640	福建拍卖	2010.6.21
清道光 斗彩仿成化团灵芝杯	直径7cm	224,000	北京保利	2010.12.6
清道光 斗彩缠枝花卉纹碗(一对)	直径14.3cm	470,400	北京保利	2010.6.5
清道光 斗彩缠枝花卉碗	直径14.2cm	69,440	北京翰海	2010.6.7

拍品名称	尺寸	成交价RMB	拍卖公司	拍卖日期
清道光 斗彩并蒂莲纹碗(一对)	直径12.2cm	336,000	北京诚轩	2010.5.17
清道光 斗彩并蒂莲碗	直径12cm	246,400	北京保利	2010.12.6
清道光 斗彩暗八仙折腰盘(一对)	直径20cm	313,600	中国嘉德	2010.11.20
清道光 斗彩"枝仙祝寿"图盘(一对)	直径14.5cm	336,000	北京荣宝	2010.11.14
清道光 斗彩缠枝莲纹盘	直径16cm	50,400	四川嘉禾	2010.7.25
清18世纪 斗彩鸡缸杯	直径8cm	268,750	香港佳士得	2010.12.1
清同治 斗彩八吉祥纹折腰盘(一对)	直径20.6cm	145,600	辽宁中正	2010.4.18
清同治 斗彩暗八仙折腰盘(一对)	直径20.2cm	201,600	北京中汉	2010.5.18
清同治 斗彩暗八仙纹折腰盘	直径20.8cm	98,560	中国嘉德	2010.5.16
清光绪 斗彩人物故事图梅瓶	7.3cm×39.5cm	51,520	广州艺拍	2010.6.15
清光绪 斗彩八吉祥折腰盘	直径20.8cm	123,200	北京翰海	2010.12.12
清光绪 斗彩八吉祥折腰盘	直径20.2cm	100,800	北京翰海	2010.12.12
清光绪 斗彩八宝纹盘	直径21cm	42,560	中拍国际	2010.11.27
清 斗彩竹石桃纹盘(一对)	口径15cm	168,000	西泠拍卖	2010.7.6
清 斗彩团龙纹盖罐	高20.3cm；口7.3cm；底8.5cm	201,600	北京中嘉	2010.5.9
清 斗彩团菊纹罐(一对)	高17.7cm	58,240	北京中汉	2010.5.18
清 斗彩松鼠葡萄纹小葫芦瓶(一对)	高	201,600	中都国际	2010.9.25
清 斗彩人物纹棒槌瓶	高42.7cm	42,560	中国嘉德	2010.3.20
清 斗彩梅竹图盖罐(一对)	高9cm	95,200	北京纳高	2010.7.15
清 斗彩鸡纹笔筒	高15cm	246,400	北京保利	2010.3.19
清 斗彩花叶纹绶带葫芦瓶	高26cm；口5.5cm；底9.5cm	201,600	北京中嘉	2010.5.9
清 斗彩花叶纹葫芦绶带瓶	高20.5cm；口2.8cm；底6.5cm	179,200	北京中嘉	2010.5.9
清 斗彩花卉纹象耳瓶	高30cm	50,400	中拍国际	2010.6.19
清 斗彩荷塘鸳鸯卧足盘(一对)	长17.2cm	89,600	北京保利	2010.10.23
清 斗彩凤纹花卉盘	直径19.5cm	78,400	中鸿信	2010.9.19
清 斗彩凤穿花罕持	高24.3cm	201,600	北京中嘉	2010.5.9
清 斗彩梵文纹碗	直径9cm	1848,000	北京保利	2010.10.23
清 斗彩螭龙纹花盆	长27.5cm	69,440	中国嘉德	2010.6.19
清 斗彩长颈瓶	高69cm	150,000	金仕德	2010.5.19
清 斗彩缠枝莲碗(一对)	直径9.5cm	84,000	北京保利	2010.10.23
清 斗彩缠枝花卉纹合瓶	高26cm；口8.2cm；底9.3cm	168,000	北京中嘉	2010.5.9
清 斗彩缠枝花卉瓶	高24cm	89,600	北京保利	2010.10.23
清 斗彩缠枝花卉成对碗	直径20cm	50,400	苏州吴门	2010.6.13
清 斗彩八仙人物小杯	直径6cm	58,240	北京翰海	2010.12.12
清 斗彩八仙人物兽耳大尊	高53cm	504,000	长风拍卖	2010.6.22
清 斗彩八宝碗	直径13.3cm	112,000	北京翰海	2010.9.19
陆如春韵 斗彩玉笋瓷瓶	高35cm	91,840	中国嘉德	2010.11.20
斗彩花卉碗(两件)	直径10.2cm	89,600	北京翰海	2010.11.21
明万历 红绿彩描金带盖执壶	高28.5cm	84,000	福建拍卖	2010.6.21
清康熙 红绿彩鱼纹盘	直径15.5cm	50,400	北京保利	2010.10.23
唐 长沙窑铜红釉红绿彩小枕	长16.2cm	42,560	北京翰海	2010.9.19
明宣德 五彩奔牛摆件	长27cm	728,000	北京中嘉	2010.5.9
明嘉靖 五彩云凤纹玉壶春瓶	高25cm	201,600	中翰清花	2010.12.12
明万历 釉上五彩龙凤纹葵口盘	直径24cm	425,600	北京永乐	2010.11.23
明万历 五彩鱼藻纹花口洗	直径35cm	3,024,000	中国嘉德	2010.11.20
明万历 五彩四爱图水盂	直径12cm	1,176,000	北京保利	2010.12.5
明万历 五彩人物纹碗	直径10.8cm	145,600	中国嘉德	2010.5.16
明万历 五彩人物狮纹碗(一对)	直径10.5cm	212,800	云南典藏	2010.4.25
明万历 五彩人物盖盒	直径24.5cm	44,800	北京保利	2010.3.19

拍品名称	尺寸	成交价RMB	拍卖公司	拍卖日期
明万历 五彩龙纹盖盒	长29.5cm	3,024,000	北京保利	2010.12.5
明万历 五彩龙纹方盒	长15.5cm	89,600	北京匡时	2010.6.6
明万历 五彩龙凤纹盘	直径21.5cm	95,200	广州嘉德	2010.6.16
明万历 五彩龙凤纹盖盒	高8cm	212,800	辽宁建投	2010.11.15
明万历 五彩龙凤纹调色盘	直径22.8cm	179,200	中国嘉德	2010.5.16
明万历 五彩龙凤纹笔船	长31.2cm	6,209,200	香港佳士得	2010.12.1
明万历 五彩花鸟纹盘	直径18cm	280,000	中国嘉德	2010.11.20
明万历 五彩花鸟盘	直径25cm	324,800	北京保利	2010.12.6
明万历 五彩花鸟花口盘	直径15.5cm	336,000	北京保利	2010.12.6
明万历 五彩花卉腰圆盆	长46cm	336,000	北京保利	2010.12.6
明万历 五彩花果人物图攒盒	直径25.5cm	1,018,480	香港佳士得	2010.5.31
明万历 五彩花蝶罐	重14.5cm	112,000	北京保利	2010.10.23
明万历 五彩花草纹调色盘	直径24cm	168,000	长风拍卖	2010.6.22
明万历 五彩荷塘鸳鸯盘	直径17cm	392,000	北京保利	2010.6.5
明万历 五彩瓜棱花猫罐	高12cm	134,400	上海新华	2010.9.5
明万历 五彩高仕赏游图方尊	高12.7cm	1,281,880	香港佳士得	2010.5.31
明万历 五彩"穿花赶珠云龙"图蒜头瓶	高43.5cm	8,254,400	香港苏富比	2010.4.8
明天启 五彩羲之爱鹅倭角方盘(一箱五件)	长13.6cm	42,560	上海嘉泰	2010.4.20
明天启 五彩荷莲六角碟(一对)	直径14cm	44,800	深圳市拍	2010.10.23
明末 五彩双凤纹缸	直径22cm	56,000	广州嘉德	2010.6.16
明崇祯 五彩龙纹盘	口径26.5cm	918,400	北京荣宝	2010.11.14
明 五彩鱼藻纹花口大碗	直径32.8cm	1,344,000	北京中嘉	2010.5.9
清早期 五彩牡丹纹撇口笔筒	高15cm	134,400	北京翰海	2010.9.19
清康熙 五彩钟馗图棒槌瓶	高46cm	257,600	中国嘉德	2010.9.18
清康熙 五彩鱼藻纹大碗	直径52cm	347,200	辽宁建投	2010.11.15
清康熙 五彩鱼化龙纹摇铃瓶	高24cm	425,600	广州艺拍	2010.6.15
清康熙 五彩桃花题诗花神杯	直径6.3cm	1,232,000	北京保利	2010.12.6
清康熙 五彩水仙诗文花神杯	直径6.5cm	470,400	北京永乐	2010.11.23
清康熙 五彩仕女婴戏图瓶	高25.5cm	78,400	中国嘉德	2010.11.20
清康熙 五彩仕女松鹿图琵琶尊	高18.8cm	42,560	中国嘉德	2010.5.16
清康熙 五彩山水人物图凤尾尊	高79cm	560,000	中国嘉德	2010.9.18
清康熙 五彩山水人物瓶	高25.5cm	100,800	深圳市拍	2010.6.12
清康熙 五彩人物折枝花花觚	高40cm	156,800	中鸿信	2010.3.28
清康熙 五彩人物纹花觚	高38.5cm	69,440	中国嘉德	2010.3.20
清康熙 五彩人物图棒槌瓶	高47cm	439,000	香港佳士得	2010.5.31
清康熙 五彩人物扇形挂瓶	长29cm	78,400	福建拍卖	2010.6.21
清康熙 五彩人物盘	直径29cm	291,200	北京翰海	2010.11.21
清康熙 五彩人物描金四方棒槌瓶	高51.8cm	67,200	北京纳高	2010.7.15
清康熙 五彩人物花觚	高41cm	280,000	浙江中财	2010.4.11
清康熙 五彩人物故事瓶	高16cm	56,000	深圳市拍	2010.6.12
清康熙 五彩人物故事大罐	高43cm	61,600	北京保利	2010.7.31
清康熙 五彩群仙贺寿图大碗	直径22.5cm	257,600	北京永乐	2010.11.23
清康熙 五彩描金花鸟纹小罐	高15cm	50,400	广州嘉德	2010.6.16
清康熙 五彩麻姑献寿大盘	直径39cm	179,200	北京保利	2010.12.6
清康熙 五彩龙凤戏牡丹纹盘	直径25.1cm	1,874,800	香港佳士得	2010.12.1
清康熙 五彩龙凤纹大盘	直径31.7cm	112,000	中国嘉德	2010.11.20
清康熙 五彩龙凤赶珠纹碗(一对)	直径13cm×2	2,335,480	香港佳士得	2010.5.31
清康熙 五彩开光仕女婴戏笔筒	高13.5cm	47,040	北京保利	2010.3.19
清康熙 五彩开光花卉山水纹笔筒	直径17.8cm	134,400	中国嘉德	2010.11.22

2010瓷器拍卖成交汇总

(成交价RMB：4万元以上)

拍品名称	尺寸	成交价RMB	拍卖公司	拍卖日期
清康熙 五彩开光福寿花卉纹碗	直径13.2cm	358,400	北京诚轩	2010.5.17
清康熙 五彩菊花诗文杯	直径6.5cm	694,400	中国嘉德	2010.11.20
清康熙 五彩加金瑞兽花卉纹大盘(一对)	高38.7cm	246,400	辽宁建投	2010.11.15
清康熙 五彩花神杯	直径6.5cm	504,000	北京诚轩	2010.11.22
清康熙 五彩花神杯	直径6cm	336,000	北京诚轩	2010.11.22
清康熙 五彩花神杯	直径6.5cm	275,000	天津文物	2010.5.24
清康熙 五彩花鸟方笔筒	高13.5cm	56,000	北京保利	2010.12.6
清康熙 五彩花鸟笔筒	高16.4cm	280,000	北京翰海	2010.6.7
清康熙 五彩花果碗	直径12cm	89,600	北京翰海	2010.12.12
清康熙 五彩荷塘纹砖	宽25cm	76,160	中拍国际	2010.11.27
清康熙 五彩荷花诗文杯	直径6.5cm	1,344,000	中国嘉德	2010.11.20
清康熙 五彩海水瑞兽花盆	长26.5cm	112,000	北京保利	2010.6.5
清康熙 五彩飞鸣宿食图纹盘	直径25.3cm	1,008,000	上海新华	2010.9.5
清康熙 五彩矾红开光双龙纹元宝形杯	长14cm	53,760	长风拍卖	2010.6.22
清康熙 五彩赤鲤朝日洗	直径14.4cm	940,800	中国嘉德	2010.11.22
清康熙 五彩螭龙莲花纹盖杯(一对)	高9.6cm	53,760	中国嘉德	2010.11.20
清康熙 五彩缠枝莲大盘(一对)	直径47cm	1,568,000	北京保利	2010.12.5
清康熙 五彩笔筒	高16.5cm	61,600	广东古今	2010.6.20
清康熙 五彩八仙过海大碗	直径36cm	120,000	金仕德	2010.11.26
清康熙 五彩“寿”字桃纹小盘	直径7cm	3,835,600	香港佳士得	2010.12.1
清康熙 五彩“三英战吕布”筒瓶	高42cm	313,600	北京保利	2010.3.19
清康熙 洒蓝描金开光五彩渔家乐图盘	直径40cm	44,800	北京保利	2010.10.23
清康熙 墨地五彩云龙纹小罐	高10.2cm	112,000	北京中汉	2010.11.22
清雍正 五彩鹬蚌相争图杯	直径7.9cm	89,600	北京诚轩	2010.11.22
清雍正 五彩龙凤纹碗	直径15cm	168,000	北京诚轩	2010.5.17
清雍正 五彩花鸟纹梅瓶	高19.5cm	168,000	北京荣宝	2010.11.14
清雍正 珊瑚红地五彩加珐琅彩九秋花卉碗	直径13cm	3,584,000	北京保利	2010.12.5
清雍正 珊瑚红地五彩“九秋同庆”图盘	直径11.3cm	2,763,200	香港苏富比	2010.4.8
清雍正 仿木釉开光五彩花卉虫草纹笔筒	高14.5cm	50,400	广州嘉德	2010.12.8
清乾隆 五彩四方瓶	高46cm	89,600	中翰清花	2010.5.2
清乾隆 五彩龙凤纹碗(一对)	直径13cm	492,800	北京匡时	2010.6.6
清乾隆 五彩龙凤纹碗(一对)	直径15.1cm	224,000	中国嘉德	2010.11.20
清乾隆 五彩龙凤纹碗	直径15.7cm	179,200	中国嘉德	2010.12.18
清嘉庆 五彩珊瑚红地婴戏图碗	直径21cm	161,250	香港佳士得	2010.12.1
清中期 五彩麻姑献寿盘	直径40cm	492,800	云南典藏	2010.4.25
清道光 五彩忍冬纹盘	直径21.1cm	145,600	北京诚轩	2010.11.22
清道光 五彩龙凤纹碗(一对)	直径15.2cm	448,000	北京中汉	2010.11.22
清道光 五彩龙凤纹碗(一对)	直径15.3cm	212,800	中国嘉德	2010.5.16
清道光 五彩龙凤纹碗	直径16cm	324,800	北京翰海	2010.12.12
清道光 五彩龙凤纹碗	直径15cm	168,000	中国嘉德	2010.11.20
清道光 五彩龙凤碗	直径14.9cm	168,000	北京翰海	2010.6.7
清道光 五彩芙蓉花神杯(一对)	直径6.9cm	190,400	北京永乐	2010.11.23
清光绪 五彩雉鸡牡丹纹卷缸	直径38cm	49,500	天津瀚雅	2010.11.28
清光绪 五彩婴戏图碗	直径21cm	168,000	北京保利	2010.10.23
清光绪 五彩四妃16子棒槌瓶	高45cm	78,400	北京保利	2010.10.23
清光绪 五彩四妃16子棒槌瓶	高18cm	61,600	北京保利	2010.10.23
清光绪 五彩仕女小棒槌瓶	高26cm	72,800	北京保利	2010.10.23
清光绪 五彩人物观音瓶(一对)	高15cm×2	78,000	安华白云	2010.7.24
清光绪 五彩人物故事方瓶	高45cm	56,000	北京保利	2010.10.23

拍品名称	尺寸	成交价RMB	拍卖公司	拍卖日期
清光绪 五彩开光瑞兽棒槌瓶	高45.5cm	67,200	北京保利	2010.10.23
清光绪 五彩开光十八罗汉双狮耳瓶	高40cm	120,000	安华白云	2010.7.24
清光绪 五彩佛花碗(二件)	直径12cm	145,600	北京翰海	2010.6.7
清光绪 五彩刀马人物花觚	高38cm	53,760	北京保利	2010.10.23
清光绪 洒蓝开光五彩人物故事花觚	高44cm	58,240	北京保利	2010.10.23
清光绪 绿地五彩五伦图瓶	高46cm	53,760	北京保利	2010.10.23
清光绪 蓝地描金五彩开光人物狮耳瓶	高64cm	120,000	安华白云	2010.7.24
清光绪 蓝地描金开光五彩无双谱棒槌瓶	高44.5cm	95,200	北京保利	2010.10.23
清晚期 五彩仕女图将军罐(一对)	高27.5cm	56,000	中国嘉德	2010.3.20
清同治 五彩佛花盘(二件)	直径21.9cm	123,200	北京翰海	2010.6.7
清 五彩钟馗高仕灯笼尊	高18.8cm	80,000	北京中嘉	2010.5.9
清 五彩射箭图笔筒	高13cm	44,800	中国嘉德	2010.5.16
清 五彩三娘教子盘	直径37cm	56,000	浙江中财	2010.4.11
清 五彩人物花鸟菱形笔筒		67,200	苏州吴门	2010.6.13
清 五彩人物故事洗口瓶(一对)	高61cm	66,000	天津瀚雅	2010.11.28
清 五彩花神杯(四件)	直径6cm	123,200	北京翰海	2010.12.12
清 五彩花鸟纹葫芦瓶	高45.2cm	50,400	中国嘉德	2010.3.20
清 五彩刀马人物图大瓶	高93cm	537,600	浙江一通	2010.9.5
清 五彩《隋唐演义》人物故事棒槌瓶	高45cm	50,400	长风拍卖	2010.6.22
清 黄地五彩云龙火珠纹天球瓶	高33.7cm	179,200	北京中嘉	2010.5.9
清 豆青釉五彩八仙祝寿纹盘口瓶	高46cm	176,000	天津文物	2010.11.21
五彩善伯螭龙钮博古章	高10.5cm	50,400	北京保利	2010.6.4
郭文连 六雄图 釉下五彩瓷瓶	高56.5cm	67,200	中国嘉德	2010.11.20
2007年作 熊声贵 葡萄秋色 釉下五彩瓷板	82cm×45cm	112,000	中国嘉德	2010.5.17
三彩				
唐 绞釉三彩碗	直径11.4cm	87,360	深圳市拍	2010.10.23
明嘉靖 素三彩云龙纹方斗杯	高13.3cm	1,597,960	香港佳士得	2010.5.31
明 素三彩观音	高92cm	672,000	北京翰海	2010.6.7
清康熙 素三彩渔家乐盘	直径20.5cm	76,160	中国嘉德	2010.11.20
清康熙 素三彩花鸟瓶	高27.1cm	61,600	深圳市拍	2010.6.12
清康熙 素三彩花果暗刻龙纹盘	直径25.1cm	1,288,000	中国嘉德	2010.3.20
清康熙 素三彩虎皮斑碗	直径17.3cm	179,200	北京纳高	2010.7.15
清康熙 素三彩海马纹碗	直径17.5cm	44,800	中国嘉德	2010.11.20
清康熙 素三彩赤壁赋方瓶	高51.5cm	53,760	北京保利	2010.10.23
清康熙 素三彩暗刻龙纹三多盘	直径25cm	156,800	福建拍卖	2010.6.21
清康熙 素三彩暗刻龙纹花卉碗	直径15cm	324,800	北京保利	2010.12.6
清康熙 绿地素三彩海水飞马图观音尊	高54cm	425,600	广州嘉德	2010.6.16
清康熙 黄地素三彩双龙戏珠折沿盘	直径40.5cm	6,720,000	北京匡时	2010.6.6
清康熙 黄地素三彩双龙盘(一对)	直径14cm	145,600	广州嘉德	2010.12.8
清康熙 黄地素三彩龙纹镗锣洗	直径24.5cm	224,000	辽宁中正	2010.4.18
清康熙 黄地素三彩龙纹盘	直径36cm	481,600	北京保利	2010.10.23
清康熙 黄地素三彩龙纹盘	直径13.3cm	89,600	北京中汉	2010.11.22
清康熙 黄地素三彩福字壶	高22cm	76,160	辽宁建投	2010.11.15
清康熙 虎皮三彩牛头杯	长12cm	44,800	北京保利	2010.10.23
清康熙 豆青地釉下三彩八骏图花觚	高45cm	358,400	北京荣宝	2010.11.14
清康熙 白地素三彩暗花石榴纹盘	直径24.8cm	2,184,400	香港佳士得	2010.12.1
清雍正 素三彩花卉纹盘	直径14.2cm	246,400	四川嘉禾	2010.7.25
清道光 素三彩卷云纹鼎	高22cm	61,600	上海大众	2010.1.3

拍品名称	尺寸	成交价RMB	拍卖公司	拍卖日期
清同治 素三彩花卉暗刻龙纹大盘	直径47.2cm	89,600	中国嘉德	2010.3.20
清光绪 素三彩盘螭雕瓷人物大天球瓶	高54cm	123,200	北京保利	2010.10.23
清光绪 素三彩后赤壁赋方瓶	高51.5cm	134,400	北京保利	2010.10.23
清光绪 墨地素三彩刀马人物瓶	高39cm	50,400	北京保利	2010.10.23
清光绪 黄地素三彩龙纹盘(一对)	高13cm	50,400	辽宁中正	2010.1.10
清光绪 雕瓷素三彩博古纹梅瓶	高43cm	53,760	北京保利	2010.10.23
清 素三彩碗	直径12.5cm	42,560	中国嘉德	2010.6.19
清 黄地素三彩贴塑松鼠葡萄纹五管瓶	高20.2cm	235,200	中拍国际	2010.6.19
清 黄地素三彩花卉纹象耳瓶	高39cm	212,800	中拍国际	2010.6.19
粉彩				
明成化 粉彩龙纹小杯	直径5cm	1,008,000	老城隍庙	2010.11.6
清康熙 外胭脂红内粉彩果实纹马蹄杯(一对)	直径9.8cm×2	7,963,600	香港佳士得	2010.12.1
清康熙 粉彩山水纹杯(一对)	直径8cm	57,200	天津瀚雅	2010.11.28
清康熙 粉彩花蝶纹盘(一对)	直径16cm	128,800	云南典藏	2010.4.25
清雍正 胭脂釉粉彩蔬果碗(二件)	直径8.3cm	3,000,000	北京翰海	2010.12.12
清雍正 外胭脂红内粉彩母子图折沿盘	直径21cm	351,200	香港佳士得	2010.5.31
清雍正 珊瑚红地粉彩“九秋同庆”纹碗	直径13cm	2,906,800	香港佳士得	2010.12.1
清雍正 柠檬黄釉加粉彩福寿大碗	直径22cm	3,360,000	北京保利	2010.12.6
清雍正 墨地粉彩花卉盘	直径11.3cm	336,000	中国嘉德	2010.11.20
清雍正 蓝地粉彩福禄纹茶具(一套五件)	高12cm	1,344,000	北京中嘉	2010.5.9
清雍正 粉彩云龙纹大盘	直径55.4cm	896,000	北京翰海	2010.6.7
清雍正 粉彩玉堂富贵碗(一对)	直径10.1cm×2	19,263,320	香港佳士得	2010.5.31
清雍正 粉彩渔家乐盖罐(一对)	高21cm	224,000	广州嘉德	2010.6.16
清雍正 粉彩游春狩猎图罐	高43.5cm	78,400	中国嘉德	2010.5.16
清雍正 粉彩桃花纹胆瓶	高38.5cm	85,120	中翰清花	2010.12.12
清雍正 粉彩事事如意纹盘	直径15.1cm	448,000	北京翰海	2010.12.12
清雍正 粉彩石竹蝴蝶碗	直径9.6cm	4,021,240	香港佳士得	2010.5.31
清雍正 粉彩山水花卉绣墩	高22.3cm	224,000	北京翰海	2010.6.7
清雍正 粉彩人物尊	高11cm	50,400	北京保利	2010.10.23
清雍正 粉彩人物纹瓶	高17.5cm	100,800	中拍国际	2010.6.19
清雍正 粉彩人物纹盘	直径36cm	44,800	中国嘉德	2010.6.19
清雍正 粉彩人物纹笔筒	高12.5cm	52,800	天津文物	2010.5.24
清雍正 粉彩人物盘	直径12.5cm	98,560	福建拍卖	2010.6.21
清雍正 粉彩人物故事纹撇口瓶	高38cm	123,200	辽宁建投	2010.11.15
清雍正 粉彩梅菊图葵口菊瓣盘	直径15cm	145,600	福建拍卖	2010.6.21
清雍正 粉彩鸡缸杯	直径8.8cm	448,000	北京诚轩	2010.11.22
清雍正 粉彩花鸟纹双耳瓶(一对)	高16.7cm	504,000	北京中嘉	2010.5.9
清雍正 粉彩花鸟纹瓶	高38.5cm	132,000	天津文物	2010.5.24
清雍正 粉彩花鸟纹撇口瓶(一对)	高15.3cm	560,000	北京中嘉	2010.5.9
清雍正 粉彩花鸟纹盘	直径43.4cm	50,400	中国嘉德	2010.5.16
清雍正 粉彩花鸟纹杯(一对)	直径8cm	74,800	天津瀚雅	2010.11.28
清雍正 粉彩花鸟太白罐	高34.5cm	168,000	北京保利	2010.6.5
清雍正 粉彩花鸟贯耳瓶(一对)	高15.5cm	560,000	北京中嘉	2010.5.9
清雍正 粉彩花鸟盖缸	直径20cm	42,560	北京保利	2010.7.31
清雍正 粉彩花卉卧足碗	直径6.7cm	672,000	北京翰海	2010.6.6
清雍正 粉彩花卉纹碗	直径14.8cm	109,760	北京匡时	2010.12.4
清雍正 粉彩花卉纹碗	直径12cm	58,240	中国嘉德	2010.11.22
清雍正 粉彩花卉纹大碗	直径39.6cm	89,600	辽宁建投	2010.11.15
清雍正 粉彩花卉人物杯	直径8.2cm	84,000	北京匡时	2010.6.6

拍品名称	尺寸	成交价RMB	拍卖公司	拍卖日期
清雍正 粉彩花卉盘(一对)	直径15cm	123,200	北京保利	2010.12.6
清雍正 粉彩花卉大碗	直径18.3cm	448,000	老城隍庙	2010.11.6
清雍正 粉彩花卉草虫纹碗	直径12.5cm	3,360,000	北京匡时	2010.6.6
清雍正 粉彩花蝶盘	直径15cm	190,400	北京翰海	2010.6.7
清雍正 粉彩荷塘游鱼图小缸	直径22.2cm	106,400	北京中汉	2010.5.18
清雍正 粉彩荷花纹蒜头瓶	高25cm	67,200	北京中汉	2010.5.18
清雍正 粉彩过枝花卉纹盘	直径18.5cm	168,000	四川嘉禾	2010.7.25
清雍正 粉彩过枝福寿双全盘(一对)	直径13.4cm×2	14,346,520	香港佳士得	2010.5.31
清雍正 粉彩过枝福寿双全八桃五蝠盘	直径15.5cm	3,360,000	北京保利	2010.6.4
清雍正 粉彩富贵有余纹碗	直径12cm	187,000	天津文物	2010.11.21
清雍正 粉彩蝶恋花锥把瓶(一对)	高16.2cm	504,000	北京中嘉	2010.5.9
清雍正 粉彩八仙图瓶	高42.2cm	224,000	中国嘉德	2010.3.20
清雍正/乾隆 粉彩鱼藻纹鱼浅	直径61.3cm	313,600	中国嘉德	2010.3.20
清雍正/乾隆 粉彩锦地山水人物图画卷式墨床	长10.5cm	739,600	香港佳士得	2010.12.1
清乾隆 轧道粉彩葫芦瓶(一对)	高68cm×2	400,000	金仕德	2010.5.19
清乾隆 御制霁蓝描金御题莲诗粉彩堆荷花连仿紫檀木釉座大壁瓶	高51cm	6,720,000	北京永乐	2010.11.23
清乾隆 胭脂红地粉彩加金佛塔	高45cm	2,240,000	北京保利	2010.12.5
清乾隆 胭脂红地轧道开光粉彩寿山福海图折沿盘	直径37cm	960,000	安华白云	2010.7.24
清乾隆 胭脂红地粉彩花卉矾红五福捧寿纹盘	直径20cm	168,000	北京中汉	2010.11.22
清乾隆 胭脂地粉彩莲托八吉祥纹三足炉	高45.6cm	1,792,000	北京九歌	2010.6.22
清乾隆 胭脂地粉彩花卉纹盘	直径10.5cm	58,240	中国嘉德	2010.6.19
清乾隆 胭脂地粉彩缠枝五福捧寿纹盘(一对)	直径10.5cm	616,000	福建拍卖	2010.6.21
清乾隆 松石绿描金粉彩莲花观音瓶	高35cm	13,440,000	北京保利	2010.12.5
清乾隆 松石绿地开光粉彩“锦上添花”图束腰瓶	高40cm	840,000	云南典藏	2010.4.25
清乾隆 松石绿地粉彩莲台托八吉祥供器	高30cm	341,000	天津文物	2010.11.21
清乾隆 松石绿地粉彩花卉纹五子登科敞口瓶	高41.5cm	13,440,000	北京匡时	2010.12.4
清乾隆 松石绿地粉彩花卉纹三如意足花盆	直径16.5cm	207,200	北京中汉	2010.5.18
清乾隆 松石绿地粉彩海棠型花盆	直径12cm	100,800	福建拍卖	2010.1.10
清乾隆 松石绿地粉彩海棠形花盆	直径22.8cm	156,800	北京荣宝	2010.11.14
清乾隆 松石绿地粉彩缠枝花卉纹斋戒牌	长5.3cm	123,200	北京永乐	2010.11.23
清乾隆 松石绿地粉彩八宝纹小天球瓶	长27.2cm	8,960,000	北京匡时	2010.12.4
清乾隆 松绿地粉彩“福寿”图折沿盘(一对)	高2.1cm	198,000	香港苏富比	2010.4.8
清乾隆 珊瑚红地粉彩花卉纹碗(一对)	直径13.2cm	1,792,000	辽宁中正	2010.10.31
清乾隆 墨地粉彩观音瓶	高43.5cm	44,000	天津瀚雅	2010.11.28
清乾隆 绿地轧道粉彩花卉开光仕女婴戏纹贴蟠螭长颈瓶(一对)	高47.6cm	504,000	北京中汉	2010.11.22
清乾隆 绿地粉彩母子图观音瓶	高19cm	860,440	香港佳士得	2010.5.31
清乾隆 绿地粉彩宝相花观音瓶	高19cm	1,904,000	北京保利	2010.6.4
清乾隆 孔雀绿地粉彩描金缠枝花卉“福寿”图双兽耳瓶	高54cm	9,451,200	香港苏富比	2010.4.8
清乾隆 孔雀蓝地粉彩缠枝花卉“八吉祥”图双如意耳瓶	高55cm	35,775,540	香港苏富比	2010.10.7

2010瓷器拍卖成交汇总

(成交价RMB：4万元以上)

拍品名称	尺寸	成交价RMB	拍卖公司	拍卖日期
清乾隆 金地粉彩开光六方瓶	高29cm	224,000	中翰清花	2010.12.12
清乾隆 祭蓝描金开光粉彩花卉方瓶	高26cm	67,200	北京保利	2010.3.19
清乾隆 黄地轧道粉彩开光山水人物纹碗	直径15cm	89,600	北京翰海	2010.12.12
清乾隆 黄地描金粉彩狮纹壁瓶	高13.2cm	212,800	广州艺拍	2010.6.15
清乾隆 黄地粉彩缠枝花卉八吉祥纹喷巴瓶	高26.5cm	12,320,000	北京翰海	2010.12.11
清乾隆 黄地粉彩扁肚小天球瓶	高18.8cm	750,400	福建拍卖	2010.1.10
清乾隆 黑地粉彩缠枝花卉碗	宽11.8cm	168,000	福建拍卖	2010.1.10
清乾隆 粉青地粉彩云蝠皮球花“八吉祥”图长颈胆瓶	高81cm	756,800	香港苏富比	2010.4.8
清乾隆 粉红地“锦上添花”粉彩通景“山水庭廓”图双耳撇口瓶(一对)	高36.5cm	86,619,060	香港苏富比	2010.10.7
清乾隆 粉彩坐相无量佛	高39cm	672,000	朵云轩	2010.6.30
清乾隆 粉彩酵地缠枝花卉碗(一对)	直径10.5cm	504,000	上海新华	2010.9.5
清乾隆 粉彩折枝花墩式碗	直径15cm	134,400	上海新华	2010.9.5
清乾隆 粉彩轧道金身不动佛	高30cm	896,000	广州嘉德	2010.12.8
清乾隆 粉彩御题诗鸡缸杯	直径8cm	1456,000	北京保利	2010.12.5
清乾隆 粉彩叶形诗文壁瓶	长18.5cm	291,200	北京保利	2010.10.23
清乾隆 粉彩万花不落地描金杯	直径8.5cm	134,400	上海嘉泰	2010.9.27
清乾隆 粉彩题诗鸡缸杯	直径8.2cm	3,389,080	香港佳士得	2010.5.31
清乾隆 粉彩随形桃花御题诗壁瓶(一对)	长17cm	358,400	北京保利	2010.12.6
清乾隆 粉彩水禽纹盘	直径17.4cm	134,400	中国嘉德	2010.5.16
清乾隆 粉彩兽面纹双耳方炉	高31cm	212,800	北京保利	2010.12.6
清乾隆 粉彩诗文鸡缸杯	直径6cm	76,160	雍和嘉诚	2010.12.3
清乾隆 粉彩山水题诗小灯笼瓶	高10.2cm	1,120,000	北京保利	2010.6.5
清乾隆 粉彩山水人物双耳瓶	高33cm	95,200	深圳市拍	2010.6.12
清乾隆 粉彩山水人物八宝纹四方洗	直径20.2cm	140,000	中拍国际	2010.11.27
清乾隆 粉彩山水笔筒	高12cm	67,200	中国嘉德	2010.11.22
清乾隆 粉彩三多纹墩式碗	宽15cm	162,400	长风拍卖	2010.6.22
清乾隆 粉彩三多纹敦式碗	直径15cm	414,400	长风拍卖	2010.6.22
清乾隆 粉彩三多太白尊	高8.2cm	134,400	福建拍卖	2010.1.10
清乾隆 粉彩三多三果纹梅瓶	高27cm	41,800	天津瀚雅	2010.11.28
清乾隆 粉彩瑞兽	高28.5cm	1,736,000	雍和嘉诚	2010.12.3
清乾隆 粉彩如意观音立像	高36.5cm	179,200	深圳市拍	2010.10.23
清乾隆 粉彩描金花卉八吉祥供器(二件)	高50cm	1,680,000	北京翰海	2010.6.7
清乾隆 粉彩描金八仙过海杯	高5cm	150,000	金仕德	2010.5.19
清乾隆 粉彩绿地云龙纹天球瓶	高51.5cm	380,800	福建拍卖	2010.1.10
清乾隆 粉彩镂空刻云蝠纹斋戒牌	长5.3cm	291,200	北京永乐	2010.11.23
清乾隆 粉彩夔凤纹盘	直径19cm	198,000	天津文物	2010.11.21
清乾隆 粉彩开光人物双耳瓶	高35cm	67,200	上海嘉泰	2010.9.27
清乾隆 粉彩开光花卉纹笔筒	高10.4cm	42,560	中国嘉德	2010.3.20
清乾隆 粉彩锦地西番莲纹葵花式花盆(一对)	宽17cm	1,198,400	北京诚轩	2010.5.17
清乾隆 粉彩鸡缸杯	直径8cm	2,240,000	中国嘉德	2010.11.21
清乾隆 粉彩黄地犬纹双耳瓶(一对)	高16.5cm	392,000	北京中嘉	2010.5.9
清乾隆 粉彩花卉纹鼓墩	高19.6cm	69,440	中国嘉德	2010.3.20

拍品名称	尺寸	成交价RMB	拍卖公司	拍卖日期
清乾隆 粉彩花卉盘(二件)	直径15cm	168,000	北京翰海	2010.6.6
清乾隆 粉彩花卉盘	直径16.6cm	257,600	北京翰海	2010.12.12
清乾隆 粉彩花卉红蝠盘(二件)	直径15.7cm	56,000	北京翰海	2010.12.12
清乾隆 粉彩花卉八吉祥纹花觚	高26.7cm	358,400	北京翰海	2010.12.12
清乾隆 粉彩花蝶纹碗(一对)	直径14.5cm	67,200	中国嘉德	2010.5.16
清乾隆 粉彩荷塘鹭鸶图瓶	高16.5cm	53,760	中国嘉德	2010.9.18
清乾隆 粉彩荷花纹盘	直径17.3cm	1,120,000	北京荣宝	2010.5.30
清乾隆 粉彩海水红日碗	直径17.8cm	44,800	上海新华	2010.9.5
清乾隆 粉彩过枝瓜蝶纹碗(二件)	直径11cm	1,344,000	北京翰海	2010.12.12
清乾隆 粉彩福禄尊	高44.3cm	11,088,000	北京翰海	2010.12.11
清乾隆 粉彩佛日常明花卉纹碗	直径16cm	168,000	中国嘉德	2010.6.19
清乾隆 粉彩仿石釉开光山水诗文茶壶	长18.5cm	224,000	中国嘉德	2010.6.19
清乾隆 粉彩仿石纹镂雕金钱纹墨床	长7.9cm	440,000	香港苏富比	2010.4.8
清乾隆 粉彩矾红八吉祥碗(一对)	直径10.7cm	448,000	北京保利	2010.12.6
清乾隆 粉彩番莲纹如意冠架	高25.5cm	329,250	香港佳士得	2010.5.31
清乾隆 粉彩雕山水瓷板	43cm×36cm	425,600	北京保利	2010.7.31
清乾隆 粉彩大吉壁瓶	高59cm	358,400	中国嘉德	2010.5.16
清乾隆 粉彩春燕图碗	直径15cm	179,200	中国嘉德	2010.9.18
清乾隆 粉彩持经观音立像	高33.8cm	112,000	福建拍卖	2010.6.21
清乾隆 粉彩螭龙穿花贲巴瓶(一对)	高27cm	7,728,000	北京保利	2010.12.5
清乾隆 粉彩缠枝西番莲纹多孔折沿盘	直径38.3cm	1,344,000	北京九歌	2010.6.22
清乾隆 粉彩缠枝花小碗(一对)	高8.7cm	156,800	福建拍卖	2010.6.21
清乾隆 粉彩缠枝花卉开光式“山水庭廓”图四棱瓶	高47cm	5,508,800	香港苏富比	2010.4.8
清乾隆 粉彩缠枝花卉蝠纹双耳瓶(二件)	高18.5cm	5,152,000	北京翰海	2010.12.11
清乾隆 粉彩缠枝花卉“五蝠捧寿”图双象耳瓶	高27.8cm	968,000	香港苏富比	2010.4.8
清乾隆 粉彩宝相花纹折沿洗	直径32cm	963,200	北京荣宝	2010.5.30
清乾隆 粉彩百鹿瓷板	长42.5cm	168,000	北京保利	2010.10.23
清乾隆 粉彩百花纹折腰碗	直径9.5cm	448,000	北京荣宝	2010.11.14
清乾隆 粉彩百花不露地葫芦瓶	高32cm	22,400,000	北京保利	2010.12.5
清乾隆 粉彩百花不露地杯	直径8cm	145,600	四川嘉禾	2010.7.25
清乾隆 粉彩白色玉兰花形杯	直径7.5cm	67,200	广州嘉德	2010.12.8
清乾隆 粉彩八吉祥纹碗	直径10.4cm	145,600	北京永乐	2010.11.23
清乾隆 粉彩八吉祥觚	高28.5cm	145,600	北京保利	2010.12.6
清乾隆 粉彩八宝纹杯	高11cm	56,000	福建拍卖	2010.6.21
清乾隆 粉彩“暗八仙”花卉纹碗	宽16cm	672,000	中翰清花	2010.12.12
清乾隆 仿石釉粉彩开光山水图瓶	高15.3cm	6,608,000	北京翰海	2010.6.7
清乾隆 茶叶末釉捏塑粉彩福寿灵芝纹笔筒	高12cm	2,464,000	北京中汉	2010.5.18
清乾隆 宝石红地粉彩轧道花卉纹盘矾红	直径29cm	8,754,800	香港佳士得	2010.12.1
清乾隆 白地粉彩开光葫芦形斋戒牌	长6.7cm	179,200	北京永乐	2010.11.23
清乾隆 白地粉彩八吉祥炉	高31cm	2,688,000	北京保利	2010.12.5
清乾隆/嘉庆 粉彩贵妃醉酒图书卷式壁瓶	高13.5cm	112,000	北京中汉	2010.11.22
清乾隆/嘉庆 粉彩百花锦地开光12花神双耳大瓶	高76cm	1,400,000	北京保利	2010.12.6
清嘉庆 紫地粉彩八吉祥喷巴瓶	高25.2cm	1,176,000	北京翰海	2010.6.7
清嘉庆 胭脂紫地粉彩番莲八吉祥纹贲巴壶	高26cm	1,680,000	广州嘉德	2010.12.8

拍品名称	尺寸	成交价RMB	拍卖公司	拍卖日期
清嘉庆 胭脂红地粉彩莲托八宝纹花觚	高26.6cm	616,000	北京九歌	2010.6.22
清嘉庆 胭脂红地粉彩吉庆有余纹直颈瓶	高33.4cm	2,464,000	北京诚轩	2010.11.22
清嘉庆 胭脂红缠枝花卉纹粉彩通景“海屋添筹”图灯笼瓶	高30cm	5,045,940	香港苏富比	2010.10.7
清嘉庆 松石绿地开光粉彩人物大瓶	高81.5cm	2,240,000	北京翰海	2010.12.12
清嘉庆 珊瑚红地粉彩人物碗(一对)	直径17.4cm	358,400	雍和嘉诚	2010.12.3
清嘉庆 柠檬绿地粉彩福寿纹茶壶	高15.5cm	688,000	香港佳士得	2010.12.1
清嘉庆 绿地粉彩诗文花卉茶壶	长20.5cm	134,400	十竹斋	2010.7.11
清嘉庆 绿地粉彩莲花烛台	高19cm	60,000	金仕德	2010.5.19
清嘉庆 绿地粉彩缠枝莲托喜字纹云耳瓶	高31cm	2,688,000	北京诚轩	2010.5.17
清嘉庆 绿地粉彩缠枝莲瓷板	42.7cm×43cm	112,000	中国嘉德	2010.5.16
清嘉庆 绿地粉彩宝相花茶壶	宽20cm	1,120,000	北京保利	2010.12.6
清嘉庆 绿地粉彩八吉祥长方水仙盆	长43cm	694,400	北京翰海	2010.6.7
清嘉庆 孔雀蓝地粉彩缠枝花卉开光式“职贡图”花棱盆	直径22cm	2,741,220	香港苏富比	2010.10.7
清嘉庆 黄地粉彩轧道开光丰登纹碗	直径18cm	537,600	北京荣宝	2010.11.14
清嘉庆 黄地粉彩开光五谷丰登图盘	直径16.7cm	179,200	北京诚轩	2010.11.22
清嘉庆 黄地粉彩福寿万年云口瓶	高28cm	77,623,600	香港佳士得	2010.12.2
清嘉庆 黄地粉彩“万寿无疆”纹碗(一对)	直径14.8cm	358,400	中国嘉德	2010.11.22
清嘉庆 黄地粉彩“万寿无疆”“甲子万年”纹盘(三只)	直径13.6cm	134,400	中国嘉德	2010.11.22
清嘉庆 黄地粉彩“万寿无疆”、“万年甲子”盘(两只)	直径14cm	134,400	北京荣宝	2010.11.14
清嘉庆 粉地粉彩缠枝花卉碗	直径18cm	64,960	北京保利	2010.12.6
清嘉庆 粉彩折枝花卉纹海棠洗	长16cm	80,640	北京中汉	2010.5.18
清嘉庆 粉彩御制诗文盏托	宽15.7cm	201,600	中国嘉德	2010.11.22
清嘉庆 粉彩胭脂红女婴戏灯笼瓶	高78.5cm	616,000	福建拍卖	2010.6.21
清嘉庆 粉彩胭脂红花盆	12cm×18cm	336,000	雍和嘉诚	2010.12.3
清嘉庆 粉彩胭脂红地八吉祥纹象耳瓶	高27cm	172,480	辽宁中正	2010.10.31
清嘉庆 粉彩绣球花纹盘	直径22cm	403,200	上海工美	2010.11.4
清嘉庆 粉彩无双谱人物纹杯	高7cm	145,600	北京荣宝	2010.11.14
清嘉庆 粉彩万花纹杯	直径8.2cm	154,000	天津文物	2010.5.24
清嘉庆 粉彩万花锦如意	长32cm	112,000	北京保利	2010.6.5
清嘉庆 粉彩松绿地缠枝宝相莲纹茶壶	高11.5cm	67,200	福建拍卖	2010.1.10
清嘉庆 粉彩双鹿桃纹双耳瓶	高31.8cm	560,000	中国嘉德	2010.5.16
清嘉庆 粉彩诗文海棠形盘	长16.2cm	64,960	中国嘉德	2010.12.18
清嘉庆 粉彩珊瑚红釉花卉纹碗(一对)	直径10.3cm	58,240	辽宁建投	2010.11.15
清嘉庆 粉彩山水楼阁人物诗文折腰碗	直径17.2cm	42,560	北京翰海	2010.12.12
清嘉庆 粉彩三多纹碗(一对)	直径9.2cm	68,200	天津瀚雅	2010.11.28
清嘉庆 粉彩人物小盘及盖碗	直径10.5cm	201,600	北京保利	2010.6.5
清嘉庆 粉彩嵌剔红榴开百子图双铜耳瓶	高25.3cm	8,446,360	香港佳士得	2010.5.31
清嘉庆 粉彩描金庭院婴戏图花盆(一对)	高14.3cm	134,400	北京纳高	2010.7.15

拍品名称	尺寸	成交价RMB	拍卖公司	拍卖日期
清嘉庆 粉彩描金双鱼瓶	高27.5cm	89,600	辽宁志和	2010.11.28
清嘉庆 粉彩描金“福寿”纹“婴戏图”双凤耳瓶	高32cm	2,657,600	香港苏富比	2010.4.8
清嘉庆 粉彩帽筒(一对)	高31.5cm	145,600	浙江中财	2010.4.11
清嘉庆 粉彩绿地八宝纹花觚	高32cm	2,016,000	北京荣宝	2010.11.14
清嘉庆 粉彩庐山风景碗(一对)	直径14.5cm	2,688,000	北京保利	2010.12.5
清嘉庆 粉彩莲座花口折枝花纹碗	直径17.7cm	61,600	福建拍卖	2010.6.21
清嘉庆 粉彩莲托八宝纹贲巴壶	高19.2cm	2,352,000	北京中汉	2010.5.18
清嘉庆 粉彩蓝地白花描金冰梅玉壶春瓶	高31.5cm	88,000	天津瀚雅	2010.11.28
清嘉庆 粉彩开光御制诗文壶	高15cm	392,000	辽宁中正	2010.1.10
清嘉庆 粉彩花卉五福捧寿纹盘	直径14.9cm	78,400	北京翰海	2010.12.12
清嘉庆 粉彩花卉开光万寿无疆盘(一对)	直径15.6cm	134,400	北京中汉	2010.5.18
清嘉庆 粉彩过枝瓜果纹碗	直径11cm	91,840	中国嘉德	2010.12.18
清嘉庆 粉彩过枝“竹蝶石榴”图碗(一对)	直径10.9cm	545,600	香港苏富比	2010.4.8
清嘉庆 粉彩矾红庐山12景纹碗	直径14.5cm	67,200	辽宁中正	2010.10.31
清嘉庆 粉彩瓷塑太平有象香插	直径12.5cm	67,200	北京保利	2010.6.5
清嘉庆 粉彩缠枝莲纹碗(一对)	直径9.2cm	806,400	北京匡时	2010.12.4
清嘉庆 粉彩缠枝花卉纹福寿连年茶壶	高14.7cm	4,032,000	北京匡时	2010.12.4
清嘉庆 粉彩百子图碗	直径11.5cm	448,000	中国嘉德	2010.5.16
清嘉庆 粉彩百子图花觚	高31.5cm	145,600	北京保利	2010.10.23
清嘉庆 粉彩百花不露地碗(一对)	直径8cm	313,600	雍和嘉诚	2010.6.3
清嘉庆 粉彩八吉祥碗(一对)	直径10.9cm×2	1,255,600	香港佳士得	2010.12.1
清嘉庆 粉彩八吉祥双耳三足炉	高27cm	806,400	北京翰海	2010.6.6
清嘉庆 粉彩“百花春晓”图碗	直径14.5cm	425,600	北京匡时	2010.12.4
清嘉庆 粉彩“百花春晓”通景山水贡碗	直径14.5cm	347,200	北京荣宝	2010.11.14
清道光 胭脂红轧道粉彩开光四季山水碗	直径15cm	224,000	北京保利	2010.6.5
清道光 胭脂红地粉彩开光五谷丰登图碗	直径14.9cm	84,000	北京诚轩	2010.11.22
清道光 胭脂红地粉彩开光花卉纹碗	直径15cm	403,200	北京匡时	2010.12.4
清道光 胭脂地开光粉彩山水碗(一对)	直径15.1cm	280,000	中国嘉德	2010.11.22
清道光 松石绿地粉彩描金西番莲纹荸荠瓶	高14cm	89,600	辽宁中正	2010.1.10
清道光 松石绿地粉彩福寿海棠形盘	长14.8cm	313,600	北京纳高	2010.7.15
清道光 珊瑚红地粉彩和合二仙图碗(一对)	直径11cm	42,560	中国嘉德	2010.6.19
清道光 珊瑚地粉彩鹤纹盘(二件)	直径15cm	103,040	北京翰海	2010.6.7
清道光 珊瑚地粉彩福禄寿喜盘	直径17.1cm	56,000	北京翰海	2010.12.12
清道光 柠檬黄地粉彩折枝“梅竹图”直颈瓶	高31cm	1,798,380	香港苏富比	2010.10.7
清道光 内青花外粉彩福寿纹碗	直径14.5cm	61,560	天津文物	2010.11.21
清道光 绿地粉彩西番莲纹马蹄杯	口径10cm	78,400	西泠拍卖	2010.7.6
清道光 绿地粉彩花卉纹碗	直径15cm	47,040	中国嘉德	2010.12.18
清道光 绿地粉彩福寿花卉碗	直径20.8cm	235,200	北京翰海	2010.6.7
清道光 绿地缠枝花堆塑四赤龙瓶	高33.6cm	61,600	福建拍卖	2010.6.21

2010瓷器拍卖成交汇总

（成交价RMB：4万元以上）

拍品名称	尺寸	成交价RMB	拍卖公司	拍卖日期
清道光 蓝地粉彩轧道开光天河配图碗	直径14.8cm	58,240	北京中汉	2010.11.22
清道光 蓝地粉彩轧道开光牛郎织女碗	直径15cm	98,560	朵云轩	2010.12.17
清道光 孔雀蓝地缠枝花卉粉彩通景“五子登科”图瓶	高33cm	2,531,700	香港苏富比	2010.10.7
清道光 黄地轧道粉彩三羊开泰碗(一对)	直径14.2cm	392,000	北京保利	2010.12.6
清道光 黄地轧道粉彩开光山水人物纹碗(二件)	直径15cm	504,000	北京翰海	2010.12.12
清道光 黄地轧道粉彩开光花卉纹碗	直径14.5cm	209,000	天津文物	2010.5.24
清道光 黄地粉彩轧道开光三羊开泰碗	直径15cm	285,350	香港佳士得	2010.5.31
清道光 黄地粉彩开光花卉纹碗(一对)	直径15cm	784,000	朵云轩	2010.12.17
清道光 黄地粉彩开光花卉碗	宽15cm	67,200	福建拍卖	2010.1.10
清道光 黄地粉彩开光花卉内青花碗(一对)	直径15cm	425,600	北京匡时	2010.6.6
清道光 黄地粉彩开光凤鸟纹包袱瓶	高90cm	313,600	广州嘉德	2010.12.8
清道光 黄地粉彩花卉五福宫碗(一对)	直径14.8cm×2	5,693,200	香港佳士得	2010.12.2
清道光 黄地粉彩花卉纹碗	直径18.5cm	72,800	广州嘉德	2010.6.16
清道光 黄地粉彩缠枝花卉纹碗	直径15cm	44,800	北京诚轩	2010.11.22
清道光 粉彩雉鸡牡丹纹碗	直径18.5cm	72,800	辽宁中正	2010.1.10
清道光 粉彩轧道天蓝地开光花卉纹碗	直径14.5cm	78,400	辽宁中正	2010.4.18
清道光 粉彩轧道仕女纹大吉瓶	高56cm	106,400	十竹斋	2010.7.11
清道光 粉彩轧道开光花卉纹盘(一对)	直径8.8cm	53,760	中拍国际	2010.11.27
清道光 粉彩月牙地轧道开光菊花碗	直径14.9cm	131,700	香港佳士得	2010.5.31
清道光 粉彩鱼纹碗(一对)	直径12.5cm	44,800	十竹斋	2010.7.11
清道光 粉彩婴戏碗	直径17.5cm	1,255,600	香港佳士得	2010.12.1
清道光 粉彩婴戏图云口如意耳瓶	高14.5cm	110,000	天津瀚雅	2010.11.28
清道光 粉彩婴戏罐	高28cm	78,400	中国嘉德	2010.11.22
清道光 粉彩绣球花图碗	直径9.7cm	246,400	北京永乐	2010.11.23
清道光 粉彩太平有象纹杯(一对)	直径8.3cm	78,400	北京中汉	2010.11.22
清道光 粉彩十二金钗灯笼瓶	高25cm	1,012,000	天津瀚雅	2010.11.28
清道光 粉彩三羊开泰纹碗	宽13cm	112,000	福建拍卖	2010.1.10
清道光 粉彩三多碗(一对)	直径15.3cm	873,600	北京匡时	2010.12.4
清道光 粉彩人物瓶(一对)	高42cm	56,000	浙江中财	2010.4.11
清道光 粉彩人物故事图大瓶	高91cm	246,400	中国嘉德	2010.3.20
清道光 粉彩七珍纹碗	直径12.5cm	58,240	中国嘉德	2010.5.16
清道光 粉彩七珍八宝纹碗(一对)	直径16cm	100,800	广州嘉德	2010.6.16
清道光 粉彩描金石榴蝴蝶杯(一对)	直径7.5cm×2	553,840	香港佳士得	2010.12.1
清道光 粉彩描金菊瓣纹高足盘	直径16.1cm	78,400	北京纳高	2010.7.15
清道光 粉彩描金花卉碗(二件)	直径13.4cm	291,200	北京翰海	2010.6.7
清道光 粉彩描金八吉祥碗(一对)	直径17cm	123,200	北京保利	2010.12.6
清道光 粉彩梅兰竹菊双蝠纹赏瓶	高39cm	257,600	上海国拍	2010.6.26
清道光 粉彩落花游鱼图瓶	高29.5cm	481,600	北京诚轩	2010.11.22
清道光 粉彩灵仙祝寿图碗(一对)	直径10.5cm	313,600	北京匡时	2010.12.4
清道光 粉彩蓝地轧道开光鹊桥仙渡图碗(一对)	直径14.9cm	425,600	北京诚轩	2010.5.17
清道光 粉彩开光山水人物瓶(一对)	高18.7cm	246,400	深圳市拍	2010.6.12

拍品名称	尺寸	成交价RMB	拍卖公司	拍卖日期
清道光 粉彩开光花卉纹碗	直径15cm	414,400	北京匡时	2010.12.4
清道光 粉彩九桃福寿纹花觚	高42.7cm	67,200	中拍国际	2010.11.27
清道光 粉彩花鸟纹大瓶	高89cm	100,800	中国嘉德	2010.9.18
清道光 粉彩花卉纹碗(一对)	直径14.4cm	61,600	中国嘉德	2010.6.19
清道光 粉彩花卉纹碗	直径16.3cm	795,200	北京匡时	2010.12.4
清道光 粉彩花卉碗	直径21cm	89,600	北京翰海	2010.6.7
清道光 粉彩花卉碗	直径15cm	89,600	雍和嘉诚	2010.12.3
清道光 粉彩花卉寿字瓶	高37cm	112,000	北京保利	2010.12.6
清道光 粉彩花卉盘(一对)	直径12.8cm	123,200	中国嘉德	2010.11.22
清道光 粉彩花卉龙凤纹如意	长47cm	280,000	中国嘉德	2010.9.18
清道光 粉彩花卉福寿纹碗	直径12.5cm	156,800	北京荣宝	2010.11.14
清道光 粉彩花卉杯(一对)	高7.8cm	100,800	福建拍卖	2010.6.21
清道光 粉彩花蝶洪福纹盘	直径17.6cm	61,600	北京中汉	2010.5.18
清道光 粉彩鹤鹿同春碗	直径12cm	44,800	北京翰海	2010.6.7
清道光 粉彩荷花碗(一对)	直径10.7cm	235,200	中国嘉德	2010.11.22
清道光 粉彩荷花茶碗	直径11cm	89,600	辽宁中正	2010.10.31
清道光 粉彩海水鱼雁小杯	直径7.2cm	134,400	北京翰海	2010.12.12
清道光 粉彩过枝花卉盘(一对)	口径12.5cm	84,000	上海大众	2010.1.3
清道光 粉彩过枝瓜瓞绵绵纹碗	直径11cm	168,000	辽宁中正	2010.10.31
清道光 粉彩凤纹碗(一对)	直径14cm	44,800	中国嘉德	2010.3.20
清道光 粉彩凤穿花卉纹碗	直径14cm	268,800	北京荣宝	2010.11.14
清道光 粉彩粉红地轧道开光花卉玉兔碗(一对)	直径14.8cm×2	2,906,800	香港佳士得	2010.12.1
清道光 粉彩仿剔红雕漆锦地“万福”图盖罐(一对)	高26cm	6,826,860	香港苏富比	2010.10.7
清道光 粉彩仿青铜鼎	高23cm	58,240	中国嘉德	2010.3.20
清道光 粉彩仿莲小杯	直径7.5cm	50,400	北京匡时	2010.12.4
清道光 粉彩缠枝莲开光花鸟碗(一对)	直径17.8cm	50,400	上海新华	2010.9.5
清道光 粉彩缠枝花卉纹方笔洗	长20cm	44,000	蓝天国拍	2010.6.3
清道光 粉彩缠枝花卉福寿纹小天球瓶	高19.5cm	179,200	北京匡时	2010.12.4
清道光 粉彩百蝶碗	直径9.2cm	112,000	雍和嘉诚	2010.12.3
清道光 粉彩八吉祥纹盘	直径15cm	44,800	辽宁中正	2010.1.10
清道光 绿地粉彩花卉纹喜字双耳瓶	高31cm	896,000	四川嘉禾	2010.7.25
清道光 宝善斋制粉彩花鸟纹碗(一对)	直径6.2cm	61,600	北京匡时	2010.12.4
清中期 胭脂地粉彩折枝花卉赏瓶	高33cm	50,400	北京保利	2010.10.23
清中期 松石绿地粉彩宝相花鼎式熏炉	高48cm	212,800	广州嘉德	2010.6.16
清中期 绿地粉彩西番莲花觚	高28.5cm	78,400	福建拍卖	2010.1.10
清中期 绿地粉彩花蝶洗	直径42.6cm	145,600	中国嘉德	2010.11.22
清中期 绿地粉彩福寿如意灯笼罐	高24.5cm	436,800	北京翰海	2010.6.7
清中期 粉彩仕女花觚	高45cm	61,600	北京保利	2010.10.23
清中期 粉彩山水人物故事双龙耳瓶	高89cm	112,000	北京保利	2010.3.19
清中期 粉彩人物纹大瓶(一对)	高85cm	106,400	中国嘉德	2010.12.18
清中期 粉彩描金书卷式盖盒	长10cm	145,600	云南典藏	2010.4.25
清中期 粉彩描金刀马人物盘口瓶(一对)	高78cm	198,000	天津瀚雅	2010.11.28
清中期 粉彩绘三教论道图插屏	48cm×32cm	89,600	十竹斋	2010.7.11
清中期 粉彩花卉斋戒佩	高5.8cm	89,600	北京翰海	2010.12.12
清中期 粉彩福禄双至纹葫芦形斋戒牌	长6.6cm	291,200	北京永乐	2010.11.23
清中期 粉彩“福寿”纹八棱式天球瓶	高51cm	436,800	北京荣宝	2010.3.14

拍品名称	尺寸	成交价RMB	拍卖公司	拍卖日期
清中期 堆塑粉彩福寿纹花盆	高11cm	80,640	云南典藏	2010.4.25
清18世纪 天蓝釉地粉彩“福耋图”菊瓣式盏托	直径18cm	1,903,140	香港苏富比	2010.10.7
清咸丰 粉彩御窑厂图盘(两件)	直径15cm	61,600	中国嘉德	2010.11.22
清咸丰 粉彩渔樵耕读图灯笼瓶	高39.3cm	42,560	北京纳高	2010.7.15
清咸丰 粉彩无双谱笔筒	口径13cm	44,800	上海大众	2010.1.3
清咸丰 粉彩宝相花纹喜字罐	高29cm	672,000	北京翰海	2010.12.12
清同治 黄地粉彩玉兰花纹葵口花盆	直径21.8cm	78,400	北京中汉	2010.11.22
清同治 黄地粉彩蝴蝶碗(二件)	直径6.4cm	89,600	北京翰海	2010.6.7
清同治 黄地粉彩百蝶纹盘	直径28.5cm	66,960	天津文物	2010.11.21
清同治 粉彩四季花卉鱼龙变化大盘	直径37.8cm	53,760	深圳市拍	2010.10.23
清同治 粉彩人物纹大瓶(一对)	高88cm	224,000	中拍国际	2010.11.27
清同治 粉彩人物故事图缸	直径40.7cm	42,560	中国嘉德	2010.3.20
清同治 粉彩人物大瓶	高64cm	58,240	十竹斋	2010.7.11
清同治 粉彩开光人物纹大瓶	高61cm	56,000	辽宁建投	2010.11.15
清同治 粉彩花卉纹盘	直径21.3cm	56,000	中国嘉德	2010.5.16
清同治 粉彩花卉扁瓶(二件)	高30.1cm	168,000	北京翰海	2010.12.12
清同治 粉彩花卉八吉祥纹盘	直径24.6cm	76,160	北京翰海	2010.12.12
清同治 粉彩鹤鹿同春纹荸荠瓶	高33.3cm	89,600	中拍国际	2010.6.19
清同治 粉彩过枝花卉纹碗	直径15.4cm	246,400	北京匡时	2010.12.4
清同治 粉彩福寿三多花卉纹杯(一对)	直径8.1cm	280,000	中国嘉德	2010.9.18
清同治 粉彩方瓶(一对)	高59cm	110,000	天津瀚雅	2010.11.28
清同治 粉彩八吉祥杯(一对)	直径10.5cm	98,560	北京保利	2010.6.5
清同治 紫金釉地粉彩竹纹杯	高6cm	179,200	北京永乐	2010.11.23
清光绪 重工粉彩开光四季山水琮式瓶	高33cm	336,000	浙江一通	2010.9.5
清光绪 御制黄地粉彩百鸟朝凤大瓶(一对)	高140cm	2,464,000	北京保利	2010.12.5
清光绪 外粉彩内青花莲荷图碗(一对)	直径15cm	179,200	中国嘉德	2010.9.18
清光绪 珊瑚红地粉彩开光折枝牡丹纹碗	直径11cm	64,960	中拍国际	2010.11.27
清光绪 珊瑚地粉彩花卉碗(二件)	直径11cm	168,000	北京翰海	2010.6.7
清光绪 内青花外粉彩花鸟纹碗(一对)	直径15.5cm	53,760	中国嘉德	2010.12.18
清光绪 内青花外粉彩本固枝荣纹碗	直径17.5cm	176,000	天津文物	2010.11.21
清光绪 绿地粉彩开光人物海棠形花盆(一对)	长38cm	78,400	广州艺拍	2010.6.15
清光绪 绿地粉彩花鸟纹罐	高29.8cm	67,200	中国嘉德	2010.12.18
清光绪 蓝釉开光粉彩人物花卉画缸	高30cm	84,000	安华白云	2010.7.24
清光绪 蓝料粉彩缠枝花卉福寿洗	直径16.7cm	50,400	北京纳高	2010.7.15
清光绪 黄地轧道粉彩三羊开泰碗(一对)	直径14cm	145,600	北京保利	2010.12.6
清光绪 黄地粉彩万寿无疆碗(二件)	直径16.7cm	109,760	北京翰海	2010.12.12
清光绪 黄地粉彩开光三阳开泰碗(一对)	直径14.1cm	47,040	中国嘉德	2010.6.19
清光绪 黄地粉彩开光福禄万代纹碗(一对)	直径12.5cm	70,400	蓝天国拍	2010.6.3
清光绪 黄地粉彩开光“万寿无疆”纹花盆	直径21.8cm	56,000	中拍国际	2010.6.19
清光绪 官窑粉彩百蝠荸荠瓶	高34.5cm	72,800	浙江中财	2010.4.11

拍品名称	尺寸	成交价RMB	拍卖公司	拍卖日期
清光绪 官窑粉彩八宝纹盘	径33cm	67,200	浙江中财	2010.4.11
清光绪 粉彩云蝠纹赏瓶	高39cm	336,000	北京翰海	2010.6.7
清光绪 粉彩云蝠纹荸荠瓶	高34cm	156,800	辽宁中正	2010.4.18
清光绪 粉彩云蝠瓶	高34cm	235,200	北京翰海	2010.1.21
清光绪 粉彩云蝠扁瓶	高33cm	313,600	北京翰海	2010.6.7
清光绪 粉彩玉壶春瓶	高29.5cm	179,200	广东古今	2010.6.20
清光绪 粉彩仙人故事棒槌瓶	高45.5cm	100,800	北京保利	2010.10.23
清光绪 粉彩万寿无疆茶具一套(十一件)	尺寸不一	42,560	北京保利	2010.3.19
清光绪 粉彩桃纹贯耳尊	高52.4cm	56,000	中国嘉德	2010.3.20
清光绪 粉彩四季花卉碗(一对)	直径16cm	69,440	深圳市拍	2010.10.23
清光绪 粉彩四凤穿花纹大碗	直径20.5cm	67,200	朵云轩	2010.12.17
清光绪 粉彩双龙八宝纹折沿洗	40cm × 12.5cm	257,600	广州艺拍	2010.6.15
清光绪 粉彩山水瓷板(四件)	高38cm	67,200	北京翰海	2010.1.21
清光绪 粉彩三国故事棒槌瓶	高44.5cm	78,400	北京保利	2010.10.23
清光绪 粉彩葡萄花鸟纹赏瓶	高38cm	53,760	中翰清花	2010.12.12
清光绪 粉彩描金云龙纹帽筒	高29.4cm	44,800	中拍国际	2010.6.19
清光绪 粉彩描金百碟赏瓶	高40.5cm	89,600	福建拍卖	2010.1.10
清光绪 粉彩鹭莲捧盒	直径15.5cm	112,000	北京翰海	2010.6.7
清光绪 粉彩龙凤云纹玉壶春	高29.3cm	134,400	北京翰海	2010.12.12
清光绪 粉彩龙凤纹赏瓶	高70cm	392,000	辽宁建投	2010.11.15
清光绪 粉彩龙凤纹赏瓶	高39.5cm	103,040	中国嘉德	2010.12.18
清光绪 粉彩龙凤纹赏瓶	高34cm	78,400	谷云轩	2010.6.27
清光绪 粉彩龙凤纹赏瓶	高40cm	67,200	北京荣宝	2010.3.14
清光绪 粉彩龙凤纹赏瓶	高70.5cm	56,000	中国嘉德	2010.3.20
清光绪 粉彩蓝料百花地开光丰登纹赏瓶	高39.5cm	246,400	北京荣宝	2010.11.14
清光绪 粉彩夔凤纹碗(二件)	直径10.6cm	145,600	北京翰海	2010.12.12
清光绪 粉彩开光花鸟桃纹赏瓶	高44cm	44,800	辽宁中正	2010.4.18
清光绪 粉彩九桃瓶	高51.5cm	179,200	雍和嘉诚	2010.6.3
清光绪 粉彩鸡缸杯	直径8cm	67,200	北京保利	2010.10.23
清光绪 粉彩花鸟纹大赏瓶	高66.5cm	112,000	中国嘉德	2010.6.19
清光绪 粉彩花卉纹碗	直径14.2cm	56,000	中国嘉德	2010.12.18
清光绪 粉彩花卉草虫盖盒	直径23.8cm	72,800	北京保利	2010.6.5
清光绪 粉彩蝴蝶瓶	高39.8cm	153,650	香港佳士得	2010.5.31
清光绪 粉彩荷莲鸳鸯罐	高30cm	134,400	北京翰海	2010.9.19
清光绪 粉彩荷花盖碗	直径11.6cm	358,400	北京翰海	2010.12.12
清光绪 粉彩过枝蜜蜂花卉纹大盘	直径52.5cm	201,600	北京中汉	2010.5.18
清光绪 粉彩过枝花大碗	直径30cm	50,400	深圳市拍	2010.6.12
清光绪 粉彩瓜蝶纹碗(一对)	直径19.5cm	72,800	中国嘉德	2010.9.18
清光绪 粉彩耕织图碗	直径18cm	50,400	北京保利	2010.10.23
清光绪 粉彩富贵牡丹长方花盆(二件)	高15.5cm	313,600	北京翰海	2010.6.7
清光绪 粉彩福寿纹赏瓶	高39cm	46,200	天津瀚雅	2010.11.28
清光绪 粉彩福寿纹盘(六只)	直径16.8cm	44,800	中国嘉德	2010.3.20
清光绪 粉彩福寿纹大盘	高28cm	69,440	十竹斋	2010.7.11
清光绪 粉彩福寿双全盘	直径22cm	106,400	中国嘉德	2010.11.22
清光绪 粉彩福寿如意纹玉壶春瓶	高29cm	246,400	广州嘉德	2010.12.8
清光绪 粉彩福禄寿花觚	高46cm	61,600	北京保利	2010.10.23
清光绪 粉彩百子婴戏图纹大瓶	高61cm	201,600	广州嘉德	2010.12.8
清光绪 粉彩百子图大瓶	高59.5cm	168,000	中拍国际	2010.11.27
清光绪 粉彩百鹿尊(两件)	高45.5cm	504,000	十竹斋	2010.7.11
清光绪 粉彩百鹿尊	高45.5cm	336,000	中鼎国际	2010.11.18
清光绪 粉彩百鹿尊	高45cm	145,600	中国嘉德	2010.3.20
清光绪 粉彩百福瓶(一对)	高40cm × 2	450,000	金仕德	2010.5.19
清光绪 粉彩百蝠纹赏瓶	高39cm	190,400	北京荣宝	2010.11.14

2010瓷器拍卖成交汇总

(成交价RMB：4万元以上)

拍品名称	尺寸	成交价RMB	拍卖公司	拍卖日期
清光绪 粉彩百蝠纹大盘	直径50.5cm	403,200	广州艺拍	2010.6.15
清光绪 粉彩百蝠纹荸荠瓶	高33cm	190,400	北京荣宝	2010.11.14
清光绪 粉彩百蝶纹赏瓶	高39cm	280,000	北京荣宝	2010.3.14
清光绪 粉彩百蝶纹赏瓶	高38.5cm	201,600	北京荣宝	2010.11.14
清光绪 粉彩百蝶纹赏瓶	高40cm	168,000	辽宁中正	2010.10.31
清光绪 粉彩百蝶纹赏瓶	高38.8cm	46,200	天津文物	2010.11.21
清光绪 粉彩百蝶纹帽筒(一对)	高28.5cm	72,800	中拍国际	2010.6.19
清光绪 粉彩百蝶图赏瓶	高39cm	280,000	广州嘉德	2010.12.8
清光绪 粉彩百蝶赏瓶	高38.7cm	179,200	北京翰海	2010.12.12
清光绪 粉彩百蝶赏瓶	高40cm	156,800	中国嘉德	2010.11.22
清光绪 粉彩百蝶赏瓶	高40cm	67,200	雍和嘉诚	2010.12.3
清光绪 粉彩百蝶赏瓶	高39.5cm	44,800	上海新华	2010.9.5
清光绪 粉彩百蝶帽筒(一对)	高28.5cm	50,400	北京保利	2010.3.19
清光绪 粉彩八吉祥云龙纹赏瓶	高38.3cm	201,600	北京翰海	2010.12.12
清光绪 粉彩八宝纹盘	直径34cm	46,200	天津文物	2010.5.24
清光绪 粉彩暗八仙大盘	直径34cm	89,600	浙江一通	2010.9.5
清光绪 粉彩“百桃纹”椭圆果盘	长45cm	336,000	北京荣宝	2010.11.14
清宣统 外粉彩内青花莲纹碗	直径15.1cm	112,000	中国嘉德	2010.11.22
清宣统 外粉彩内青花花卉纹碗	直径17.4cm	42,560	中国嘉德	2010.9.18
清宣统 黄地粉彩五福捧寿纹盘(二件)	直径14.6cm	50,400	北京翰海	2010.12.12
清宣统 粉彩云蝠纹赏瓶	高38.8cm	134,400	中国嘉德	2010.5.16
清宣统 粉彩玉壶春瓶	高30cm	224,000	老城隍庙	2010.11.6
清宣统 粉彩麻姑献寿瓶	高18.5cm	1,071,160	香港佳士得	2010.5.31
清宣统 粉彩鹤鹿同春瓶	高33.4cm	212,800	中国嘉德	2010.11.22
清宣统 粉彩缠枝莲纹笔洗	直径19.3cm	47,040	深圳市拍	2010.10.23
清宣统 粉彩八卦蝴蝶纹盘(二件)	直径14.2cm	91,840	北京翰海	2010.12.12
清宣统 粉彩八宝纹盘	直径16.5cm	110,000	天津文物	2010.5.24
清宣统 粉彩八宝纹盘	直径34cm	56,000	朵云轩	2010.12.17
清宣统 粉彩“百鸡图”赏瓶	高39.5cm	330,000	香港苏富比	2010.4.8
清晚期 粉彩花卉纹赏瓶	高38.7cm	44,800	中国嘉德	2010.12.18
清晚期 粉彩二乔八仙图绣墩	高46.5cm	56,000	北京永乐	2010.11.23
清末 粉彩人物锡胎茶罐	高13.1cm	44,800	西泠拍卖	2010.7.6
清末 粉彩鹌鹑花卉瓶(一对)	高16.5cm	50,400	上海新华	2010.9.5
清 雍正粉彩八仙灯笼尊	高37cm	56,000	谷云轩	2010.11.14
清 外粉彩内青花开光博古纹碗(一对)	直径14.3cm	112,000	上海新华	2010.9.5
清 珊瑚红地粉彩花果纹碗(一对)	直径28.2cm	112,000	北京纳高	2010.7.15
清 珊瑚红地螭龙开光人物故事灯笼罩(一对)	高39.5cm	47,040	北京纳高	2010.7.15
清 绿地粉彩吉祥如意双耳瓶	高32.2cm	40,320	北京翰海	2010.9.19
清 绿地粉彩花鸟纹棒槌瓶(一对)	高44.6cm	58,240	中国嘉德	2010.9.18
清 绿地粉彩花卉纹茶壶	宽21.2cm	89,600	中国嘉德	2010.5.16
清 绿地粉彩花卉瓶	高33.5cm	44,800	北京保利	2010.10.23
清 绿地粉彩福寿双耳瓶	高30.8cm	89,600	北京翰海	2010.9.19
清 绿地粉彩宝相纹长方文具盖盒	长17cm	201,600	福建拍卖	2010.6.21
清 蓝地粉彩寿山福海笔筒	高9.8cm	50,400	北京保利	2010.7.31
清 蓝地粉彩描金缠枝花卉花口洗(二件)	直径19cm	291,200	北京翰海	2010.12.12
清 黄地粉彩婴戏图双兽耳瓶	高33cm	275,000	天津文物	2010.11.21
清 黄地粉彩群仙贺寿双耳瓶	高31cm	44,800	北京翰海	2010.9.19
清 黄地粉彩开光龙凤大赏瓶(一对)	高56cm×2	550,000	金仕德	2010.5.19
清 黄地粉彩开光花鸟纹花盆	直径36cm	96,800	天津文物	2010.11.21
清 黄地粉彩开光花卉纹壁瓶(一对)	高19.2cm	78,400	中国嘉德	2010.3.20
清 黄地粉彩花盆(一对)	高9cm×2	55,000	金仕德	2010.5.19

拍品名称	尺寸	成交价RMB	拍卖公司	拍卖日期
清 黄地粉彩花卉盆(一对)	直径12cm	44,800	西泠拍卖	2010.7.6
清 黄地粉彩福寿纹花盆	直径48.7cm	42,560	中国嘉德	2010.3.20
清 黄地粉彩缠枝宝相花蕉叶纹花觚	高22cm	67,200	北京纳高	2010.7.15
清 红木镶红地粉彩团花金字对联瓷板(一对)	高80.5cm	84,000	福建拍卖	2010.1.10
清 过枝梅粉彩大盘	直径54.5cm	209,000	天津瀚雅	2010.11.28
清 光绪粉彩福寿纹赏瓶	高39cm	67,200	浙江佳宝	2010.1.2
清 粉地粉彩八吉祥大炉	重45cm	50,400	北京保利	2010.10.23
清 粉彩雉鸡纹杯(一对)	高4.9cm	134,400	北京纳高	2010.7.15
清 粉彩折枝牡丹梅花大盘	直径53cm	89,600	北京翰海	2010.6.7
清 粉彩云蝠纹瓶	高31.5cm	67,200	北京纳高	2010.7.15
清 粉彩云蝠扁瓶	高34cm	84,000	北京翰海	2010.1.21
清 粉彩御窑厂全景图开窗帽筒	高28.3cm	67,200	中拍国际	2010.6.19
清 粉彩祥仙雅集图双耳瓶(一对)	高38.7cm	347,200	浙江一通	2010.9.5
清 粉彩通景山水瓶	高40cm	358,400	北京翰海	2010.12.12
清 粉彩太平有象摆件	高34cm	80,000	金仕德	2010.5.19
清 粉彩松纹花卉碗(一对)	直径13.5cm	47,040	雍和嘉诚	2010.6.3
清 粉彩双条提梁盖壶	高11.5cm	50,400	福建拍卖	2010.6.21
清 粉彩双龙戏珠大盘	直径47.5cm	67,200	深圳市拍	2010.6.12
清 粉彩双龙耳扁瓶	高40cm	67,200	深圳市拍	2010.6.12
清 粉彩寿星	高29.8cm	89,600	北京翰海	2010.6.7
清 粉彩仕女诗文瓶	高26.7cm	58,240	北京翰海	2010.12.12
清 粉彩赏瓶	高38.8cm	56,000	广东古今	2010.6.20
清 粉彩山水风景图笔洗	直径12.5cm	67,200	北京中嘉	2010.5.9
清 粉彩人物纹瓶(一对)	高42.5cm	64,960	中国嘉德	2010.12.18
清 粉彩人物纹方瓶(两件)	高59.2cm	47,040	中国嘉德	2010.6.19
清 粉彩人物梅瓶	高17cm	44,800	广州艺拍	2010.6.15
清 粉彩人物海棠盆	25cm×17cm	42,560	浙江中财	2010.4.11
清 粉彩人物荸荠瓶(一对)	高20.5cm	89,600	浙江中财	2010.4.11
清 粉彩群贤雅聚瓷板	长36cm	52,800	重庆恒升	2010.12.5
清 粉彩群仙祝寿图花盆(一对)	高16.3cm	123,200	北京纳高	2010.7.15
清 粉彩群仙祝寿天球瓶	高56cm	246,400	辽宁建投	2010.11.15
清 粉彩七珍碗(一对)	直径17cm	53,760	北京保利	2010.10.23
清 粉彩描金龙纹烛台	高26.5cm	84,000	北京中嘉	2010.5.9
清 粉彩描金龙纹红蝠如意	长42.5cm	145,600	北京翰海	2010.12.12
清 粉彩梅花纹盘	直径17.2cm	72,800	北京中嘉	2010.5.9
清 粉彩麻姑献寿盆	直径38.4cm	190,400	北京翰海	2010.6.7
清 粉彩绿地开光山水四方壶	高15.5cm	67,200	福建拍卖	2010.1.10
清 粉彩镂空鼓墩(一对)	高21.3cm	134,400	中国嘉德	2010.11.22
清 粉彩龙纹笔	长28.5cm	47,040	中国嘉德	2010.12.18
清 粉彩开光龙凤纹绣墩(一对)	高46.3cm	53,760	中国嘉德	2010.6.19
清 粉彩开光花鸟纹缸	高34cm	52,800	天津瀚雅	2010.11.28
清 粉彩开光“三阳开泰”葫芦瓶	高42cm	89,600	中拍国际	2010.6.19
清 粉彩菊花纹瓶	高20.8cm	72,800	广州艺拍	2010.6.15
清 粉彩九桃天球瓶	高57.6cm	134,400	北京纳高	2010.7.15
清 粉彩九桃大盘	直径48cm	89,600	深圳市拍	2010.6.12
清 粉彩交龙纹笔架	长16.8cm	56,000	北京中嘉	2010.5.9
清 粉彩花鸟纹碗	直径11cm	110,000	天津文物	2010.11.21
清 粉彩花鸟纹帽筒(一对)	高36cm	190,400	中拍国际	2010.6.19
清 粉彩花鸟纹卷缸	直径36cm	55,000	天津鼎天	2010.6.20
清 粉彩花鸟纹缸	直径46cm	154,000	天津文物	2010.5.24
清 粉彩花鸟天球瓶	高52cm	67,200	深圳市拍	2010.6.12
清 粉彩花鸟花觚(一对)	高33cm	57,120	中翰清花	2010.5.2
清 粉彩花卉纹碗(一对)	直径9.4cm	123,200	中国嘉德	2010.9.18
清 粉彩花卉纹镂空高足盘	直径39cm	212,800	中国嘉德	2010.5.16
清 粉彩花卉灵芝纹小天球瓶(一对)	高19cm	268,800	长风拍卖	2010.6.22
清 粉彩花卉八吉祥纹碗(二件)	直径18.5cm	47,040	北京翰海	2010.12.12
清 粉彩花蝶纹碗	直径9cm	49,500	天津文物	2010.11.21
清 粉彩花蝶纹手炉	直径13.5cm	112,000	中国嘉德	2010.3.20
清 粉彩红楼梦人物瓷板	长38.7cm	61,600	浙江佳宝	2010.6.6
清 粉彩鹤鹿同春图尊	高43cm	336,000	四川嘉禾	2010.7.25
清 粉彩荷塘情趣洗	长12.1cm	56,000	北京翰海	2010.6.7
清 粉彩海水龙纹将军罐(一对)	高49cm	61,600	中鸿信	2010.3.28

拍品名称	尺寸	成交价RMB	拍卖公司	拍卖日期
清 粉彩过枝花卉盘	直径30cm	42,560	上海嘉泰	2010.9.27
清 粉彩瓜瓞绵绵小碗(一对)	直径14cm	180,000	金仕德	2010.11.26
清 粉彩福寿大吉葫芦壁瓶	高34.5cm	106,400	朵云轩	2010.6.30
清 粉彩对弈图观音瓶	高42.5cm	87,360	北京纳高	2010.7.15
清 粉彩堆瓷六角大花瓶(一对)	高56.5cm	96,140	香港淳浩	2010.3.27
清 粉彩蝶恋花笔筒	直径16cm	50,400	云南典藏	2010.4.25
清 粉彩穿花龙纹葫芦瓶	高42cm	44,800	广州嘉德	2010.6.16
清 粉彩缠枝莲纹贯耳瓶	高39cm	67,200	四川嘉禾	2010.7.25
清 粉彩缠枝莲托八吉祥贲巴瓶	高26.6cm	201,600	北京纳高	2010.7.15
清 粉彩缠枝花卉瓶	高22.5cm	89,600	北京保利	2010.10.23
清 粉彩缠枝花卉撇口瓶(两件)	高32.5cm	67,200	北京翰海	2010.9.19
清 粉彩百鸟朝凤图大瓶(一对)	高61cm	67,200	中拍国际	2010.6.19
清 粉彩百鹿尊	高47cm	313,600	长风拍卖	2010.6.22
清 粉彩百鹿大盘	直径47cm	145,600	长风拍卖	2010.6.22
清 粉彩八仙人物纹方瓶(一对)	高38.5cm	78,400	中国嘉德	2010.3.20
清 粉彩18学士灯笼瓶	高50.5cm	53,760	北京纳高	2010.7.15
清 粉彩18罗汉图石榴尊	高19cm	67,200	中拍国际	2010.6.19
清 豆青釉描金开光粉彩人物纹双耳尊	高15.5cm	77,000	天津瀚雅	2010.11.28
清 白地粉彩花卉天球瓶"大清乾隆年制"款	高20cm	67,200	北京保利	2010.7.31
民国 锺乃光画粉彩山水人物瓷板(四件)	24cm×37cm	123,200	广州嘉德	2010.12.8
民国 张志汤 雪景瓷板画(四幅)	42cm×26cm	145,600	广州嘉德	2010.6.16
民国 轧道开光粉彩蒜头瓶	高20cm	53,760	北京保利	2010.10.23
民国 婴戏图尊	高33cm	89,600	广东古今	2010.6.20
民国 徐仲南 粉彩《清江泛舟图》琴炉(一对)	高8.6cm	179,200	长风拍卖	2010.6.21
民国 吴蔼生制潘匋宇手绘粉彩东坡试砚图瓷板	长20.6cm	134,400	北京永乐	2010.11.23
民国 吴蔼生制绘粉彩草虫图瓷板	20.6cm×12.4cm	123,200	北京永乐	2010.11.23
民国 王琦作粉彩人物题诗瓶	高29.2cm	131,700	香港佳士得	2010.5.31
民国 王琦、江野亭合作粉彩山水人物四方笔筒	高21cm	1,874,800	香港佳士得	2010.12.1
民国 王大凡款粉彩人物纹瓷板	长25.5cm	275,000	天津文物	2010.11.21
民国 汪野亭款粉彩山水人物纹瓷板	长35.5cm	52,800	天津文物	2010.5.24
民国 汪大沧款粉彩山水纹瓷板	长39cm	60,500	天津文物	2010.5.24
民国 天蓝釉浅浮雕粉彩人物纹方瓶	高34cm	90,200	天津文物	2010.5.24
民国 青釉粉彩山水图双耳尊	高31.5cm	103,040	中国嘉德	2010.3.20
民国 绿地粉彩山水如意耳瓶	高44cm	42,560	北京翰海	2010.9.19
民国 绿地粉彩开光英雄独立图瓶	高24.5cm	132,000	天津文物	2010.5.24
民国 刘雨岑三公图瓷板	38.7cm×25cm	91,840	广东古今	2010.6.20
民国 蓝开光彩粉罗汉三孔扁瓶	高14cm	48,160	福建拍卖	2010.6.21
民国 居仁堂款粉彩山水纹文房(十件)	尺寸不一	61,600	中国嘉德	2010.3.20
民国 黄地粉彩开光花卉纹葫芦瓶	高23cm	44,000	天津文物	2010.5.24
民国 黄地粉彩花卉纹碗	直径15cm	46,200	天津文物	2010.11.21
民国 何许人雪景胆瓶	高14cm	44,800	西泠拍卖	2010.7.6
民国 何许人绘雪景图盖碗(一对)	直径9cm	42,560	北京九歌	2010.6.22
民国 粉彩祝寿图瓷板	长75cm	61,600	天津文物	2010.11.21
民国 粉彩竹雀纹瓶(一对)	高36cm	89,600	北京荣宝	2010.11.14
民国 粉彩竹林七贤笔筒	高13.4cm	134,400	长风拍卖	2010.6.22
民国 粉彩钟馗嫁妹瓶	高20cm	179,200	北京保利	2010.10.23
民国 粉彩折枝纹海棠形笔筒	高12cm	42,560	福建拍卖	2010.6.21
民国 粉彩折枝花果纹琵琶尊	高39cm	57,200	天津文物	2010.11.21
民国 粉彩轧道开光山水纹天球瓶	高55cm	495,000	天津鼎天	2010.6.20
民国 粉彩渊明爱菊瓶(两件)	高30.5cm	69,440	北京翰海	2010.9.18
民国 粉彩渔乐图瓷板	长30.5cm	313,600	中拍国际	2010.6.19
民国 粉彩婴戏图双耳罐	高15cm	41,800	天津文物	2010.5.24
民国 粉彩婴戏图瓶	高23.5cm	40,700	天津文物	2010.11.21
民国 粉彩婴戏图帽筒(一对)	高27.2cm	64,960	北京纳高	2010.7.15
民国 粉彩婴戏双如意耳瓶	高32cm	392,000	北京保利	2010.10.23
民国 粉彩胭脂红地轧道开光花鸟纹瓶	高22cm	56,000	辽宁中正	2010.1.10
民国 粉彩仙女散花莲子瓶	高34cm	44,800	北京翰海	2010.1.21
民国 粉彩喜鹊登梅纹天球瓶	高53.5cm	93,500	天津文物	2010.5.24
民国 粉彩西洋人物瓶	高14cm	145,600	北京保利	2010.10.23
民国 粉彩通景山水纹帽筒(一对)	高28.3cm	224,000	中拍国际	2010.6.19
民国 粉彩松鼠纹灯笼瓶	高22.6cm	44,800	雍和嘉诚	2010.12.3
民国 粉彩松山抚琴图瓶	高44cm	47,040	北京翰海	2010.6.7
民国 粉彩松鹿同春山水纹瓶	高35cm	201,600	北京荣宝	2010.11.14
民国 粉彩四方笔筒	高16.5cm	55,000	天津文物	2010.11.21
民国 粉彩诗文鸡缸瓶	高20.5cm	100,800	福建拍卖	2010.1.10
民国 粉彩山水雪景瓶	高20cm	89,600	上海新华	2010.9.5
民国 粉彩山水雪景瓶	高24cm	78,400	上海新华	2010.9.5
民国 粉彩山水纹文具	尺寸不一	74,800	天津文物	2010.5.24
民国 粉彩山水纹瓷板(两件)	13.5cm×21cm	59,340	香港淳浩	2010.11.27
民国 粉彩山水纹瓷板	23cm×15.5cm	42,560	中国嘉德	2010.12.18
民国 粉彩山水图瓷板(一对)	44cm×30cm	212,800	北京保利	2010.10.23
民国 粉彩山水人物纹瓶	高22.5cm	121,000	天津文物	2010.11.21
民国 粉彩山水人物瓶	高30cm	123,200	北京保利	2010.10.23
民国 粉彩山水人物瓷板	长38cm	168,000	上海新华	2010.9.5
民国 粉彩山水瓷板插景	宽33cm	100,800	上海新华	2010.9.5
民国 粉彩山水瓷板(两件)		59,340	香港淳浩	2010.11.27
民国 粉彩人物纹长颈瓶	高21cm	44,000	天津文物	2010.5.24
民国 粉彩人物山水盖缸	直径24.3cm	67,200	深圳市拍	2010.6.12
民国 粉彩人物瓶	高25cm	42,560	北京保利	2010.7.31
民国 粉彩人物莲子瓶(二件)	高34cm	76,160	北京翰海	2010.1.21
民国 粉彩人物莲子瓶	高35cm	42,560	北京翰海	2010.1.21
民国 粉彩人物故事纹瓶	高23cm	55,000	天津文物	2010.11.21
民国 粉彩人物方瓶	高24.5cm	56,000	北京翰海	2010.9.18
民国 粉彩人物灯笼瓶(两件)	高24cm	53,760	北京翰海	2010.9.18
民国 粉彩皮球花开光人物故事纹瓶	高27cm	46,200	天津文物	2010.11.21
民国 粉彩描金婴戏图盘口瓶(一对)	高12cm	192,640	辽宁中正	2010.1.10
民国 粉彩猫蝶图棒槌瓶	高50cm	481,600	北京保利	2010.10.23
民国 粉彩罗汉图四方洗	直径12.6cm	58,240	中国嘉德	2010.5.16
民国 粉彩罗汉图瓷板(一对)	32cm×27cm	47,040	北京保利	2010.10.23
民国 粉彩灵芝纹水盂	长11cm	66,000	天津文物	2010.11.21
民国 粉彩料釉人物四方瓶	高17cm	44,800	上海新华	2010.9.5
民国 粉彩开光山水人物纹瓶	高12cm	41,800	天津文物	2010.11.21
民国 粉彩开光人物故事纹卷口瓶	高39cm	110,000	天津文物	2010.11.21
民国 粉彩九桃纹天球瓶	高40cm	121,000	蓝天国拍	2010.6.3
民国 粉彩九桃纹天球瓶	高53.5cm	46,200	天津文物	2010.5.24
民国 粉彩九桃纹大盘	直径46.5cm	41,800	天津文物	2010.5.24
民国 粉彩九桃天球瓶	高52cm	84,000	北京保利	2010.3.19
民国 粉彩九老图帽筒	高32cm	60,500	天津文物	2010.11.21
民国 粉彩锦地开光"风尘三侠"图"介公专座赐存"款象耳尊	高32cm	280,000	中拍国际	2010.6.19
民国 粉彩花鸟纹天球瓶(一对)	高41cm	56,000	中国嘉德	2010.6.19
民国 粉彩花鸟纹四组合	尺寸不一	66,000	天津鼎天	2010.6.20

(成交价RMB：4万元以上)

拍品名称	尺寸	成交价RMB	拍卖公司	拍卖日期
民国 粉彩花鸟纹绶带葫芦瓶	高44cm	81,000	天津文物	2010.5.24
民国 粉彩花鸟纹大瓶	高79cm	88,000	天津文物	2010.5.24
民国 粉彩花鸟纹琮式瓶	高19.5cm	90,200	天津文物	2010.11.21
民国粉彩花鸟纹瓷板(两件)		126,334	香港淳浩	2010.11.27
民国 粉彩花鸟纹瓷板	42cm×29cm	582,400	中国嘉德	2010.3.20
民国 粉彩花鸟瓶	高39cm	47,040	北京翰海	2010.9.18
民国 粉彩花鸟瓷板镜框	长37cm	134,400	上海新华	2010.9.5
民国 粉彩花鸟瓷板	长38cm	168,000	上海新华	2010.9.5
民国 粉彩花卉仙鹤纹立像观音	高50cm	201,600	上海新华	2010.9.5
民国 粉彩花卉纹天球瓶	高33cm	44,000	天津文物	2010.11.21
民国 粉彩花卉纹瓶	高32cm	77,000	天津文物	2010.5.24
民国 粉彩花卉鹿头小尊	高17cm	42,560	蓝天国拍	2010.12.5
民国 粉彩花蝶橄榄瓶	高22.6cm	56,000	北京翰海	2010.11.21
民国 粉彩官上加冠纹瓶	高20.8cm	44,000	天津文物	2010.11.21
民国 粉彩动物纹瓷板	长83cm	440,000	天津文物	2010.11.21
民国 粉彩雕瓷花盆(一对)	高12cm×2	150,000	金仕德	2010.5.19
民国 粉彩达摩图瓷板	29cm×18cm	56,000	中国嘉德	2010.12.18
民国 粉彩琮式瓶	高27.5cm	42,560	中鼎国际	2010.11.18
民国 粉彩缠枝莲纹尊	高24.8cm	42,560	中国嘉德	2010.9.18
民国 粉彩百子图瓶(一对)	高55cm	44,800	北京保利	2010.3.19
民国 粉彩八仙人物像(八件)	尺寸不一	392,000	云南典藏	2010.4.25
民国 粉彩八仙人物天球瓶	高37cm	44,800	北京保利	2010.10.23
民国 粉彩八仙瓷板(一组)	高119cm	145,600	浙江中财	2010.4.11
民国 粉彩安居乐业图瓶	高17cm	45,100	天津文物	2010.11.21
民国 粉彩“十二花神”纹龙耳方瓶(一对)	高32cm	336,000	北京荣宝	2010.3.14
民国 邓碧珊作粉彩鱼藻纹笔筒	直径19cm	1,049,200	香港佳士得	2010.12.1
民国 程意亭粉彩花鸟纹水盂(一对)	高7.5cm	134,400	朵云轩	2010.12.17
民国 程甫款粉彩十三太保鹿头尊	高47cm	220,000	天津瀚雅	2010.11.28
19世纪/20世纪 粉彩瓷器(一组十件)	尺寸不一	448,000	上海嘉泰	2010.9.27
刘平 紫藤 粉彩瓷瓶	高32cm	76,160	中国嘉德	2010.11.20
刘平 水点桃花 粉彩瓷钵	高16cm	56,000	中国嘉德	2010.11.20
李小聪 幽涧鹤影 粉彩青绿山水瓷板	112cm×58cm	470,400	中国嘉德	2010.11.20
李文跃 丽人游春 粉彩瓷瓶	高54cm	224,000	中国嘉德	2010.11.20
李峻 依依似君子 粉彩瓷瓶	高18cm	100,800	中国嘉德	2010.11.20
李峻 情趣 粉彩瓷瓶	高36cm	425,600	中国嘉德	2010.11.20
李峻 恋之花 粉彩瓷盘	直径31cm	280,000	中国嘉德	2010.11.20
金品卿 锦堂富贵 粉彩瓷板	39cm×26cm	145,600	中国嘉德	2010.11.20
洪宪 粉彩花卉纹盖碗(一对)	高11cm	123,200	北京荣宝	2010.11.14
粉彩芝仙祝寿纹双耳瓶	高51cm	96,140	香港淳浩	2010.3.27
粉彩描金花鸟纹观音瓶(一对)	高23cm	112,000	辽宁志和	2010.11.28
粉彩锦底开光山水诗文瓶(一对)	高25cm	46,000	上海大众	2010.1.3
粉彩花鸟纹画缸	高37cm	145,600	辽宁建投	2010.11.15
邹晓松 一路荣华 粉彩瓷瓶	高41cm	123,200	中国嘉德	2010.11.20
邹洁、余文襄、邹国钧、程子琪 春夏秋冬 粉彩瓷板(四件)	19cm×13cm	80,640	中国嘉德	2010.11.20
邹宝林 太真调鹦图 粉彩瓷盘	直径37cm	61,600	中国嘉德	2010.11.20
朱建安 粉彩瓶“雪”	43cm×31cm	246,400	北京保利	2010.12.5
钟莲生 玉女送春图 粉彩瓷瓶 2001	高25cm	50,400	中国嘉德	2010.11.20
钟莲生 水乡放牧图 粉彩瓷板	115cm×60cm	313,600	中国嘉德	2010.11.20
钟莲生 放牧图 粉彩瓷瓶	高30cm	87,360	中国嘉德	2010.11.20
张松茂 玉兰黄鹂图 粉彩瓷盘	直径36.2cm	470,400	中国嘉德	2010.5.17
张松茂 双栖双飞 粉彩瓷盘	直径22.5cm	134,400	中国嘉德	2010.11.20
张松茂 春讯白梅 粉彩瓷盘	直径45.5cm	537,600	中国嘉德	2010.11.20
曾维开 清香 粉彩瓷瓶	高38cm	53,760	中国嘉德	2010.11.20
曾维开 鸟语花香 粉彩瓷瓶	高35cm	95,200	中国嘉德	2010.11.20
曾维开 春意好 粉彩瓷瓶	高36cm	58,240	中国嘉德	2010.11.20
袁世文 粉彩雪景重工象耳描金瓶	40cm×24cm	123,200	北京保利	2010.12.5
余文襄 雪夜惊春 粉彩瓷盘	直径24.2cm	134,400	中国嘉德	2010.5.17
徐仲南 山水人物粉彩瓷板	19cm×13cm	56,000	中国嘉德	2010.11.20
徐亚凤 庭卉吐艳 粉彩瓷瓶	高37.5cm	109,760	中国嘉德	2010.5.17
徐亚凤 水点桃花 粉彩瓷瓶	直径42cm	76,160	中国嘉德	2010.11.20
徐亚凤 国色天香 粉彩瓷瓶	高40cm	91,840	中国嘉德	2010.11.20
徐庆庚、熊群安 唐诗八大家 粉彩瓷瓶 1991	高35.5cm	313,600	中国嘉德	2010.11.20
徐庆庚 王维诗意图 粉彩瓷板 1990	111cm×60cm	985,600	中国嘉德	2010.11.20
现代 粉彩人物方瓶	高36cm	87,360	北京翰海	2010.6.7
文革时期 粉彩手绘中央军委毛主席像瓷板	71.5cm×42cm	672,000	老城隍庙	2010.11.6
文革时期 粉彩手绘样板戏盘口瓶(八件)	通高35.5cm	985,600	老城隍庙	2010.11.6
文革时期 粉彩手绘我们一定要解放台湾瓷板	70.7cm×43.5cm	1,120,000	老城隍庙	2010.11.6
文革时期 粉彩手绘数风流人物还看今朝瓷板	71.8cm×43.8cm	649,600	老城隍庙	2010.11.6
文革时期 粉彩手绘毛主席在延安瓷板	71.5cm×43.5cm	649,600	老城隍庙	2010.11.6
文革时期 粉彩手绘毛主席去安源瓷板	70.5cm×42.5cm	1,008,000	老城隍庙	2010.11.6
文革时期 粉彩手绘毛主席和小朋友在一起瓷板	72cm×42cm	649,600	老城隍庙	2010.11.6
文革时期 粉彩手绘毛主席和陈永贵在一起瓷板	71cm×43.2cm	761,600	老城隍庙	2010.11.6
文革时期 粉彩手绘马恩列思毛泽东组像	71cm×43.5cm	761,600	老城隍庙	2010.11.6
文革时期 粉彩梅花水盂	直径10.5cm	100,800	老城隍庙	2010.11.6
王云泉 晴好雨奇 粉彩瓷板	39cm×26cm	61,600	中国嘉德	2010.5.17
王云泉 春夏秋冬 粉彩瓷板(四件)	141cm×36cm	672,000	中国嘉德	2010.11.20
王锡良 小红低唱 粉彩人物瓷瓶	高37cm	761,600	中国嘉德	2010.11.20
王锡良 清泉洗心 粉彩瓷壶	高9.5cm	212,800	中国嘉德	2010.11.20
王锡良 巢父洗耳 粉彩笔舔	直径9.3cm	112,000	中国嘉德	2010.11.20
王锡良 长生殿 粉彩瓷板	25cm×38cm	89,600	中国嘉德	2010.11.20
王声怀 菊花图 粉彩瓷壶	高9cm	42,560	中国嘉德	2010.11.20
王秋霞 好山好水 粉彩瓷板	81cm×81cm	145,600	中国嘉德	2010.11.20
王鹤亭 竹林情趣 粉彩瓷板	141cm×37cm	67,200	中国嘉德	2010.11.20
王鹤亭 喜上眉梢 粉彩瓷板	143cm×38cm	89,600	中国嘉德	2010.11.20
王鹤亭 六合同春 粉彩瓷板	139cm×37cm	112,000	中国嘉德	2010.11.20
王恩怀 硕果 粉彩瓷瓶	高48cm	145,600	中国嘉德	2010.11.20
汪晓棠 人物故事粉彩瓷板(四件)	74cm×19cm	2,016,000	中国嘉德	2010.11.20
汪平孙 山水粉彩瓷板(一对)	42cm×27.5cm	42,560	中国嘉德	2010.11.20
汪桂英、汪平孙 山水四方粉彩瓷瓶	高26cm	103,040	中国嘉德	2010.11.20
舒惠娟 醉春风 粉彩瓷瓶	高45cm	112,000	中国嘉德	2010.11.20
舒惠娟 仕女图 粉彩瓷瓶	高46cm	109,760	中国嘉德	2010.11.20
方云峰 耄耋富贵 粉彩瓷板	50cm×31cm	67,200	中国嘉德	2010.11.20
戴荣华 童趣 粉彩瓷瓶	高28cm	168,000	中国嘉德	2010.11.20
传余文襄 瑞雪丰年 粉彩瓷板(四件)	32cm×22cm	134,400	中国嘉德	2010.5.17

2010瓷器拍卖成交汇总

(成交价RMB：4万元以上)

拍品名称	尺寸	成交价RMB	拍卖公司	拍卖日期
毕伯涛 芙蓉翠鸟 粉彩瓷板	39cm×26cm	103,040	中国嘉德	2010.11.20
20世纪 张志汤粉彩绘观瀑图大瓷板	96.8cm×45.5cm	504,000	北京永乐	2010.11.23
20世纪 张松茂款粉彩人物纹笔筒	高19.8cm	72,800	中国嘉德	2010.3.20
20世纪 王锡良绘粉彩牧牛图瓷板	49.5cm×29.5cm	336,000	北京保利	2010.6.5
1945年作 余文襄 雪后山家 粉彩瓷壶	高9.5cm	58,240	中国嘉德	2010.5.17
1954年作 毕渊明 百兽之王 粉彩瓷板	25cm×17cm	67,200	中国嘉德	2010.5.17
1985年作 汪桂英 江山无尽 粉彩瓷灯	高26.5cm	44,800	中国嘉德	2010.5.17
1991年作 王锡良 饱览世间春 粉彩瓷盘	直径22cm	145,600	中国嘉德	2010.5.17
1993年作 戴荣华 元日 粉彩瓷瓶	高28cm	145,600	中国嘉德	2010.5.17
1994年作 张松茂 白梅 粉彩瓷瓶	高46.5cm	784,000	中国嘉德	2010.5.17
1996年作 戴荣华 一曲新词酒一杯 粉彩瓷板	55cm×34cm	212,800	中国嘉德	2010.5.17
1999年作 潘文复 青山绿水图 粉彩瓷板	29cm×20cm	87,360	中国嘉德	2010.5.17
2000年作 张松茂 白梅 粉彩瓷盘	直径30.8cm	392,000	中国嘉德	2010.5.17
2004年作 舒慧娟 秋色更烂漫 粉彩瓷瓶	高44.5cm	91,840	中国嘉德	2010.5.17
2004年作 汪平孙 粉彩山水瓷板(四件)	43cm×28cm	47,040	中国嘉德	2010.5.17
2009年作 李磊颖 捉迷藏 粉彩瓷瓶	高56.5cm	50,400	中国嘉德	2010.5.17
2009年作 刘平 春风得意 粉彩瓷瓶	高38.8cm	87,360	中国嘉德	2010.5.17
2009年作 刘正 惊蛰 粉彩瓷板	100cm×100cm	201,600	中国嘉德	2010.5.17
2009年作 刘正 探梅 粉彩瓷盘	直径51.5cm	87,360	中国嘉德	2010.5.17
2009年作 钟莲生 牧羊图 粉彩瓷瓶	高41cm	134,400	中国嘉德	2010.5.17
2009年作 邹晓松 芦荡鹤鸣 粉彩瓷瓶	高50.5cm	112,000	中国嘉德	2010.5.17
2010年作 宁钢 和合图 粉彩综合装饰瓷板	80cm×80cm	504,000	中国嘉德	2010.5.17
2010年作 王秋霞 心畅境闲 粉彩笔筒(一对)	高17cm	44,800	中国嘉德	2010.5.17
珐琅彩				
清康熙 御制珊瑚红地珐琅彩九秋同庆碗	直径11cm	4,480,000	北京保利	2010.12.5
清康熙 珐琅彩胆瓶	高15.8cm	1,008,000	老城隍庙	2010.11.6
清乾隆 御制珐琅彩“祥云瑞蝠”开光式“四季花卉”图纸捶瓶	高18.4cm	122,796,180	香港苏富比	2010.10.7
清乾隆 御制珐琅彩“祥云瑞蝠”开光式“四季花卉”图纸捶瓶	高19cm	27,953,460	香港苏富比	2010.10.7
清乾隆 珊瑚红地珐琅彩花卉纹碗	直径11.8cm	470,400	北京纳高	2010.7.15
清乾隆 珐琅彩双龙碗	直径14.8cm	414,400	深圳市拍	2010.10.23
清乾隆 珐琅彩盘龙瓜叶葫芦瓶	通高12.3cm	2,240,000	辽宁中正	2010.1.10
清乾隆 珐琅彩郎世宁绘诗文花卉梅瓶	高19.7cm	4,480,000	老城隍庙	2010.11.6
清乾隆 珐琅彩蓝地花草纹盘	直径16. 6cm	728,000	北京纳高	2010.7.15
清乾隆 珐琅彩开光西洋人物纹碗	直径17.5cm	112,000	北京荣宝	2010.11.14
清乾隆 珐琅彩花鸟纹竹节长颈瓶	高18cm	67,200	中翰清花	2010.12.12
清光绪 瓷胎画珐琅牡丹杯	直径6.2cm	106,400	浙江一通	2010.9.5
清 珐琅彩龙纹藏草瓶	高18cm	112,000	辽宁中正	2010.1.10
清 珐琅彩开光牧牛童子贯耳瓶	高9.8cm	134,400	北京纳高	2010.7.15
清 珐琅彩薄胎西洋人物纹小罐(一对)	高7cm	616,000	辽宁中正	2010.4.18
清 瓷嵌珐琅花卉碗	直径15.5cm	44,800	北京保利	2010.10.23

拍品名称	尺寸	成交价RMB	拍卖公司	拍卖日期
民国(1947年) 珐琅彩开光山水如意万代尊	高32cm	2,240,000	北京保利	2010.6.4
民国 叶震嘉珐琅彩绘爱菊图小棒槌瓶	高14cm	347,200	北京永乐	2010.11.23
民国 花卉开光珐琅彩龙耳尊	宽12.5cm	145,600	福建拍卖	2010.1.10
民国 郭葆昌制珐琅彩脱胎八骏图盘口瓶	高20cm	60,480	辽宁中正	2010.1.10
民国 珐琅彩竹报平安瓶(一对)	高20.5cm	268,800	朵云轩	2010.12.17
民国 珐琅彩天球瓶	高15.5cm	44,800	浙江中财	2010.4.11
民国 珐琅彩题诗耄耋图小瓶	高10.5cm	179,200	北京保利	2010.6.5
民国 珐琅彩人物纹蒜头瓶	高19cm	440,000	天津文物	2010.5.24
民国 珐琅彩刘海戏蟾灯笼瓶	高24cm	112,000	福建拍卖	2010.1.10
民国 珐琅彩开光花鸟图观音瓶	高30.5cm	313,600	北京纳高	2010.7.15
民国 珐琅彩绘虞美人题诗瓶(一对)	高20.5cm	179,200	北京保利	2010.6.5
民国 珐琅彩花鸟纹灯笼瓶(一对)	高11.9cm	112,000	福建拍卖	2010.1.10
民国 珐琅彩碧桃花猪胆瓶(一对)	高42.7cm	246,400	广东古今	2010.6.20
广彩				
清雍正 广彩人物纹茶具(十一件一套)	尺寸不一	100,800	广州嘉德	2010.12.8
清乾隆 广彩洋人归航图大碗	直径29.5cm	224,000	广州嘉德	2010.12.8
清道光 广彩通景人物故事图盆	直径37.3cm	56,000	广州艺拍	2010.6.15
清同治 广彩开光人物故事大瓶	高93cm	403,200	北京荣宝	2010.11.14
清 广彩人物纹大碗	直径41cm	145,600	中国嘉德	2010.3.20
清 广彩人物纹大瓶(一对)	高96cm	425,600	中拍国际	2010.6.19
清 广彩人物花鸟纹大瓶(一对)	高63cm	89,600	浙江一通	2010.9.5
清 广彩开光人物大碗	直径59.5cm	44,800	浙江佳宝	2010.6.6
清末 广彩白菜纹碗	34cm×14cm	72,800	广州艺拍	2010.6.15
珐华彩(釉)				
明中期 珐华釉一鹭莲科八宝纹大罐	高43cm	1,904,000	北京九歌	2010.6.22
明中期 珐华缠枝花卉纹小盖罐	高15.3cm	91840	北京诚轩	2010.11.22
明16世纪 法华寿老八仙图盖罐	高43.2cm	3,629,200	香港佳士得	2010.12.1
明 珐华人物罐	高34.5cm	179,200	北京匡时	2010.6.6
明 珐华八仙人物大罐	高41cm	952,000	中国嘉德	2010.11.20
清康熙 珐华蝶恋花象耳瓶	高43.8cm	190,400	深圳市拍	2010.10.23
清康熙 珐华缠枝莲罐	高19cm	201,600	北京保利	2010.6.5
浅绛彩				
清 查义兴浅绛彩花鸟纹帽筒(一对)	高28.5cm	56,000	中拍国际	2010.6.19
清 程焕文浅绛彩松鹤山水纹象耳尊	高36cm	392,000	中拍国际	2010.6.19
清 程门风雪夜归人 浅绛彩瓷板	39cm×26cm	100,800	中国嘉德	2010.5.17
清 洪义顺浅绛彩人物纹四方帽筒(一对)	高28.2cm	72,800	中拍国际	2010.6.19
清 花鸟四方浅绛帽筒(一对)	高27.5cm	56,000	浙江中财	2010.4.11
清 济川氏浅绛彩《鸟语春风》帽筒(一对)	高28.5cm	145,600	中拍国际	2010.6.19
清 金品卿借广寒香 浅绛彩瓷板	39cm×26cm	156,800	中国嘉德	2010.5.17
清 金品卿鸟语花香 浅绛彩瓷板	43cm×33cm	448,000	中国嘉德	2010.5.17
清 金品卿浅绛彩花蝶纹瓷板	高38.5cm	235,200	中拍国际	2010.6.19
清 邱坤如浅绛彩四美图帽筒(一对)	高28.4cm	212,800	中拍国际	2010.6.19
清 万介新浅绛彩花鸟纹帽筒(一对)	高28.5cm	103,040	中拍国际	2010.6.19

2010瓷器拍卖成交汇总

(成交价RMB：4万元以上)

拍品名称	尺寸	成交价RMB	拍卖公司	拍卖日期
清 汪仰和浅绛彩山水纹帽筒(一对)	高28.5cm	78,400	中拍国际	2010.6.19
清 汪章 浅绛彩山水人物四方兽耳瓶	高56cm	56,000	中拍国际	2010.6.19
清 王琦浅绛彩人物纹帽筒(一对)	高29cm	156,800	中拍国际	2010.6.19
清 吴少峰浅绛彩人物故事纹瓷板	高38cm	61,600	中拍国际	2010.6.19
清 詹鸿宝浅绛彩花鸟纹帽筒(一对)	高28.5cm	235,200	中拍国际	2010.6.19
清光绪 彩云轩款浅绛彩八仙人物纹帽筒(一对)	高28.8cm	72,800	中拍国际	2010.11.27
清光绪 金品卿浅绛彩花鸟纹长方形大花盆	长37cm	134,400	中拍国际	2010.11.27
清光绪 浅绛彩人物纹长颈瓶	高34cm	103,040	中拍国际	2010.6.19
清光绪 人物四方浅绛帽筒(一对)	高28cm	235,200	浙江中财	2010.4.11
清光绪 唐基桐浅绛彩山水花鸟纹琮瓶	高29.6cm	112,000	中拍国际	2010.11.27
清光绪 汪章浅绛彩花鸟纹帽筒(一对)	高29cm	103,040	中拍国际	2010.11.27
清光绪 王启明浅绛彩山水花鸟纹八方大花盆	直径40cm	168,000	中拍国际	2010.11.27
清光绪 王少维浅绛彩《秋江归舟图》笔筒	高12.5cm	109,760	长风拍卖	2010.6.21
清光绪 郑初山浅绛彩花鸟纹瓶	高45.5cm	84,000	中拍国际	2010.11.27
清末 汪友棠、罗联璧等5人浅绛彩文房组合(五件)	尺寸不一	100,800	长风拍卖	2010.6.21
清同治 程门、金品卿 浅降彩书画集锦兽耳四方大瓶		666,000	长风拍卖	2010.6.21
清同治 汪友棠浅绛彩通景山水纹帽筒(一对)	高28.5cm	123,200	中拍国际	2010.6.19
清同治元年 浅绛彩山水纹瓷板	宽39cm	91,840	中拍国际	2010.11.27
清晚期 程门作浅绛彩瓷板(一对)	38.8cm×25.5cm	224,000	北京诚轩	2010.11.22
程门 浅绛彩山水笔筒	高19.5cm	112,000	中国嘉德	2010.11.20
金品卿 花鸟浅绛彩瓷板	43cm×28cm	280,000	中国嘉德	2010.11.20
金品卿 题叶图 浅绛彩瓷板	23cm×16cm	87,360	中国嘉德	2010.11.20
民国 毕渊明款虎啸山林图瓶(一对)	高33.7cm	79,200	天津瀚雅	2010.11.28
民国 程意亭款花鸟纹方瓶(一对)	高27.5cm	63,800	天津瀚雅	2010.11.28
民国 刘希任浅绛彩人物瓷板(一对)	尺寸不一	72,800	福建拍卖	2010.6.21
民国 马庆云浅绛彩“渔樵耕读”纹四方瓶(一对)	高57.6cm	190,400	中拍国际	2010.11.27
民国 马庆云浅绛彩人物纹双耳瓶	高57.7cm	117,600	中拍国际	2010.11.27
民国 浅降彩山水人物纹文房(一套四件)	尺寸不一	216,000	安华白云	2010.7.24
民国 浅绛彩“轻舟已过万重山”诗景图纹尊	高26.6cm	358,400	北京荣宝	2010.3.14
民国 田鹤仙款绶带鸟图瓶(一对)	高27cm	97,900	天津瀚雅	2010.11.28
民国 汪野亭款山水纹方赏瓶	高34.3cm	44,000	天津瀚雅	2010.11.28
民国 王大凡绘老子出关图瓷板	56.5cm×40.5cm	134,400	浙江一通	2010.9.5
浅绛彩山水人物瓷板(一套四块)	长39cm	380,800	上海新华	2010.9.5
红彩				
明正德 矾红游鱼纹碗	直径16.3cm	1,400,000	北京中汉	2010.11.22
明嘉靖 黄釉红彩盘	直径15.6cm	84,000	中国嘉德	2010.11.22
明嘉靖 红彩龙纹水盂	直径8.5cm	168,000	中国嘉德	2010.11.22
明嘉靖 矾红云龙纹大盘	直径36.5cm	336,000	辽宁中正	2010.10.31
清雍正 梵红彩云龙团寿纹盘(二件)	直径15.6cm	806,400	北京翰海	2010.12.12
清雍正 矾红龙纹盘(一对)	直径15.5cm	50,400	中国嘉德	2010.3.20
清雍正 矾红洪福齐天纹盘	直径21.4cm	280,000	北京中汉	2010.11.22
清雍正 矾红彩螭龙纹盘	直径11.2cm	58,240	中国嘉德	2010.5.16
清雍正 矾红彩八宝团龙盘	直径20.5cm	106,400	北京保利	2010.6.5

拍品名称	尺寸	成交价RMB	拍卖公司	拍卖日期
清同治/宣统 抹红彩云龙纹杯(十件)	直径5.9cm	313,600	北京翰海	2010.12.12
清乾隆 轧道红彩海水龙纹杯	直径6.1cm	235,200	中国嘉德	2010.12.18
清乾隆 松石绿地矾红夔龙壁瓶	高26cm	1,344,000	北京保利	2010.12.6
清乾隆 红彩莲花纹藏草瓶	高22cm	156,800	中国嘉德	2010.11.20
清乾隆 梵红彩花卉甘露瓶	高22cm	358,400	北京翰海	2010.6.7
清乾隆 矾红彩竹纹碗(一对)	直径11.8cm	212,800	中国嘉德	2010.11.20
清乾隆 矾红彩翼龙天鸡高足盖碗(一对)	高20cm	2,688,000	北京保利	2010.6.4
清乾隆 白地轧道海水矾红龙纹盏托(一对)	直径12.2cm	291,200	北京诚轩	2010.5.17
清康熙 绿地矾红龙纹碗	直径12cm	56,000	辽宁中正	2010.1.10
清康熙 红彩描金云龙笔筒	高14.5cm	89,600	北京翰海	2010.6.7
清康熙 红彩描金海水龙纹瓶	高27.7cm	313,600	北京诚轩	2010.11.22
清康熙 红彩福寿龙凤纹盘	直径20.5cm	76,160	北京翰海	2010.6.7
清康熙 矾红龙纹碗	直径15.8	560,000	广州艺拍	2010.6.15
清康熙 矾红龙纹盘	直径21.8cm	134,400	中国嘉德	2010.12.18
清康熙 矾红缠枝花卉开光海水龙纹盘	直径22.8cm	89,600	北京纳高	2010.7.15
清嘉庆 梵红彩云龙双耳三足炉	高27.3cm	280,000	北京翰海	2010.6.7
清嘉庆 矾红三清诗茶碗	直径11.2cm	78,400	中国嘉德	2010.6.19
清嘉庆 矾红彩竹纹小盏(一对)	直径9.3cm	212,800	浙江一通	2010.9.5
清嘉庆 矾红彩龙纹盘	直径16.5cm	156,800	中国嘉德	2010.11.20
清道光 珊瑚红莲花纹碗	直径11.5cm	44,800	中国嘉德	2010.5.16
清道光 矾红双龙赶珠纹水盂	直径7cm	236,500	香港佳士得	2010.12.1
清光绪 珊瑚红二龙争珠纹大盘	直径34.5cm	50,400	十竹斋	2010.7.11
清光绪 绿地矾红龙纹碗	直径17cm	72,800	北京保利	2010.10.23
清光绪 梵红彩花卉纹碗(二件)	直径14.7cm	134,400	北京翰海	2010.12.12
清光绪 矾红蝠纹碗(一对)	直径12cm	106,400	北京保利	2010.10.23
清光绪 矾红二龙戏珠图盘	直径34cm	47,040	中国嘉德	2010.9.18
清 黄地开光胭脂红风景图碗(一对)	直径16cm	61,600	北京中嘉	2010.5.9
民国 王步红彩罗汉如意瓶	高47.4cm	224,000	广东古今	2010.6.20
红彩描金无双谱方瓶	高35cm	44,800	北京翰海	2010.9.19
黄彩				
清嘉庆 蓝地黄龙赶珠纹盘	直径25cm	168,000	广州嘉德	2010.12.8
绿彩				
北宋 白瓷点绿叶执壶	高33cm	89,600	中都国际	2010.9.25
明成化 绿彩缠枝灵芝纹香炉	高14cm	16,800,000	北京中嘉	2010.5.9
明正德 白地绿彩暗刻龙纹盘	直径17.7cm	347,200	北京永乐	2010.11.23
明万历 黄地紫绿彩龙纹盘	直径26.5cm	430,000	香港佳士得	2010.12.1
清康熙 绿彩龙纹小杯(一对)	直径6.4cm	190,400	中国嘉德	2010.5.16
清康熙 绿彩龙纹盘	直径17.7cm	89,600	北京诚轩	2010.11.22
清康熙 蓝地绿彩云龙纹盘	直径36.8cm	627,200	北京中汉	2010.11.22
清康熙 豇豆红釉绿彩螭龙瓶	高19.7cm	985,600	中国嘉德	2010.11.20
清康熙 豇豆红釉绿彩螭龙瓶	高20.5cm	784,000	中国嘉德	2010.11.20
清康熙 黄釉赭绿龙纹盘(二件)	直径13.1cm	134,400	北京翰海	2010.6.7
清康熙 黄地绿彩折枝花果纹碗	直径10cm	50,400	广州嘉德	2010.6.16
清康熙 黄地绿彩云龙戏珠橄榄瓶	高25.5cm	7,392,760	香港佳士得	2010.5.31
清康熙 黄地绿彩婴戏图碗	直径15.1cm	392,000	中国嘉德	2010.3.20
清康熙 红地绿龙盘	直径21.5cm	224,000	北京保利	2010.12.6

拍品名称	尺寸	成交价RMB	拍卖公司	拍卖日期
清康熙 红地绿彩龙纹碗	直径19.7cm	313,600	中国嘉德	2010.11.20
清雍正 墨地绿彩水仙纹盘	直径18.2cm	392,000	中国嘉德	2010.11.20
清雍正 绿彩龙纹罐	高19.5cm	2,464,000	北京匡时	2010.6.6
清雍正 黄地绿彩云龙纹碗	直径14.2cm	1152,400	香港佳士得	2010.12.1
清雍正 黄地绿彩婴戏图碗	直径15cm	1,680,000	北京永乐	2010.11.23
清雍正 黄地绿彩婴戏图碗	直径15cm	791,200	香港佳士得	2010.12.1
清雍正 黄地绿彩祥云八鹤纹碗(一对)	直径15.2cm	2,800,000	北京中汉	2010.11.22
清雍正 黄地绿彩暗刻团龙纹碗	直径14.2cm	1,344,000	北京永乐	2010.11.23
清乾隆 墨地绿彩折枝荔枝纹碗	直径10.8cm	358,400	北京九歌	2010.6.22
清乾隆 绿彩云龙纹罐	高19.8cm	616,000	北京诚轩	2010.11.22
清乾隆 绿彩龙纹盘	直径17.7cm	53,760	中国嘉德	2010.6.19
清乾隆 黄地绿彩云龙纹花口盘(二件)	直径13.4cm	123,200	北京翰海	2010.12.12
清乾隆 黄地绿彩云龙朵花纹菊瓣口盘	直径13.3cm	279,500	香港佳士得	2010.12.1
清乾隆 黄地绿彩龙纹碗	直径15cm	392,000	北京保利	2010.6.5
清乾隆 黄地绿彩暗刻龙纹碗	直径10.1cm	291,200	北京中汉	2010.5.18
清乾隆 白地绿彩云龙八宝纹盖罐	高20.7cm	2,081,200	香港佳士得	2010.12.1
清嘉庆 黄地绿龙碗(一对)	直径11.5cm	168,000	北京保利	2010.7.31
清嘉庆 黄地绿彩龙凤"寿"字纹碗	直径11.7cm	450,640	香港佳士得	2010.12.1
清道光 绿彩龙纹盘(一对)	直径17.5cm	145,600	中国嘉德	2010.11.20
清道光 绿彩龙纹盘	直径17.8cm	103,040	北京中汉	2010.11.22
清道光 绿彩苍龙教子图撇口瓶	高33cm	840,000	北京永乐	2010.11.23
清道光 白釉绿彩海水云龙纹碗	直径10cm	112,000	北京翰海	2010.12.12
清光绪 墨地绿彩"兰芝祝寿"图圆盖盒	长32.2cm	651,200	香港苏富比	2010.4.8
清光绪 黄地赭绿龙纹盘(二件)	直径10.7cm	56,000	北京翰海	2010.12.12
清光绪 黄地绿彩龙纹碗(一对)	直径11cm	53,760	朵云轩	2010.12.17
清光绪 黄地绿彩龙纹碗(一对)	直径10cm	44,800	中国嘉德	2010.9.18
清 绿龙撇口瓶	高28cm	41,800	天津瀚雅	2010.11.28
清 绿彩八宝纹盘	直径33.2cm	58,240	北京翰海	2010.9.19
民国 绿彩缠枝莲赏瓶	高42cm	67,200	北京保利	2010.10.23
黑地绿彩山水图葵瓣洗	宽14cm	1,771,600	香港佳士得	2010.12.1
紫彩				
清康熙 绿地紫彩龙纹盘	直径31.5cm	873,600	北京匡时	2010.12.4
清康熙 绿地紫彩云龙纹碗	直径11.2cm	258,000	香港佳士得	2010.12.1
金彩				
明早期 酱釉浮雕描金人物八方蒜头瓶	高55cm	58,240	中翰清花	2010.5.2
明嘉靖 外珊瑚红描金内青花花卉碗	直径12.5cm	67,200	北京保利	2010.6.5
清康熙 洒蓝地描金山水诗文笔筒	高14cm	100,800	辽宁中正	2010.1.10
清康熙 蓝地描金麒麟花鸟纹棒槌瓶	高45cm	279,500	香港佳士得	2010.12.1
清康熙 金彩碗(一对)	直径11cm	100,800	辽宁中正	2010.1.10
清乾隆 炉钧釉地金酱彩浮雕"夔龙拱福"图仿古铜式双耳瓶	高37.5cm	39,686,580	香港苏富比	2010.10.7
清乾隆 御制松石绿描金云纹《古稀说》瓷板(六块)	58.5cm×25cm×6	10,304,000	北京保利	2010.12.5
清乾隆 紫金釉金彩宝相花碗	直径17cm	470,400	北京保利	2010.12.6
清乾隆 天蓝彩地金彩"九龙"图长颈瓶	高30cm	19,153,620	香港苏富比	2010.10.7
清乾隆 松石绿地描金福寿纹双耳瓶	高28.5cm	1,210,000	天津文物	2010.5.24
清乾隆 茶叶末釉描金花卉五联瓶	高19.5cm	2,800,000	北京翰海	2010.12.12

拍品名称	尺寸	成交价RMB	拍卖公司	拍卖日期
清乾隆 珊瑚红釉描金缠枝莲纹花尊	高17.5	952,000	北京诚轩	2010.5.17
清乾隆 珊瑚红描金坐像弥陀	高22.5cm	112,000	上海新华	2010.9.5
清乾隆 珊瑚红描金开光山水纹碗	18.5cm×8.5cm	40,320	广州艺拍	2010.6.15
清乾隆 珊瑚红描金花卉纹葫芦瓶	高36cm	4,144,000	朵云轩	2010.12.17
清乾隆 青釉描金双耳瓜棱小瓶	高13.8cm	5,376,000	北京保利	2010.6.4
清乾隆 描金茶叶末釉撇口瓶	高31.5cm	80,640	中翰清花	2010.5.2
清乾隆 金彩山水人物小碗(二件)	直径8.3cm	2,464,000	北京翰海	2010.12.12
清乾隆 酱地描金兽面纹觯	高20.5cm	336,000	中国嘉德	2010.11.21
清乾隆 祭蓝釉描金花卉瓶	高9.5cm	179,200	广州艺拍	2010.6.15
清乾隆 祭蓝描金缠枝纹四系小瓶	高11.8cm	616,000	福建拍卖	2010.6.21
清乾隆 茶叶末釉描金葫芦瓶	高13cm	873,600	老城隍庙	2010.11.6
清乾隆 粉青地金彩"交锁夔龙"图兽耳瓶(一对)	高26.6cm	31,134,400	香港苏富比	2010.4.8
清乾隆 仿朱漆描金御题诗菊瓣盘	直径10.3cm	1,462,000	香港佳士得	2010.12.1
清乾隆 仿雕漆蓝地金彩团寿纹碗	直径12cm	67,200	中拍国际	2010.11.27
清乾隆 矾红描金云龙戏珠纹双耳罐	高43cm	672,000	中翰清花	2010.12.12
清乾隆 蓝釉描金花卉盖碗	长11.5cm	56,000	北京保利	2010.12.6
清乾隆 炉钧釉描金佛像	高29cm	694,400	北京保利	2010.10.23
清乾隆 金釉彩法轮	高28cm	784,000	北京保利	2010.12.5
清中期 炉钧釉描金佛坐像	高22cm	89,600	辽宁中正	2010.10.31
清嘉庆 松石绿地金彩浮雕夔龙纹碗	直径10.5cm	112,000	北京保利	2010.12.6
清嘉庆 珊瑚红地描金花卉寿喜纹茶船	长14.7cm	67,200	北京中汉	2010.11.22
清嘉庆 豆青釉描金蒜头瓶	高30.7cm	1,792,000	云南典藏	2010.4.25
清中期 珊瑚红描金如意形盖盒	高5cm；宽11cm	44,800	长风拍卖	2010.6.22
清道光 粉青釉描金福寿花卉荸荠瓶	高27cm	2,912,000	北京保利	2010.12.6
清道光 珊瑚红描金诗文盖杯(一对)	直径10cm	134,400	中国嘉德	2010.11.20
清道光 矾红描金寿字碗	直径11.5cm	42,560	辽宁中正	2010.10.31
清18世纪 酱釉描金仿古"饕餮图"弦纹壶	高20.5cm	220,000	香港苏富比	2010.4.8
清同治 霁蓝描金皮球纹赏瓶	高39cm	134,400	雍和嘉诚	2010.6.3
清光绪 洒蓝描金山水诗文笔筒	直径17cm	50,400	北京保利	2010.10.23
清光绪 洒蓝描金开光花鸟棒槌瓶	高45cm	56,000	北京保利	2010.10.23
清光绪 洒蓝描金开光花鸟棒槌瓶	高45cm	56,000	北京保利	2010.10.23
清光绪 蓝地描金皮球花纹赏瓶	高38.5cm	145,600	北京中汉	2010.5.18
清光绪 霁蓝釉描金云龙扁瓶	高32.6cm	123,200	北京翰海	2010.6.7
清光绪 霁蓝釉描金云蝠狮纹赏瓶	高39cm	313,600	北京翰海	2010.12.12
清光绪 霁蓝釉描金皮球花纹赏瓶	高38cm	235,200	北京荣宝	2010.3.14
清光绪 霁蓝釉描金皮球花赏瓶	高38cm	302,400	北京翰海	2010.12.12
清光绪 霁蓝釉描金龙纹赏瓶	高38cm	71,500	天津文物	2010.5.24
清光绪 霁蓝釉描金花鸟纹象耳瓶(一对)	高24cm	123,200	北京九歌	2010.6.22
清光绪 祭蓝釉描金皮球花赏瓶(一对)	高38.8cm	313,600	中国嘉德	2010.5.16
清光绪 祭蓝描金皮球花赏瓶	高39cm	212,800	北京匡时	2010.6.6

2010瓷器拍卖成交汇总

(成交价RMB：4万元以上)

拍品名称	尺寸	成交价RMB	拍卖公司	拍卖日期
清光绪 祭蓝描金花鸟象耳琮式瓶	高35cm	112,000	上海新华	2010.9.5
清光绪 红釉描金二龙戏珠盘	直径34cm	145,600	北京荣宝	2010.3.14
清光绪 矾红描金九龙豆	高28cm	504,000	北京保利	2010.12.6
清光绪 矾红描金赶珠龙纹盘(一对)	直径18.5cm	61,600	广州嘉德	2010.12.8
清 紫地描金三足尊	高14.5cm	41,800	天津瀚雅	2010.11.28
清 珊瑚釉描金勾莲葫芦瓶	高26cm	44,800	北京翰海	2010.9.18
清 珊瑚红釉描金花卉纹盖碗	直径19cm	50,400	中拍国际	2010.6.19
清 仿铜釉金彩椭圆形盖盒	宽7.5cm	91,840	中国嘉德	2010.11.20
清 樊红描金喜字纹碗(一对)	直径21.5cm	67,200	中鼎国际	2010.11.18
清 矾红描金墨书金文水盂	直径7.7cm	50,400	北京纳高	2010.7.15
清 矾红描金加彩盘(一对)	直径15cm	78,400	北京保利	2010.7.31
民国 珊瑚红地描金葫芦瓶	高35cm	41,800	天津瀚雅	2010.11.28
民国 矾红描金开光山水方盖瓶	高34cm	117,600	北京保利	2010.10.23
白花				
元 蓝釉堆白龙纹罐	高25.2cm	9,856,000	北京中嘉	2010.5.9
明 蓝釉留白花叶纹抱月瓶	高31cm	425,600	北京中嘉	2010.5.9
清康熙 豆青白花竹节笔筒	高15cm	72,800	福建拍卖	2010.1.10
清雍正 天蓝釉留白夔龙纹碗	直径23cm	440,000	天津文物	2010.5.24
清雍正 蓝地留白双龙赶珠纹碗	直径15cm	597,040	香港佳士得	2010.5.31
清雍正 蓝地堆白花鱼藻纹碗	直径17.5cm	385,000	天津文物	2010.5.24
清雍正 蓝地白花鱼藻纹盉式碗	直径17.3cm	1,086,400	北京中汉	2010.11.22
清乾隆 珊瑚红留白缠枝花卉碗	直径12.7cm	246,400	中国嘉德	2010.11.20
清乾隆 官窑竹纹留白珊瑚红釉碗(一对)	直径13.6cm	235,200	浙江中财	2010.4.11
清乾隆 豆青地堆白暗八仙纹六角瓶	高29cm	42,560	广州艺拍	2010.6.15
清乾隆 豆青白龙双耳扁瓶	高23cm	448,000	朵云轩	2010.6.30
清嘉庆 松石绿釉堆白花卉纹葫芦瓶	高28.5cm	1,232,000	辽宁中正	2010.1.10
清嘉庆 珊瑚红留白竹节碗(一对)	直径9.3cm	44,800	雍和嘉诚	2010.6.3
清道光 天蓝釉加白花卉石榴尊	高8.8cm	56,000	北京保利	2010.6.5
清道光 珊瑚红釉留白竹纹碗(一对)	直径18cm	369,600	北京荣宝	2010.3.14
清道光 祭蓝釉白花描金三羊如意尊	高22.5cm	220,000	天津瀚雅	2010.11.28
清道光 矾红彩留白缠枝花卉碗(一对)	直径13cm	358,400	北京保利	2010.12.6
清 松石绿地堆粉西番莲纹玉壶春瓶	高29cm	392,000	云南典藏	2010.4.25
清 珊瑚红竹纹碗	直径11cm	291,200	北京保利	2010.10.23
清 粉青釉堆白镂空绣墩	高48cm	50,400	中拍国际	2010.6.19
清 豆青加白八仙祝寿纹露头尊	高45.5cm	88,000	天津文物	2010.11.21
墨彩				
宋/金 磁州窑绿地黑花诗文梅瓶	高30.5cm	100,800	北京保利	2010.12.6
金 磁州窑褐地黑花老虎枕	长33.7cm	134,400	北京中汉	2010.11.22
清康熙 绿地双龙纹碗	宽11.8cm	67,200	福建拍卖	2010.1.10
清康熙 矾红黑彩群仙纹碗	直径17cm	1,255,600	香港佳士得	2010.12.1
清雍正 墨彩暗刻龙纹一苇渡江杯	直径9.5cm	89,600	北京保利	2010.10.23
清乾隆 唐英制墨彩诗句马蹄式水丞	直径6cm	168,000	北京永乐	2010.11.23
清乾隆 墨彩山水纹墨床	长7.5cm	56,000	北京翰海	2010.6.7
清乾隆 白地墨彩御题诗文笔筒	高10.5cm	123,200	福建拍卖	2010.6.21

拍品名称	尺寸	成交价RMB	拍卖公司	拍卖日期
清乾隆 唐英制墨彩诗句马蹄式水丞	直径6cm	168,000	北京永乐	2010.11.23
清同治 黄地墨彩花卉纹花盆	高9.7cm	123,200	北京匡时	2010.12.4
清同治 黄地黑彩花卉寿桃帽筒(一对)	高28cm	89,600	北京保利	2010.12.6
清光绪 绿地墨彩花鸟碗(四件)	直径17cm	50,400	北京保利	2010.10.23
清光绪 黄地墨彩花卉纹长方花盆	宽14.5cm	134,400	中国嘉德	2010.5.16
清宣统 墨彩山水纹尊	高46cm	201,600	北京匡时	2010.6.6
清晚期 黄地墨彩花卉纹长方形小花盆	长13cm	67,200	福建拍卖	2010.6.21
民国 汪小亭绘墨彩山水纹茶壶	长17cm	44,800	上海工美	2010.4.22
民国 墨彩芦雁纹瓶	高13.5cm	64,960	辽宁中正	2010.1.10
民国 黄地墨彩花卉纹捧盒	直径20.8cm	56,000	中国嘉德	2010.6.19
民国 反瓷墨彩山水图文房(一套)	尺寸不一	67,200	北京保利	2010.12.6
程十发 钟馗嫁妹图瓷盘	直径39cm	64,960	上海崇源	2010.7.31
夏忠勇 墨彩描金"洛神图"瓷板	53cm×29.5cm	168,000	北京保利	2010.12.5
王隆夫 苍鹰墨彩瓷盘	直径36.5cm	42,560	中国嘉德	2010.11.20
20世纪 张志汤墨彩绘瑞雪山居图大瓷板 张志汤绘山水人物图轴	100.5cm×44.5cm	425,600	北京永乐	2010.11.23
仿古铜彩				
清乾隆 仿古铜彩弦纹长颈双耳瓶	高9cm	336,000	北京纳高	2010.7.15
清 古铜彩暗刻博古纹盘口尊	高38cm	235,200	云南典藏	2010.4.25
清中期 古铜彩双鹿头尊	高38cm	89,600	北京保利	2010.10.23
其他彩				
北宋/金 磁州窑白地褐花小口瓶	高22.9cm	739,600	香港佳士得	2010.12.1
明崇祯 丙吉问牛图笔筒	高20.4cm	84,000	中拍国际	2010.11.27
清早期 龚心钊旧藏浆胎小杯(五件)	直径8.1cm	72,800	中国嘉德	2010.11.21
清康熙 鱼化龙题诗纹笔海	高16.5cm	280,000	广州嘉德	2010.12.8
清康熙 绿地赭龙纹碗	直径11.4cm	100,800	北京匡时	2010.6.6
清康熙 绿地仿掐丝珐琅海珍纹圆形白尼盒	直径15cm	123,200	福建拍卖	2010.6.21
清康熙 龚心钊旧藏暗刻龙凤纹梅瓶	高19.6cm	459,200	中国嘉德	2010.11.21
清雍正 洋彩开光双龙捧寿纹六方笔筒	高19.5cm	280,000	中拍国际	2010.11.27
清雍正 珊瑚红地洋彩宝相花碗	直径11.8cm	448,000	北京保利	2010.12.5
清雍正 抹红暗刻洪福齐天纹盘	直径17.5cm	101,200	天津文物	2010.11.21
清雍正 雕瓷云龙纹水盂	直径6.5cm	72,800	北京保利	2010.12.6
清乾隆 洋彩厂官釉榴开百子瓶(一对)	高20.5cm	34,720,000	北京荣宝	2010.11.14
清乾隆 洋彩花卉碗	直径11.2cm	7,280,000	北京翰海	2010.6.7
清乾隆 桃红地洋彩宝相花纹海棠洗	长21.5cm	156,800	中拍国际	2010.11.27
清乾隆 珊瑚红地仿古双龙耳角背纹三足炉(一对)		616,000	北京匡时	2010.12.4
清乾隆 如意纹水晶洗	长14cm	280,000	中国嘉德	2010.11.21
清乾隆 浅黄地洋彩锦上添花"万寿连延"图长颈葫芦瓶	高40cm	220,572,180	香港苏富比	2010.10.7
清乾隆 蓝料彩山居图诗文盘	直径31.3cm	190,400	北京纳高	2010.7.15
清乾隆 蓝地包金鱼藻纹观音瓶	高33cm	4,256,000	中翰清花	2010.5.2
清乾隆 孔雀绿地洋彩加胭脂料彩宝相花螭龙福寿耳瓶	高28cm	19,040,000	北京保利	2010.6.4
清乾隆 黄地洋彩花卉纹碗	直径16cm	728,000	北京保利	2010.6.5
清乾隆 黄地洋彩缠枝宝相花卉纹折沿花盆	直径30cm	1,321,600	北京中汉	2010.11.22
清乾隆 仿官窑铜釉彩罗汉瓷塑	高63cm	392,000	浙江中财	2010.4.11
清乾隆 仿大漆釉描金龙纹海棠盒	长18.5cm	44,800	中鼎国际	2010.11.18

拍品名称	尺寸	成交价RMB	拍卖公司	拍卖日期
清乾隆 仿大漆瓜蝶碗	直径12.5cm	385,000	天津瀚雅	2010.11.28
清乾隆 瓷雕仿英石山子笔架	长21.5cm	44,800	北京中汉	2010.11.22
清嘉庆 洋彩花卉开光“甲子万年”内五蝠捧寿纹碗	直径18.5cm	336,000	北京荣宝	2010.3.14
清嘉庆 太平景象香插	宽13.8cm	134,400	福建拍卖	2010.1.10
清嘉庆 松石绿地洋彩番莲吉庆福寿洋红双夔龙耳撇口瓶	高19.6cm	918,400	北京中汉	2010.11.22
清嘉庆 松绿地八宝纹觚	高32cm	1,008,000	广州艺拍	2010.6.15
清嘉庆 黄地洋彩花卉纹碗	直径15cm	207,200	中国嘉德	2010.12.18
清嘉庆 瓜皮绿地赭龙纹碗	直径11cm	224,000	北京荣宝	2010.3.14
清道光 柠檬黄地缠枝纹“佛日常明”碗(一对)	直径16cm	918,400	北京匡时	2010.12.4
清道光 蓝地轧道开光人物山水图碗	直径15cm	48,160	广州艺拍	2010.6.15
清道光 蓝地轧道开光花卉盘(二件)	直径15.3cm	72,800	北京翰海	2010.6.7
清道光 黄地宝相花纹碗	直径15cm	61,600	广州艺拍	2010.6.15
清道光 黄地暗刻龙纹盘	直径17.2cm	78,400	广州艺拍	2010.6.15
清道光 豆青地堆白八吉祥纹五管瓶	高30.5cm	470,400	广州嘉德	2010.12.8
清道光 磁胎洋彩黄地团花四季山水膳碗(一对)	直径15cm	694,400	北京保利	2010.6.5
清道光 磁胎洋彩红地团花四季山水膳碗	直径15cm	358,400	北京保利	2010.6.5
清中期 雕瓷福寿如意	长52cm	290,000	金仕德	2010.5.19
清同治 黄地开光狩猎图宝月瓶	高47cm	156,800	广州艺拍	2010.6.15
清光绪 绿地赭龙纹碗	直径15.2cm	67,200	北京荣宝	2010.11.14
清光绪 黄地福寿纹花盆(一对)	直径43.5cm	89,600	中国嘉德	2010.12.18
清光绪 黄地彩云龙大盘	直径53.7cm	1,120,000	北京翰海	2010.12.12
清光绪 雕瓷仕女笔筒	高15.2cm	44,800	北京保利	2010.6.5
17世纪 蓝琉璃阿弥陀佛	高13cm	291,200	广州嘉德	2010.12.8
1887年 北洋海军靖远舰舰长用大盘	长43.2cm	168,000	北京永乐	2010.11.23
清 洋彩轧道锦上添花堆塑“五子登科”盘口瓶(一对)	高29cm	2,128,000	广州嘉德	2010.12.8
清 洋彩红翠地锦上添花双联扁瓶	高20cm	99,000	天津瀚雅	2010.11.28
清 唐英款海棠形笔筒	高10.5cm	67,200	广州嘉德	2010.6.16
清 素瓷象钮、狮钮印章	高7cm	42,560	北京保利	2010.12.6
清 松石地璎珞耳瓶	高35cm	69,440	北京翰海	2010.9.18
清 善财童子	高28.3cm	78,400	北京翰海	2010.12.12
清 琴棋书画开光帽筒(一对)	高29cm	134,400	浙江中财	2010.4.11
清 涅白地彩绘西洋人物葫芦瓶	高15cm	840,000	北京翰海	2010.12.12
清 开窗人物小帽筒(一对)	高26cm	89,600	浙江中财	2010.4.11
清 黄地胭脂料彩云龙双耳三足炉	高13.5cm	806,400	北京翰海	2010.12.12
清 仿雕漆碗	直径13cm	56,000	北京保利	2010.7.31
清 雕瓷龙纹如意	长44.6cm	80,000	金仕德	2010.5.19
清 瓷胎大漆嵌螺钿山水人物纹瓶	高48cm	88,000	天津文物	2010.5.24
清 陈国治雕瓷山水楼阁笔筒	直径17.5cm	53,760	北京保利	2010.7.31
朱文《希望的田野》		179,200	北京保利	2010.12.5
朱乐耕 翔 高温颜色釉瓷碗(两件)		224,000	中国嘉德	2010.5.17
朱乐耕“禅意”一组(12件)	高120cm	5,600,000	北京保利	2010.12.5
朱建安 高温色釉彩“古韵”	66cm×44cm	134,400	北京保利	2010.12.5
朱德群 乐韵	50cm×50cm	280,000	北京保利	2010.12.5
周国桢 雕塑河马	43cm×15cm	560,000	北京保利	2010.12.5
周国桢《御灵兔》	37cm×20cm	134,400	北京保利	2010.12.5
赵惠民 宝钗扑蝶、瓷板	56.5cm×33.5cm	728,000	北京保利	2010.12.5
章鉴 鱼藻图 釉上彩赏瓶	高30cm	112,000	中国嘉德	2010.5.17
章鉴 牧马图 釉上彩瓷瓶	高33cm	109,760	中国嘉德	2010.11.20
章鉴 鹿、瓷板	80cm×43cm	649,600	北京保利	2010.12.5
张育贤 鉴真像 瓷雕 1988	高61cm	358,400	中国嘉德	2010.11.20
张松茂 雪景昭君出塞瓶	高36cm	952,000	北京保利	2010.12.5
张松茂 黄山图瓶	37cm×18cm	537,600	北京保利	2010.12.5
张婧婧 弧之系列19	38cm×36cm	47,040	北京保利	2010.12.5
张景辉 釉上彩绘“云山飞瀑”瓷板	53cm×54cm	95,200	北京保利	2010.12.5
张景辉 釉上彩绘“春晓2007”瓷板	79cm	156,800	北京保利	2010.12.5
张桂铭《石榴》	50cm×32cm	280,000	北京保利	2010.12.5
张桂铭《牵牛》	32cm×41cm	201,600	北京保利	2010.12.5
曾维开 梅兰竹菊瓶	63cm×20cm	84,000	北京保利	2010.12.5
元 粉创金高足碗	高10.5cm	168,000	中国嘉德	2010.11.22
许兴泽 立古莲如意观音瓷塑	高46cm	91840	中国嘉德	2010.11.20
徐天梅款虎纹瓷板	高35.5cm	55,000	天津鼎天	2010.6.20
徐江云 故乡恋曲 高温颜色釉瓷瓶	高37cm	78,400	中国嘉德	2010.5.17
现代 林风眠画瓷板画	54cm×33cm	313,600	中鼎国际	2010.11.18
吴锦华《夕霞林丛啸声起》	54cm×36cm	537,600	北京保利	2010.12.5
文革时期 瓷板开国大典毛主席像	69cm×41cm	761,600	老城隍庙	2010.11.6
魏荣生 星星之火 釉上彩瓷盘	直径27cm	50,400	中国嘉德	2010.11.20
维纳斯风格 陶器绘盘(十件套)	直径24.5cm×10	118,680	伊斯特	2010.11.25
王芝文 汉光精瓷、山水微书《论语》	39cm×19cm	313,600	北京保利	2010.12.5
王修功 多彩釉瓷盘	直径50cm	392,000	中国嘉德	2010.11.20
王锡良、熊汉中、李菊生、王采 紫气东来 釉上彩瓷板	123cm×70cm	80,640	中国嘉德	2010.11.20
王锡良 琴棋书画瓶	37cm×25cm	761,600	北京保利	2010.12.5
王锡良 黄山瓷板	56cm×32cm	1,232,000	北京保利	2010.12.5
王秋霞 桃花源记	50cm×21cm	201,600	北京保利	2010.12.5
王秋霞 家居深山里	34cm×28cm	50,400	北京保利	2010.12.5
王隆夫 琴高跨鲤图	43cm×30cm	873,600	北京保利	2010.12.5
王恩怀 秋韵 釉上彩瓷瓶	高39cm	134,400	中国嘉德	2010.11.20
王恩怀 春在自然中	50cm×21cm	616,000	北京保利	2010.12.5
汪友棠 武陵春色 浅降彩瓷壶	高11.5cm	67,200	中国嘉德	2010.11.20
汪桂英 吟赏烟霞图	50cm×21cm	224,000	北京保利	2010.12.5
唐云铭 瓦当纹八格调色圆瓷盘	直径16.1cm	112,000	上海工美	2010.4.22
唐云绘 落花游鱼图瓷盖罐	高11.3cm	100,800	上海工美	2010.4.22
苏清河 送子观音 瓷塑	高25.5cm	56,000	中国嘉德	2010.5.17
石禅 石榴	13cm×50cm	61,600	北京保利	2010.12.5
石禅 荷花	52cm×25cm	61,600	北京保利	2010.12.5
饶晓晴 孩童	50cm×21cm	145,600	北京保利	2010.12.5
戚培才 指画花卉 釉上彩瓷瓶	高37cm	56,000	中国嘉德	2010.11.20
宁钢 综合装饰荷	61cm×23cm	112,000	北京保利	2010.12.5
民国 张志汤款山水纹瓶(一对)	高37.5cm	52,800	天津瀚雅	2010.11.28
民国 张志汤款菱形山水纹瓶(一对)	高32cm	44,000	天津瀚雅	2010.11.28
民国 汪小亭 万云烟款山水人物长方瓶(一对)	高23.2cm	110,000	天津瀚雅	2010.11.28
民国 珊瑚釉开光山水瓶	高40cm	67,200	北京翰海	2010.9.18
民国 珊瑚红开光人物大梅瓶	高36cm	44,800	北京保利	2010.10.23
民国 日本漆宝烧花鸟“一路连升”纹瓶(一对)	高45cm	89,600	北京荣宝	2010.3.14
民国 仿乾隆洋彩玉环蒜头瓶	高19.5cm	56,000	中拍国际	2010.6.19
民国“古月轩珍”款洋彩人物瓷器(一组十三套20一件)	尺寸不一	7,280,000	北京保利	2010.12.5
梅妻鹤子瓶	高39cm	42,560	山东恒昌	2010.11.28
毛正聪 鱼子炉	高12.2cm	358,400	中国嘉德	2010.11.20
马小娟 荷之韵系列	58cm×31cm	53,760	北京保利	2010.12.5
陆如 只有春如故	61cm×18cm	313,600	北京保利	2010.12.5
陆如 年年有余	20cm×28cm	156,800	北京保利	2010.12.5
陆军 童子纳凉图 综合装饰瓷盘	直径33.5cm	56,000	中国嘉德	2010.11.20
卢伟孙 米色釉金丝铁线钵	10cm×20cm	42,560	北京保利	2010.12.5

2010瓷器拍卖成交汇总

(成交价RMB：4万元以上)

拍品名称	尺寸	成交价RMB	拍卖公司	拍卖日期
卢伟《秋》	61cm×29cm	50,400	北京保利	2010.12.5
刘正 惊蛰 釉上彩瓷板	80cm×80cm	201,600	中国嘉德	2010.11.20
刘正《惊蛰Ⅰ》	80cm×80cm	134,400	北京保利	2010.12.5
刘远长 雕塑孔子立像	59cm×38cm	145,600	北京保利	2010.12.5
刘文西人物瓷板画		60,000	金仕德	2010.11.26
刘传、刘桂乐 苏武牧羊	高36cm	145,600	广州嘉德	2010.12.8
李小聪 山涧携琴	41cm×16cm	53,760	北京保利	2010.12.5
李小聪 居静间话图	18cm×31cm	224,000	北京保利	2010.12.5
李林洪 山梦	48cm×48cm	112,000	北京保利	2010.12.5
李磊颖 秋声秋趣 古彩瓷瓶	高21cm	112,000	中国嘉德	2010.11.20
李进 情趣、瓷板	80cm×43cm	840,000	北京保利	2010.12.5
蓝国华 荷莲图 古彩瓷瓶	高36.5cm	84,000	中国嘉德	2010.11.20
景德镇奥运珍藏纪念瓷大全套	尺寸不一	1,120,000	北京保利	2010.12.5
近代 赵惠民绘仕女瓷板画	60cm×36.5cm	67,200	朵云轩	2010.6.30
近代 王筱兰绘敬老院瓷板画	60cm×36.5cm	44,800	朵云轩	2010.6.30
江金承 仙鹤	44cm×18cm	56,000	北京保利	2010.12.5
黄小玲《竹报平安》	43cm×35cm	84,000	北京保利	2010.12.5
黄松坚 大龙之尊者	高55cm	3,360,000	深圳市拍	2010.6.12
黄焕义《共生》	高113cm	840,000	北京保利	2010.12.5
黄焕义 "土说" 陶艺	41cm×18cm	84,000	北京保利	2010.12.5
胡小军 海上·行乐之一 高温釉下多彩绘瓷板	120cm×64cm	91,840	中国嘉德	2010.11.20
胡小军《海上莲舟观音之五》	112cm×57cm	100,800	北京保利	2010.12.5
胡小军《海上宫妃之二》	112cm×57cm	95,200	北京保利	2010.12.5
何叔水 猫趣	长24cm	78,400	北京保利	2010.12.5
何叔水 富贵大顺	81cm×44cm	392,000	北京保利	2010.12.5
何炳钦《春之声》瓷板	57cm×56cm	100,800	北京保利	2010.12.5
方文贤《金秋》	49cm×22cm	47,040	北京保利	2010.12.5
方复 春暖华清池 古彩瓷瓶	高50cm	179,200	中国嘉德	2010.11.20
范敏祺 重工古彩仕女琴棋书画四方镶器	高108cm	1,792,000	北京保利	2010.12.5
矾红描金福寿碗	直径9.6cm	134,400	北京翰海	2010.11.21
当代 周国祯制 "瑞虎"	直径46cm	168,000	北京纳高	2010.7.15
戴雨享 相思鸟 陶艺	高36cm	72,800	中国嘉德	2010.5.17
戴荣华 岁岁年年喜事多 古彩瓷瓶	高35cm	358,400	中国嘉德	2010.11.20
戴荣华 牡丹瓶	34.5cm×22.5cm	145,600	北京保利	2010.12.5
戴荣华 红叶寄情 古彩瓷瓶	高35cm	672,000	中国嘉德	2010.11.20
陈逸飞 风景	18cm×16cm	89,600	浙江骏成	2010.8.15
陈秀雅 松鹤对瓶	46cm×33cm	134,400	北京保利	2010.12.5
陈先水 花卉 刷花瓷瓶	高40cm	72,800	中国嘉德	2010.11.20
陈善林 五福祥云 盖壶	高18cm	134,400	中国嘉德	2010.11.20
陈家泠 红叶梅瓶	高43cm	106,400	北京保利	2010.12.5
陈家泠 荷花	高55cm	89,600	北京保利	2010.12.5
薄胎大碗	直径36cm	95,200	山东恒昌	2010.11.28
白明 金荷风暖 瓷瓶	高50.5cm	212,800	中国嘉德	2010.11.20
1985年作 李峻 露浓花瘦 新彩瓷板	60cm×44cm	246,400	中国嘉德	2010.5.17
1991年作 李峻 秋实 新彩瓷瓶	高37.8cm	103,040	中国嘉德	2010.5.17
1995年作 李峻 鳜欢图 新彩瓷盘	直径26.2cm	56,000	中国嘉德	2010.5.17
1997年作 戴荣华 月到中秋 釉上彩瓷盘	直径21cm	58,240	中国嘉德	2010.5.17
2009年作 李菊生 关云长夜读春秋 高温颜色釉瓷镶器	高108cm	2,016,000	中国嘉德	2010.5.17
2009年作 许群 敛 陶艺	直径35.5cm	89,600	中国嘉德	2010.5.17
2009年作 许群 宁静的声音系列之三 陶艺	直径34.5cm	91,840	中国嘉德	2010.5.17
2009年作 钟莲生 梦回清水湾 新彩瓷板	200cm×100cm	1,232,000	中国嘉德	2010.5.17
2010年作 方复 苏东坡重返翰林院 古彩瓷板	112cm×56cm	201,600	中国嘉德	2010.5.17
《世纪华彩/金壁丹霞》珍藏瓷	高40；29cm	224,000	北京保利	2010.12.5
《京华盛世》珍藏纪念瓷	高42；40cm	67,200	北京保利	2010.12.5
色釉瓷				
青釉				
明永乐 菊瓣龙纹盘	直径33.8cm	67,200	深圳市拍	2010.6.12
清康熙 天青釉盘螭盘口瓶	高38cm	89,600	上海嘉泰	2010.4.20
清康熙 天青釉梅瓶	高20.5cm	93,500	天津瀚雅	2010.11.28
清康熙 青釉牡丹纹笔海	高25cm	53,760	雍和嘉诚	2010.12.3
清康熙 粉青釉暗刻夔凤纹笔筒	高15.3cm	425,600	北京翰海	2010.12.12
清康熙 豆青釉葫芦瓶	高34.5cm	761,600	中翰清花	2010.12.12
清康熙 冬青釉刻祥云纹马蹄式水盂	高7.5cm	3,629,20[illegible]	香港佳士得	2010.12.1
清雍正 天青釉模印五蝠纹碗	直径15cm	9[illegible]	北京保利	2010.12.6
清雍正 天青釉模印海浪纹折腰盘	直径16.3cm	257,600	北京保利	2010.12.6
清雍正 青釉印花斗笠碗	直径21cm	78,400	北京保利	2010.10.23
清雍正 青釉龙纹大盘	直径49cm	840,000	北京匡时	2010.6.6
清雍正 青釉刻花灵芝小盘(一对)	直径11.5cm	224,000	北京保利	2010.6.5
清雍正 粉青釉小口灯笼瓶	高25.7cm	1,568,000	北京中汉	2010.5.18
清雍正 粉青釉小罐	高10cm	212,800	中国嘉德	2010.5.16
清雍正 粉青釉四螭耳亚形扁六方花尊	高19.5cm	672,000	福建拍卖	2010.6.21
清雍正 粉青釉水丞	直径7.1cm	109,750	香港佳士得	2010.5.31
清雍正 粉青釉莲瓣观音瓶	高42.5cm	3,920,000	北京匡时	2010.6.6
清雍正 粉青釉刻水波纹折腰盘(一对)	直径16.4cm	817,600	北京诚轩	2010.11.22
清雍正 粉青釉刻花卉大碗	直径26.5cm	560,000	北京保利	2010.12.6
清雍正 粉青釉仿影青模印菊瓣花卉纹大斗笠碗	直径21.3cm	448,000	北京永乐	2010.11.23
清雍正 粉青釉大碗	直径26cm	448,000	北京保利	2010.12.6
清雍正 粉青釉暗刻"福海拱寿"纹盘	直径16cm	1,232,000	北京荣宝	2010.11.14
清雍正 仿影青釉暗刻双凤纹酥油灯	高8.5cm	89,600	广州嘉德	2010.12.8
清雍正 仿汝天青釉直口尊	高18cm	257,600	北京荣宝	2010.3.14
清雍正 仿汝青灰釉贯耳扁方尊	高49.5cm	2,464,000	辽宁建投	2010.11.15
清雍正 仿龙泉青釉暗灵芝纹五岳真形图三孔扁瓶	高50.8cm	17,905,200	香港佳士得	2010.12.1
清雍正 豆青釉盘(二件)	直径13.2cm	728,000	北京翰海	2010.12.12
清雍正 豆青釉刻花卉纹大碗	直径26.5cm	582,400	北京匡时	2010.6.6
清雍正 豆青釉菊瓣花口碗	直径15.7cm	179,200	北京翰海	2010.6.7
清雍正 豆青釉浮雕兽面纹赏瓶	高35cm	3,584,000	中翰清花	2010.12.12
清雍正 豆青釉暗刻灵芝蝙蝠纹盘	直径21cm	448,000	北京保利	2010.6.5
清雍正 豆青刻灵芝竹纹盘	直径15cm	179,200	北京保利	2010.12.6
清雍正 冬青釉印"穿花飞凤"图高足碗(一对)	直径9cm	1,073,600	香港苏富比	2010.4.8
清雍正冬青釉镗锣洗(一对)	直径10.3cm	268,800	北京九歌	2010.6.22
清雍正 冬青釉夔龙捧寿纹盘(一对)	直径20.3cm	246,400	北京诚轩	2010.11.22
清乾隆 天青釉包袱瓶	高24cm	448,000	上海大众	2010.1.3
清乾隆 唐英款粉青釉墨彩诗文壁瓶	高18.8cm	896,000	北京中汉	2010.11.22
清乾隆 青釉月牙盖罐	高21.5cm	313,600	北京诚轩	2010.11.22
清乾隆 青釉印花云蝠纹镗锣洗	直径11.5cm	168,000	中国嘉德	2010.5.16
清乾隆 青釉铺首尊	高26cm	134,400	中国嘉德	2010.12.18
清乾隆 青釉花蝶壁瓶	长15cm	84,000	北京保利	2010.10.23
清乾隆 青釉缠枝莲双龙耳瓶	高69.5cm	168,000	北京保利	2010.3.19
清乾隆 敬畏堂制豆青盘	直径7.8cm	61,600	北京匡时	2010.6.6
清乾隆 粉青釉月牙罐	高19.5cm	212,800	中拍国际	2010.11.27
清乾隆 粉青釉月牙罐	高18.5cm	168,000	云南典藏	2010.4.25
清乾隆 粉青釉月牙耳罐	高18cm	280,000	北京荣宝	2010.5.30
清乾隆 粉青釉洋彩花卉纹菱口盘	直径27.9cm	100,800	北京中汉	2010.5.18
清乾隆 粉青釉凸夔龙纹鸠耳尊	高19.3cm	896,000	十竹斋	2010.7.11
清乾隆 粉青釉兽耳尊	高29.6cm	98,560	中国嘉德	2010.5.16
清乾隆 粉青釉如意耳葫芦瓶	高23cm	6,496,000	北京翰海	2010.12.11
清乾隆 粉青釉撇口海棠尊	高39.1cm	6,944,000	北京中汉	2010.5.18
清乾隆 粉青釉夔龙纹八方盘	长27cm	89,600	北京保利	2010.10.23
清乾隆 粉青釉酒坛形壁瓶	高15cm	106,400	广东古今	2010.6.20
清乾隆 粉青釉瓜棱形螭耳瓶	高17.5cm	78,400	中国嘉德	2010.9.18
清乾隆 粉青釉瓜棱贯耳小瓶	高9cm	4,207,860	香港苏富比	2010.10.7
清乾隆 粉青釉鼓钉罐	高16cm	324,800	北京保利	2010.6.5
清乾隆 粉青釉铺耳鼓式罐	高16.5cm	481,600	北京翰海	2010.6.7

拍品名称	尺寸	成交价RMB	拍卖公司	拍卖日期
清乾隆 粉青釉浮雕夔龙纹六方贯耳瓶	高45.5cm	5,824,000	北京保利	2010.12.5
清乾隆 粉青釉八卦瓶	高17.5cm	84,000	北京匡时	2010.6.6
清乾隆 粉青釉暗刻夔龙纹洗口尊	高53cm	1,680,000	中拍国际	2010.11.27
清乾隆 粉青釉暗刻花卉纹大碗	直径26.5cm	560,000	朵云轩	2010.12.17
清乾隆 仿汝天青釉碟	直径14.5cm	156,800	北京保利	2010.12.6
清乾隆 仿龙泉青釉暗刻八吉祥纹模印金刚杵纹洗	直径25.9cm	1,736,000	北京中汉	2010.11.22
清乾隆 豆青釉月牙罐	高22cm	425,600	中国嘉德	2010.6.19
清乾隆 豆青釉月牙罐	高20cm	78,400	上海新华	2010.9.5
清乾隆 豆青釉铜锣洗	直径15cm	89,600	四川嘉禾	2010.7.25
清乾隆 豆青釉日月罐	高18cm	67,200	北京保利	2010.3.19
清乾隆 豆青釉铺耳鼓式罐	高16.2cm	358,400	北京翰海	2010.12.12
清乾隆 豆青釉铺耳鼓式罐	高16.2cm	313,600	北京翰海	2010.12.12
清乾隆 豆青釉苹果尊	直径10cm	42,560	云南典藏	2010.4.25
清乾隆 豆青釉模印云纹水盂	高7.4cm	201,600	四川嘉禾	2010.7.25
清乾隆 豆青釉模印团龙纹象耳尊	高30cm	313,600	北京保利	2010.12.6
清乾隆 豆青釉葫芦瓶	高33cm	1,650,640	香港佳士得	2010.5.31
清乾隆 豆青釉葫芦瓶	高33.5cm	784,000	辽宁中正	2010.10.31
清乾隆 豆青釉葫芦瓶	高32.5cm	761,600	北京保利	2010.6.5
清乾隆 豆青釉葫芦瓶	高32.4cm	728,000	北京中汉	2010.5.18
清乾隆 豆青釉葫芦瓶	高35cm	582,400	北京保利	2010.7.31
清乾隆 豆青釉葫芦瓶	高21.3cm	263,400	香港佳士得	2010.5.31
清乾隆 豆青釉罐	高18.5cm	89,600	北京匡时	2010.6.6
清乾隆 豆青釉鼓钉罐	高16.5cm	280,000	中鼎国际	2010.11.18
清乾隆 豆青釉鼓钉罐	高16.6cm	50,400	北京翰海	2010.9.18
清乾隆 豆青釉橄榄瓶	高38.5cm	66,000	天津文物	2010.5.24
清乾隆 豆青釉螭耳瓶	高48.7cm	224,000	北京翰海	2010.9.19
清乾隆 豆青釉暗刻西番莲纹香炉	高6cm	112,000	云南典藏	2010.4.25
清乾隆 豆青釉暗刻饕餮纹爵杯	高17.3cm	201,600	上海大众	2010.1.3
清乾隆 冬青釉如意纹水丞	高5cm	425,600	广州嘉德	2010.12.8
清乾隆 冬青釉模印螭龙乳钉洗	直径12.4cm	224,000	四川嘉禾	2010.7.25
清乾隆 冬青釉花卉纹碗	直径15cm	190,400	北京保利	2010.12.6
清嘉庆 粉青釉鼓钉罐	高17cm	313,600	北京保利	2010.12.6
清嘉庆 豆青釉鼓钉蒲首罐	高16cm	179,200	上海大众	2010.1.3
清嘉庆 冬青釉葫芦瓶	高31.7cm	1,120,000	北京翰海	2010.12.11
清道光 粉青釉刻花三足洗	直径14.5cm	224,000	北京中嘉	2010.5.9
清道光 粉青釉八方瓶(一对)	高33.4cm	280,000	中国嘉德	2010.3.20
清道光 豆青釉海棠形花盆	长21.5cm	106,400	北京中汉	2010.11.22
清道光 冬青釉鼓钉罐	高16.5cm	156,800	福建拍卖	2010.1.10
清道光 翠青釉鼓式罐	高16.4cm	156,800	北京诚轩	2010.11.22
清中期 粉青釉七弦瓶	26cm×46cm	78,400	广州艺拍	2010.6.15
清中期 冬青釉花蝶纹双耳瓶	高52cm	67,200	云南典藏	2010.4.25
清光绪 天青釉八卦琮式瓶	高27cm	156,800	十竹斋	2010.7.11
清光绪 粉青釉贯耳瓶(一对)	高30.5cm	347,200	福建拍卖	2010.6.21
清光绪 粉青釉贯耳瓶	高30.8cm	134,400	北京翰海	2010.12.12
清光绪 粉青釉琮式瓶	高27cm	67,200	云南典藏	2010.4.25
清光绪 粉青釉八卦琮式瓶	高27.5cm	291,200	北京翰海	2010.12.12
清光绪 粉青釉八卦琮式瓶	高27.2cm	190,400	北京翰海	2010.6.7
清光绪 粉青釉八卦琮式瓶	高27.5cm	180,000	安华白云	2010.7.24
清光绪 粉青釉八卦琮式瓶	高27.5cm	56,000	北京保利	2010.6.5
清光绪 豆青釉八卦纹出戟瓶	高36cm	201,600	广州艺拍	2010.6.15
清光绪 豆青釉八卦琮式瓶	高28.7cm	89,600	十竹斋	2010.7.11
清光绪 琮式瓶	高29cm	123,200	雍和嘉诚	2010.6.3
清宣统 天青釉双象耳琮式瓶(一对)	高24.5cm	100,800	辽宁中正	2010.4.18
清宣统 粉青釉八卦琮式瓶	高27.8cm	100,800	北京纳高	2010.7.15
清宣统 豆青釉八卦琮式瓶	高27.8cm	168,000	北京翰海	2010.12.12
清宣统 豆青釉八卦琮式瓶	高28cm	123,200	北京翰海	2010.6.7
清晚期 天青釉暗刻加料彩龙纹鼎	高26.5cm	358,400	北京匡时	2010.12.4
清晚期 青釉缠枝莲纹鹿头尊	高48cm	50,400	中国嘉德	2010.3.20
清末 青釉石榴尊	高11cm	134,400	西泠拍卖	2010.7.6
清 天青釉象耳弦纹尊	高19.5cm	56,000	上海大众	2010.1.3
清 天青釉三多纹六方瓶	高59.5cm	90,200	天津瀚雅	2010.11.28
清 青釉六方大瓶	高67cm	47,040	北京保利	2010.7.31

拍品名称	尺寸	成交价RMB	拍卖公司	拍卖日期
清 青釉花卉纹鱼浅	直径60.5cm	134,400	中国嘉德	2010.9.18
清 青釉暗刻竹纹盘	直径15cm	44,800	中国嘉德	2010.3.20
清 粉青云纹水洗	直径16cm	61,600	西泠拍卖	2010.7.6
清 粉青釉暗刻荷莲纹玉壶春瓶	高27.5cm	201,600	北京中嘉	2010.5.9
清 豆青釉双耳瓶	高35cm	67,100	天津文物	2010.11.21
清 豆青釉三羊尊	高32cm	3,472,000	中国嘉德	2010.11.22
清 豆青釉模印灯笼瓶	高45cm	100,800	中拍国际	2010.6.19
清 豆青釉夔纹太白尊	高9cm	98,560	北京中嘉	2010.5.9
清 豆青兽耳尊	高34cm	100,800	北京翰海	2010.1.21
民国 豆青釉开光山水人物纹鹿头尊	高33cm	77,000	天津文物	2010.5.24
民国 豆青釉开光山水人物纹鹿头尊	高30.5cm	68,200	天津文物	2010.11.21
卢伟孙 粉青釉大瓷钵	高24cm	78,400	中国嘉德	2010.11.20
陈爱明 春的旋律 梅子青釉瓶	高38cm	123,200	中国嘉德	2010.11.20
徐定昌 玉山梵音 粉青釉瓷炉	高13cm	109,760	中国嘉德	2010.11.20
2010年作 徐定昌 粉青釉贯耳瓶	高20cm	112,000	中国嘉德	2010.5.17
2010年作 毛正聪 槐叶纹梅子青釉瓷钵	直径20.5cm	336,000	中国嘉德	2010.5.17
2010年作 陈爱明 牡丹纹梅子青釉弦纹盘口瓶	高23.8cm	134,400	中国嘉德	2010.5.17
红釉				
明宣德 红釉盘	直径20.2cm	6,209,200	香港佳士得	2010.12.1
明 红釉罐	高24.2cm	64,960	深圳市拍	2010.10.23
明 矾红地龙纹盖罐	高27cm	58,240	北京纳高	2010.7.15
清康熙 郎窑红釉碗	直径15.5cm	61,600	上海国拍	2010.6.26
清康熙 郎窑红釉水盂	宽7.4	246,400	北京诚轩	2010.5.17
清康熙 郎窑红观音尊	高41cm	313,600	北京荣宝	2010.3.14
清康熙 郎窑红大盘	直径36cm	112,000	北京保利	2010.3.19
清康熙 豇豆红釉印盒	直径6.8cm	403,200	北京翰海	2010.12.12
清康熙 豇豆红釉洗	直径11.2cm	358,400	中国嘉德	2010.11.20
清康熙 豇豆红釉洗	高3.5cm	179,200	北京翰海	2010.6.7
清康熙 豇豆红釉镗锣洗	直径11.9cm	1,568,000	北京中汉	2010.5.18
清康熙 豇豆红釉太白尊	直径12.5cm	336,000	中国嘉德	2010.5.16
清康熙 豇豆红釉太白尊	直径12.7cm	313,600	中国嘉德	2010.11.22
清康熙 豇豆红釉莲瓣瓶	高21.5cm	392,000	北京保利	2010.12.6
清康熙 豇豆红釉夔龙纹太白尊	高10cm	392,000	中翰清花	2010.12.12
清康熙 豇豆红釉菊瓣瓶	直径21.2cm	1,512,000	北京永乐	2010.11.23
清康熙 豇豆红釉大碗	直径22.4cm	285,350	香港佳士得	2010.5.31
清康熙 豇豆红釉暗刻团螭纹太白尊	高8.6cm	504,000	北京中汉	2010.11.22
清康熙 豇豆红釉暗刻团螭纹太白尊	高8.8cm	425,600	北京中汉	2010.11.22
清康熙 豇豆红印泥盒	直径6cm	145,600	北京荣宝	2010.11.14
清康熙 豇豆红洗子	直径12.3cm	156,800	苏州吴门	2010.6.13
清康熙 豇豆红镗锣洗	直径12cm	755,080	香港佳士得	2010.5.31
清康熙 豇豆红镗锣洗	直径9cm	280,000	北京荣宝	2010.11.14
清康熙 豇豆红镗锣洗	宽11.8cm	168,000	北京诚轩	2010.5.17
清康熙 豇豆红太白尊	直径12.7cm	1,071,160	香港佳士得	2010.5.31
清康熙 豇豆红太白尊	高9cm	403,200	北京保利	2010.12.6
清康熙 豇豆红太白尊	高9cm	313,600	北京保利	2010.12.5
清康熙 豇豆红太白尊	直径12.5cm	134,400	北京保利	2010.7.31
清康熙 豇豆红柳叶瓶	高16cm	2,800,000	北京保利	2010.12.6
清康熙 豇豆红菊瓣瓶	高20.9cm	112,000	北京中汉	2010.5.18
清康熙 豇豆红大红袍釉太白尊	直径12.9cm	1,512,000	北京永乐	2010.11.23
清康熙 豇豆红暗刻团凤太白尊	重12cm	100,800	北京保利	2010.10.23
清康熙 霁红釉碗	直径15.7cm	123,200	北京中汉	2010.11.22
清康熙 霁红釉赏瓶	高25cm	63,840	中翰清花	2010.12.12
清康熙 霁红釉盘	直径16cm	48,600	天津文物	2010.11.21
清康熙 仿永乐红釉模印暗刻龙纹高足碗	直径14cm	280,000	北京保利	2010.6.5
清雍正 胭脂红釉小杯(一对)	直径5.5cm	2,016,000	北京保利	2010.12.6
清雍正 外霁红釉内粉彩花卉图盘(一对)	直径15cm	156,800	北京永乐	2010.11.23
清雍正 天青釉胭脂红盘龙胆瓶	高26.5cm	198,000	天津瀚雅	2010.11.28
清雍正 珊瑚红釉盏托(一对)	直径11.2cm	44,800	中国嘉德	2010.9.18

2010瓷器拍卖成交汇总

（成交价RMB：4万元以上）

拍品名称	尺寸	成交价RMB	拍卖公司	拍卖日期
清雍正 珊瑚红釉盘	直径14.8cm	235,200	北京诚轩	2010.11.22
清雍正 霁红釉直颈瓶	高12.5cm	448,000	北京诚轩	2010.11.22
清雍正 霁红釉碗	直径16.5cm	172,800	天津文物	2010.11.21
清雍正 霁红釉碗	直径14.2cm	51,840	天津文物	2010.11.21
清雍正 霁红釉高足盘	直径20.7cm	84,000	北京翰海	2010.6.7
清雍正 霁红釉橄榄瓶	高30.5cm	2,800,000	北京翰海	2010.12.11
清雍正 祭红釉碗	直径15.4cm	89,600	辽宁中正	2010.10.31
清雍正 祭红釉天球瓶	高29cm	67,200	北京翰海	2010.9.18
清雍正 祭红釉蒜头瓶	高17cm	896,000	北京保利	2010.6.5
清雍正 祭红釉盘	直径16.3cm	58,240	中国嘉德	2010.5.16
清雍正 祭红釉长颈弦纹盘口瓶	高28cm	330,000	天津瀚雅	2010.11.28
清雍正 红釉窑变观音瓶	高50cm	64,960	福建拍卖	2010.6.21
清雍正 红釉小碗	直径7.3cm	89,600	中国嘉德	2010.11.22
清雍正 红釉小盘	直径11.5cm	58,240	中国嘉德	2010.11.22
清雍正 红釉小杯	直径7.2cm	145,600	北京保利	2010.6.5
清雍正 红釉碗	直径14cm	98,560	中国嘉德	2010.11.22
清雍正 红釉碗	直径15.5cm	56,000	中国嘉德	2010.11.22
清雍正 红釉碗	直径15.2cm	53,760	中国嘉德	2010.6.19
清雍正 红釉撇口碗	直径18.3cm	76,160	中国嘉德	2010.11.22
清雍正 红釉盘(一对)	直径16cm	44,800	北京保利	2010.7.31
清雍正 红釉盘	直径14.9cm	58,240	中国嘉德	2010.9.18
清雍正 红釉杯(一对)	直径7cm	123,200	北京保利	2010.7.31
清乾隆 胭脂红釉盘	直径13.5cm	533,200	香港佳士得	2010.12.1
清乾隆 胭脂红釉盖碗(一对)	直径11.8cm	123,200	中国嘉德	2010.12.18
清乾隆 胭脂红釉茶壶	长19.5cm	896,000	北京保利	2010.6.5
清乾隆 外红釉内粉彩人物故事图盘	直径14.7cm	156,800	北京匡时	2010.12.4
清乾隆 霁红釉直径瓶	高23.8cm	470,400	北京翰海	2010.12.12
清乾隆 霁红釉香炉	高12cm	60,500	天津文物	2010.11.21
清乾隆 霁红釉天球瓶	高29cm	385,000	天津文物	2010.11.21
清乾隆 霁红釉天球瓶	高30cm	224,000	广州嘉德	2010.12.8
清乾隆 霁红釉撇口荸荠瓶	高19.5cm	884,800	北京中汉	2010.11.22
清乾隆 霁红釉盘(二件)	直径15cm	168,000	北京翰海	2010.6.6
清乾隆 霁红釉盘(二件)	直径14.8cm	58,240	北京翰海	2010.6.7
清乾隆 霁红釉盘	直径21cm	46,200	天津文物	2010.11.21
清乾隆 霁红釉高足盘	直径21cm	46,200	天津文物	2010.11.21
清乾隆 霁红釉胆瓶	高23.8cm	515,200	北京中汉	2010.5.18
清乾隆 霁红釉胆瓶	高47cm	68,200	天津文物	2010.5.24
清乾隆 霁红盘(一对)	直径18.3cm	78,400	雍和嘉诚	2010.12.3
清乾隆 祭红釉折腰碗(一对)	直径15cm	145,600	北京保利	2010.10.23
清乾隆 祭红釉玉壶春	高27cm	78,400	北京保利	2010.7.31
清乾隆 祭红釉玉壶春	高29.5cm	56,000	北京翰海	2010.9.19
清乾隆 祭红釉天球瓶	高17.2cm	252,000	浙江一通	2010.9.5
清乾隆 祭红釉盘	直径17.9cm	89,600	中国嘉德	2010.11.22
清乾隆 祭红釉盘	直径15cm	44,800	中国嘉德	2010.11.22
清乾隆 祭红釉盘	直径21.1cm	44,800	中国嘉德	2010.11.22
清乾隆 祭红釉梅瓶	高21cm	963,200	中国嘉德	2010.11.22
清乾隆 祭红釉鸡心碗	15cm×7.5cm	50,400	广州艺拍	2010.6.15
清乾隆 祭红釉高足盘	直径21cm	58,240	中国嘉德	2010.11.22
清乾隆 祭红盘(一对)	直径16cm	47,040	北京匡时	2010.6.6
清乾隆 红釉玉壶春瓶	高30.3cm	67,200	中国嘉德	2010.3.20
清乾隆 红釉赏瓶	高27cm	896,000	北京保利	2010.10.23
清乾隆 红釉盘(一对)	直径20.5cm	56,000	北京保利	2010.12.6
清乾隆 红釉盘(一对)	直径18cm	44,800	云南典藏	2010.4.25
清乾隆 红釉鸡心碗(一对)	直径15cm	112,000	北京保利	2010.6.5
清乾隆 红釉高足托盘	直径22.5cm	67,200	中国嘉德	2010.11.22
清乾隆 红釉高足盘	直径20.5cm	64,960	中国嘉德	2010.3.20
清乾隆 红釉高脚碗	口径21cm	51,520	广东古今	2010.6.20
清乾隆 红釉大碗	直径18cm	47,040	北京保利	2010.3.19
清乾隆 红釉螭龙双耳尊	高36cm	49,280	谷云轩	2010.6.27
清乾隆 红釉 白釉盘(两件)	直径16.7cm	47,040	云南典藏	2010.4.25
清嘉庆 朱砂红釉窑变穿戴瓶	高30.5cm	80,640	福建拍卖	2010.6.21
清道光 胭脂红釉梅瓶	高24.5cm	179,200	北京九歌	2010.6.22
清道光 霁红釉玉壶春瓶	高29.7cm	791,200	香港佳士得	2010.12.1
清道光 霁红釉玉壶春瓶	高30cm	571,200	北京永乐	2010.11.23
清道光 霁红釉天球瓶	高17cm	101,200	天津文物	2010.5.24
清道光 祭红釉弦纹瓶	高17.5cm	61,600	广州嘉德	2010.6.16
清道光 祭红瓶	高28cm	212,800	北京匡时	2010.6.6
清道光 红釉玉壶春瓶	高30.2cm	212,800	云南典藏	2010.4.25
清道光 红釉小天球瓶	高24cm	42,560	深圳市拍	2010.10.23
清道光 红釉瓶	高11.6cm	280,000	中国嘉德	2010.12.18
清中期 红釉锥把瓶	高21cm	80,640	北京纳高	2010.7.15
清中期 红釉锥把瓶	高28cm	44,800	北京保利	2010.10.23
清中期 红釉观音瓶	高33cm	47,040	北京保利	2010.10.23
清同治 珊瑚红釉描金龙凤呈祥纹碗	直径10.5cm	77,000	天津文物	2010.11.21
清同治 祭红玉壶春瓶	高29.5cm	56,000	北京翰海	2010.1.21
清光绪 红釉窑变贯耳扁方瓶	高30cm	50,400	福建拍卖	2010.1.10
清光绪 红釉花盆(一对)	直径18.5cm	47,040	北京保利	2010.10.23
清 英国仿祭红尊	高12.3cm	336,000	中国嘉德	2010.5.16
清 胭脂红釉杯(一对)	高5cm	95,200	北京纳高	2010.7.15
清 郎红釉观音瓶	高40cm	89,600	广州嘉德	2010.6.16
清 豇豆红釉太白尊	高9cm	67,200	西泠拍卖	2010.7.6
清 豇豆红文玩(一组)		44,800	陕西诚挚	2010.9.26
清 祭红釉直径瓶	高20.8cm	190,400	北京中嘉	2010.5.9
清 红釉方瓶	高41cm	44,800	北京翰海	2010.9.19
清 红釉胆瓶(一对)	高55cm	89,600	北京荣宝	2010.3.14
清 龚心钊旧藏红釉碗	直径19cm	224,000	中国嘉德	2010.11.21
清道光 胭脂红釉云龙纹锥把瓶	高18.5cm	448,000	四川嘉禾	2010.7.25
矾红双鱼瓶	高32cm	44,800	北京翰海	2010.1.21
黄釉				
唐 绞胎黄釉 绿釉脉枕(两件)	长13cm	168,000	北京保利	2010.12.6
唐 黄道窑黄釉席纹注壶	高24cm	67,200	北京保利	2010.3.19
唐 褐黄釉开光童子皮囊壶	高25.5cm	89,600	中都国际	2010.9.25
明嘉靖 浇黄釉盘	直径22.2cm	280,000	北京中汉	2010.5.18
明嘉靖 黄釉碗	直径15cm	112,000	谷云轩	2010.6.27
明嘉靖 黄釉暗刻云龙纹盘(一对)	口径22cm	448,000	北京中嘉	2010.5.9
明弘治 娇黄釉大碗	直径19.5cm	168,000	辽宁中正	2010.10.31
明弘治 黄釉盘	直径21.2cm	42,560	中国嘉德	2010.12.18
明正德 黄釉碗	直径16.3cm	913,120	香港佳士得	2010.5.31
明正德 黄釉盘	直径17.8cm	491,680	香港佳士得	2010.5.31
明正德 黄釉盘	直径21.3cm	212,800	中国嘉德	2010.3.20
明万历 黄釉碗	直径18cm	280,000	北京保利	2010.6.5
明万历 黄釉暗刻云龙纹小盘	直径13.2cm	145,600	北京诚轩	2010.5.17
清顺治 黄釉暗刻龙纹深腹碗	直径13cm	168,000	辽宁中正	2010.10.31
清康熙 御制明黄釉大碗	直径31.4cm	1,597,960	香港佳士得	2010.5.31
清康熙 娇黄釉螭龙纹碗	直径12.5cm	156,800	辽宁中正	2010.1.10
清康熙 黄釉弦纹铺首尊	高27cm	42,560	北京九歌	2010.6.22
清康熙 黄釉浅浮雕苍龙教子图长方形盏托(两件)	高13.3cm	1,120,000	北京永乐	2010.11.23
清康熙 黄釉琵琶尊	高12.5cm	358,400	北京保利	2010.10.23
清康熙 黄釉刻龙纹盘(一对)	直径14cm	80,640	中国嘉德	2010.5.16
清康熙 黄釉大碗	直径31.5cm	537,600	北京保利	2010.12.6
清康熙 黄釉大碗	直径31cm	440,000	天津文物	2010.5.24
清康熙 黄釉螭龙纹杯	长7.5cm	168,000	中国嘉德	2010.9.18
清康熙 黄釉杯	直径6.4cm	57,200	天津瀚雅	2010.11.28
清康熙 黄釉暗刻团龙碗	直径15cm	582,400	北京保利	2010.12.6
清康熙 黄釉暗刻团花碗	直径12cm	67,200	辽宁中正	2010.10.31
清康熙 黄釉暗刻龙纹小碗	直径10.3cm	100,800	北京保利	2010.12.6
清康熙 黄釉暗刻龙纹碗	直径16.5cm	672,000	北京保利	2010.6.5
清康熙 黄釉暗刻龙纹双耳小杯(一对)	宽6.8cm	403,200	北京保利	2010.6.5
清康熙 黄釉暗刻龙纹盘(一对)	直径16.7cm	78,400	福建拍卖	2010.6.21
清雍正 柠檬黄釉小碗(一对)	直径9.8cm	2,128,000	中国嘉德	2010.11.20
清雍正 柠檬黄釉盘(二件)	直径11.4cm	470,400	北京翰海	2010.12.12
清雍正 柠檬黄釉盘	直径13.4cm	100,800	福建拍卖	2010.6.21
清雍正 娇黄釉杯	直径6.1cm	470,400	北京诚轩	2010.5.17
清雍正 鸡油黄釉四系穿带瓶	高14cm	101,200	天津瀚雅	2010.11.28
清雍正 黄釉阴刻花卉纹盘	直径14.6cm	224,000	北京匡时	2010.12.4
清雍正 黄釉弦纹洗口瓶	高27.5cm	2,408,000	北京保利	2010.6.5
清雍正 黄釉碗(一对)	直径11.5cm	104,500	天津瀚雅	2010.11.28
清雍正 黄釉四系双穿孔串带瓶	高13.8cm	280,000	福建拍卖	2010.6.21
清雍正 黄釉盘	直径17.8cm	190,400	北京永乐	2010.11.23
清雍正 黄釉六合碗	直径17cm	89,600	深圳市拍	2010.6.12
清雍正 黄釉暗莲纹盘	直径15.8cm	172,000	香港佳士得	2010.12.1
清雍正 黄釉暗八宝盘	直径15cm	61,600	朵云轩	2010.12.17

拍品名称	尺寸	成交价RMB	拍卖公司	拍卖日期
清雍正 淡黄釉暗刻缠枝莲纹盘	直径14cm	44,800	辽宁中正	2010.10.31
清乾隆 御用黄釉龙文碗	直径12.4cm	672,000	中国嘉德	2010.5.16
清乾隆 柠檬黄釉椎把瓶	高17.7cm	67,200	中国嘉德	2010.12.18
清乾隆 柠檬黄釉小杯	直径8cm	197,550	香港佳士得	2010.5.31
清乾隆 柠檬黄釉高足盘	直径17cm	134,400	北京中汉	2010.5.18
清乾隆 柠檬黄釉矾红五蝠纹盘	直径16cm	291,200	广州嘉德	2010.12.8
清乾隆 米黄釉折腰碗(一对)	直径15.6cm	336,000	北京中汉	2010.11.22
清乾隆 黄釉小碟(一对)	直径8.8cm	470,400	北京保利	2010.6.5
清乾隆 黄釉碗(一对)	直径11.2cm	560,000	中国嘉德	2010.5.16
清乾隆 黄釉碗	直径13.23cm	55,000	天津瀚雅	2010.11.28
清乾隆 黄釉碗	直径14.5cm	44,800	中国嘉德	2010.11.20
清乾隆 黄釉捧盒	直径17cm	56,000	北京翰海	2010.9.19
清乾隆 黄釉夔龙纹碗(一对)	直径12.7cm	168,000	中国嘉德	2010.5.16
清乾隆 黄釉刻双龙赶珠纹碗(一对)	直径17.2cm	430,000	香港佳士得	2010.12.1
清乾隆 黄釉刻皮球花小碗	直径11.7cm	123,200	中国嘉德	2010.5.16
清乾隆 黄釉雕瓷山水人物双螭龙耳瓶	高28.5cm	190,400	上海道明	2010.6.17
清乾隆 黄釉暗刻龙纹碗(一对)	直径15.1cm	873,600	中国嘉德	2010.11.20
清乾隆 黄釉暗刻龙纹盘(一对)	直径14.3cm	212,800	北京荣宝	2010.11.14
清乾隆 黄釉暗划“赶珠云龙”图撇口盘	直径17.3cm	176,000	香港苏富比	2010.4.8
清乾隆 黄釉暗花云龙纹碗	直径15.3cm	285,350	香港佳士得	2010.5.31
清道光 外黄釉刻花卉内粉彩寿桃碗(一对)	直径22cm	649,600	北京保利	2010.12.6
清道光 娇黄釉小天球瓶	高16.4cm	414,400	北京永乐	2010.11.23
清道光 黄釉锦地开光花鸟碗	直径13cm	61,600	北京翰海	2010.6.7
清道光 黄釉雕瓷山水人物笔筒	高13.5cm	481,600	北京翰海	2010.12.12
清道光 黄釉暗刻云龙纹碗(一对)	直径15.5cm	224,000	辽宁中正	2010.10.31
清道光 黄釉暗刻云龙纹碗	直径10cm	56,000	辽宁中正	2010.10.31
清道光 黄釉暗刻龙纹碗	直径12cm	67,200	北京保利	2010.12.6
清道光 黄釉暗刻龙纹盘(一对)	直径17.4cm	134,400	中国嘉德	2010.11.20
清道光 黄釉暗花云龙纹瓷对盘	口径18.5cm	358,400	福建拍卖	2010.6.21
清同治 黄釉竹纹碗	直径17.8cm	72,800	中国嘉德	2010.9.18
清同治 黄釉刻花卉凤纹大盘	直径32.5cm	179,200	广州艺拍	2010.6.15
清光绪 黄釉地福禄寿喜盖盒	直径27cm	448,000	老城隍庙	2010.11.6
清光绪 黄釉暗刻花卉纹八方花盆	高23cm	134,400	中国嘉德	2010.11.20
清宣统 黄釉绿地龙纹盘(官窑)(一对)	直径14cm	44,000	天津鼎天	2010.6.20
清 黄釉堆瓷花卉柳叶瓶	高29.5cm	134,400	浙江中财	2010.4.11
清 黄釉暗刻龙纹天球瓶	高32cm	190,400	福建拍卖	2010.6.21
绿釉				
北宋 钧窑绿釉莲子碗	直径14.1cm	134,400	北京中汉	2010.11.22
明成化 青金蓝地孔雀绿釉刻花鱼藻纹大罐	高42cm	4,480,000	北京诚轩	2010.11.22
清早期 绿釉梅瓶	高20cm	56,000	北京保利	2010.10.23
清康熙 绿釉罐	高22cm	336,000	北京保利	2010.6.5
清康熙 绿釉罐	高15.5cm	89,600	北京翰海	2010.9.19
清康熙 绿釉暗花螭龙纹海棠式盏托	宽13.1cm	236,500	香港佳士得	2010.12.1
清康熙 郎绿梅瓶	高18cm	112,000	雍和嘉诚	2010.6.3
清雍正 苹果绿釉杯	口径9cm	224,000	上海大众	2010.1.3
清雍正 苹果绿釉暗刻八吉祥纹盘	直径20.7cm	190,400	北京诚轩	2010.11.22
清雍正 绿釉直颈瓶	高22.4cm	2,912,000RMB	北京翰海	2010.6.7
清雍正 绿釉盘	直径21cm	44,800	云南典藏	2010.4.25
清雍正 绿釉暗刻龙纹碗	直径10.9cm	56,000	中国嘉德	2010.11.20
清雍正 瓜绿釉八吉祥小盘(一对)	直径11cm	280,000	北京保利	2010.12.6
清雍正/乾隆 绿釉双如意耳尊	高25cm	190,400	北京保利	2010.7.31
清乾隆 松石绿釉如意摆件	长32cm	112,000	上海大众	2010.1.3

拍品名称	尺寸	成交价RMB	拍卖公司	拍卖日期
清乾隆 松石绿釉菊瓣盘	直径18.2cm	425,600	中国嘉德	2010.11.20
清乾隆 松石绿釉蕉叶螭龙纹小花觚	高13.1cm	694,400	中国嘉德	2010.5.16
清乾隆 松石绿釉暗八宝纹花觚	高37.5cm	448,000	云南典藏	2010.4.25
清乾隆 秋葵绿釉盘	直径18cm	89,600	北京保利	2010.6.5
清乾隆 浅绿釉模印云鹤纹碗	高12.6cm	224,000	北京九歌	2010.6.22
清乾隆 苹果绿釉扁瓶	高19cm	190,400	上海大众	2010.1.3
清乾隆 苹果绿碗	直径19.7cm	61,600	雍和嘉诚	2010.12.3
清乾隆 绿釉碗	直径18.8cm	179,200	北京翰海	2010.12.12
清乾隆 绿釉葵花碗	直径17cm	91,840	北京翰海	2010.9.19
清乾隆 孔雀绿釉双龙耳尊	高30.1cm	10,199,600	香港佳士得	2010.12.1
清乾隆 孔雀绿釉瓶	高26cm	89,600	北京保利	2010.10.23
清乾隆 瓜皮绿釉大碗	直径17.4cm	448,000	中国嘉德	2010.11.20
清嘉庆 绿釉皮球花碗(一对)	直径10.6cm	78,400	中国嘉德	2010.11.20
清嘉庆 绿釉花口荷叶碗	直径18cm	280,000	北京保利	2010.12.6
清同治 绿釉雕瓷山水方瓶	高30cm	123,200	北京保利	2010.6.5
清光绪 松石绿釉八卦琮式瓶	高28cm	98,560	长风拍卖	2010.6.22
清光绪 绿釉开光模印鱼化龙纹兽耳海棠瓶	高12.9cm	56,000	中拍国际	2010.6.19
清 秋葵绿葫芦瓶	高17.5cm	112,000	辽宁建投	2010.11.15
清 绿釉刻八吉祥纹碟(一对)	直径15.5cm	47,472	香港淳浩	2010.11.27
蓝釉				
元 霁蓝釉留白龙纹梅瓶	高31cm	2016,000	中都国际	2010.9.25
明早期 祭蓝釉梅瓶	高30cm	280,000	金仕德	2010.11.26
明万历 祭蓝大碗	直径30cm	246,400	北京保利	2010.6.5
明嘉靖 洒蓝釉凤纹盘	直径15.7cm	560,000	北京诚轩	2010.11.22
明成化 蓝釉龙纹高足碗	高9.4cm	4,368,000	老城隍庙	2010.11.6
清康熙 天蓝釉天圆地方葫芦瓶	高22.8cm	156,800	辽宁建投	2010.11.15
清康熙 天蓝釉长颈宽口瓶	高16.5cm	165,000	天津瀚雅	2010.11.28
清康熙 天蓝釉笔洗	直径12.5cm	55,000	天津瀚雅	2010.11.28
清康熙 天蓝釉百条缸	直径25cm	2,800,000	中国嘉德	2010.9.18
清康熙 洒蓝釉尊	高33cm	50,400	中国嘉德	2010.9.18
清康熙 霁蓝釉赏瓶	高27cm	47,040	中翰清花	2010.12.12
清康熙 霁蓝釉盘	直径21.5cm	64,960	北京诚轩	2010.11.22
清雍正/乾隆 蓝釉盘(二只)	直径16.3cm	91,840	中国嘉德	2010.9.18
清雍正 天蓝釉小盘	直径13cm	67,200	辽宁中正	2010.4.18
清雍正 天蓝釉小碟	直径13cm	134,400	北京保利	2010.12.6
清雍正 天蓝釉团寿心葵花式盏托	宽14cm	2,700,400	香港佳士得	2010.12.1
清雍正 天蓝釉盘(一对)	直径16cm	515,200	北京保利	2010.12.6
清雍正 天蓝釉荸荠扁瓶	高32cm	784,000	蓝天国拍	2010.12.5
清雍正 蓝釉撇口观音瓶	高38.3cm	2,763,200	香港苏富比	2010.4.8
清雍正 蓝釉螭龙菊瓣瓶	高20.5cm	448,000	广州嘉德	2010.12.8
清雍正 孔雀蓝釉卷缸	高23.1cm	112,000	北京翰海	2010.6.7
清雍正 孔雀蓝釉缸	直径37cm	336,000	北京保利	2010.10.23
清雍正 霁蓝釉盘	直径20.5cm	132,000	天津文物	2010.5.24
清雍正 祭蓝釉大碗	直径22cm	268,800	北京保利	2010.12.6
清雍正 祭蓝胆式瓶	高39cm	1,568,000	北京保利	2010.12.6
清乾隆 天蓝釉蒜头瓶	高28cm	470,400	中国嘉德	2010.5.16
清乾隆 天蓝釉双耳瓶	高36cm	4,368,000	北京纳高	2010.7.15
清乾隆 蓝釉小梅瓶	高20cm	313,600	福建拍卖	2010.6.21
清乾隆 孔雀蓝釉小缸	直径21.5cm	1,680,000	北京保利	2010.12.6
清乾隆 霁蓝釉象耳琮	高29.4cm	197,550	香港佳士得	2010.5.31
清乾隆 霁蓝釉碗(二件)	直径9.7cm	179,200	北京翰海	2010.12.12
清乾隆 霁蓝釉天球瓶	高59.3cm	3,360,000	北京翰海	2010.6.6
清乾隆 霁蓝釉天球瓶	高53cm	275,000	天津文物	2010.5.24
清乾隆 霁蓝釉梅瓶	高35cm	3,113,200	香港佳士得	2010.12.1
清乾隆 霁蓝釉大天球瓶	高55cm	4,480,000	北京匡时	2010.12.4
清乾隆 霁蓝釉大天球瓶	高58cm	582,400	北京永乐	2010.11.23
清乾隆 祭蓝釉玉壶春瓶	高31cm	82,500	天津瀚雅	2010.11.28
清乾隆 祭蓝釉龙纹大烛台	高40cm	4,200,000	北京保利	2010.12.5
清乾隆 祭蓝釉胆瓶	高24cm	56,000	上海大众	2010.1.3
清嘉庆 天蓝釉螭龙夔凤纹倭角方瓶	高33cm	89,600	中鼎国际	2010.11.18
清嘉庆 霁蓝釉象耳琮式瓶	高29cm	224,000	北京永乐	2010.11.23
清嘉庆 祭蓝釉印花仿古豆	高24cm	201,600	北京保利	2010.12.6
清道光 蓝釉象耳方瓶	高29cm	98,560	中国嘉德	2010.3.20
清道光 霁蓝釉象耳方瓶	高29.1cm	91,840	北京翰海	2010.6.7
清中期 孔雀蓝釉如意耳扁瓶	高23.6cm	112,000	北京诚轩	2010.5.17
清中期 祭蓝釉双耳大瓶	高70cm	156,800	北京保利	2010.3.19
清同治 蓝釉象耳方瓶(一对)	高29.8cm	190,400	中国嘉德	2010.11.22

2010瓷器拍卖成交汇总

(成交价RMB：4万元以上)

拍品名称	尺寸	成交价RMB	拍卖公司	拍卖日期
清同治 霁蓝釉玉壶春瓶	高28.4cm	201,600	北京中汉	2010.11.22
清同治 霁蓝釉象耳方瓶	高30cm	42,560	长风拍卖	2010.6.22
清同治 霁蓝釉象耳琮式瓶	高28.7cm	67,200	十竹斋	2010.7.11
清同治 祭蓝釉象耳方瓶	高29.5cm	61,600	云南典藏	2010.4.25
清同治 祭蓝象耳琮式方瓶	高29.8cm	89,600	北京保利	2010.12.6
清同治 淡蓝釉小罐	高7.7cm	156,800	北京诚轩	2010.11.22
清光绪 天蓝釉长颈瓶	高24.5cm	53,760	长风拍卖	2010.6.22
清光绪 蓝釉兽面纹花觚	高27cm	61,600	北京保利	2010.10.23
清光绪 蓝釉贯耳瓶	高30.2cm	67,200	中国嘉德	2010.3.20
清光绪 蓝釉暗刻夔凤太白尊	高9cm	51,520	北京保利	2010.10.23
清光绪 霁蓝釉玉壶春	高29cm	168,000	辽宁中正	2010.10.31
清光绪 霁蓝釉象耳方瓶	高29cm	71,500	天津文物	2010.5.24
清光绪 霁蓝釉象耳方瓶	高29.5cm	66,000	天津文物	2010.5.24
清光绪 霁蓝釉象耳琮式瓶	高29.2cm	168,000	北京荣宝	2010.11.14
清光绪 霁蓝釉象耳琮式瓶	高30cm	168,000	北京荣宝	2010.11.14
清光绪 霁蓝釉象耳琮式瓶	高29cm	95,200	辽宁志和	2010.11.28
清光绪 霁蓝釉象耳琮式瓶	高29.3cm	78,400	北京永乐	2010.11.23
清光绪 霁蓝釉皮球花纹赏瓶	高39cm	187,000	天津文物	2010.11.21
清光绪 霁蓝釉马蹄碗(二件)	直径10.6cm	56,000	北京翰海	2010.12.12
清光绪 霁蓝釉贯耳方瓶	高31cm	201,600	北京荣宝	2010.11.14
清光绪 祭蓝釉象耳方瓶	高29cm	123,200	北京保利	2010.12.6
清光绪 祭蓝釉象耳方瓶	高29.5cm	112,000	北京保利	2010.6.5
清光绪 祭蓝釉双象耳琮式瓶	高29cm	76,160	辽宁中正	2010.4.18
清光绪 祭蓝釉贯耳瓶	高31cm	67,200	上海大众	2010.1.3
清 蓝釉荸荠瓶	高26cm	72,800	中国嘉德	2010.6.19
民国 天蓝釉仿古铜尊	高23cm	89,600	广州嘉德	2010.12.8
民国 霁蓝釉描金龙纹胆瓶	高33cm	88,000	天津瀚雅	2010.11.28
金釉				
清乾隆 紫金釉洒金如意菊瓣纹瓶	高24.5cm	89,600	西泠拍卖	2010.7.6
酱釉				
清雍正 酱釉盘(一对)	直径15.3cm×2	384,125	香港佳士得	2010.5.31
清乾隆 酱釉弦纹盘	直径17.1cm	280,000	福建拍卖	2010.6.21
清乾隆 酱釉碗(二件)	直径14cm	56,000	北京翰海	2010.12.12
民国 曾龙升款酱釉山子	高83.5cm	425,600	中国嘉德	2010.5.16
民国 酱釉开光青花花鸟兽耳尊	高30cm	47,040	北京保利	2010.10.23
窑变釉				
宋 窑变香熏炉	高16cm	67,200	老城隍庙	2010.11.6
清雍正 窑变釉铺首尊	高15.8cm	6,720,000	北京匡时	2010.6.6
清雍正 窑变釉梅瓶	高22cm	268,800	北京荣宝	2010.11.14
清雍正 窑变釉菱口洗	直径20.6cm	985,600	北京保利	2010.12.6
清雍正 窑变釉盖碗尊	高21.5cm	5,376,000	北京翰海	2010.12.11
清乾隆 窑变釉云耳瓶	高21.8cm	537,600	中国嘉德	2010.5.16
清乾隆 窑变釉云耳瓶	高22.4cm	336,000	中国嘉德	2010.6.19
清乾隆 窑变釉云耳瓶	高21.8cm	313,600	中国嘉德	2010.3.20
清乾隆 窑变釉云耳瓶	高22.3cm	78,400	中国嘉德	2010.3.20
清乾隆 窑变釉云耳瓶	高21.8cm	627,200	中国嘉德	2010.11.22
清乾隆 窑变釉云耳瓶	高21.8cm	313,600	中国嘉德	2010.11.22
清乾隆 窑变釉象耳大瓶	高44cm	61,600	谷云轩	2010.6.27
清乾隆 窑变釉弦纹瓶	高36.5cm	50,400	北京翰海	2010.6.7
清乾隆 窑变釉石榴尊(一对)	高19.8cm	1,736,000	北京匡时	2010.6.6
清乾隆 窑变釉石榴尊	高19.6cm	728,000	北京诚轩	2010.5.17
清乾隆 窑变釉石榴尊	高19cm	448,000	北京保利	2010.7.31
清乾隆 窑变釉石榴尊	高30cm	64,960	深圳市拍	2010.10.23
清乾隆 窑变釉赏瓶	高43cm	2,912,000	北京保利	2010.12.6
清乾隆 窑变釉花盆	直径27cm	42,560	北京保利	2010.3.19
清乾隆 窑变釉花口尊	高27.3cm	616,000	中国嘉德	2010.5.16
清乾隆 窑变釉花觚	高26.5cm	246,400	中国嘉德	2010.6.19
清乾隆 窑变釉蝴蝶耳尊	高41cm	3,136,000	中国嘉德	2010.5.16
清乾隆 窑变釉海棠式撇口花觚	高26.8cm	582,400	北京永乐	2010.11.23
清乾隆 窑变釉贯耳瓶	高30cm	358,400	北京翰海	2010.6.7
清乾隆 窑变釉贯耳瓶	高34cm	257,600	云南典藏	2010.4.25
清乾隆 窑变釉贯耳瓶	高30cm	87,360	中国嘉德	2010.5.16
清乾隆 窑变釉贯耳瓶	高30cm	313,600	北京翰海	2010.12.12
清乾隆 窑变釉贯耳方瓶	高30cm	313,600	北京匡时	2010.6.6
清乾隆 窑变釉贯耳方瓶	高31.5cm	235,200	福建拍卖	2010.1.10
清乾隆 窑变釉贯耳穿带瓶	高30cm	504,000	北京荣宝	2010.5.30
清乾隆 窑变釉瓜棱罐	高24cm	78,400	辽宁建投	2010.11.15
清乾隆 窑变釉胆瓶	高47.5cm	112,000	广州艺拍	2010.6.15
清乾隆 窑变釉胆瓶	高39cm	89,600	广州艺拍	2010.6.15

拍品名称	尺寸	成交价RMB	拍卖公司	拍卖日期
清乾隆 窑变釉胆瓶	高50.5cm	55,000	天津文物	2010.11.21
清乾隆 窑变釉长颈瓶	高51cm	129,600	天津文物	2010.5.24
清乾隆 窑变蒜头瓶	高33.4cm	156,800	中国嘉德	2010.11.22
清乾隆 窑变双耳尊	高22cm	184,800	北京翰海	2010.9.19
清乾隆 窑变贯耳瓶	高31.6cm	55,000	天津瀚雅	2010.11.28
清嘉庆 窑变釉石榴尊(官窑)	高19.2cm	217,800	天津鼎天	2010.6.20
清嘉庆 窑变釉石榴尊	高19cm	616,000	北京翰海	2010.6.7
清嘉庆 窑变釉贯耳方瓶	高30cm	168,000	北京保利	2010.6.5
清嘉庆 窑变贯耳瓶	高30.5cm	313,600	上海嘉泰	2010.9.27
清道光 窑变釉云耳瓶	高22.5cm	392,000	北京永乐	2010.11.23
清道光 窑变釉石榴尊(一对)	高19.3cm	694,400	北京匡时	2010.12.4
清道光 窑变釉石榴尊	高19cm	224,000	北京保利	2010.6.5
清道光 窑变釉石榴尊	高19.5cm	280,000	辽宁建投	2010.11.15
清道光 窑变釉花口六棱尊	高20cm	168,000	辽宁中正	2010.4.18
清道光 窑变釉贯耳瓶	高29.5cm	246,400	中国嘉德	2010.3.20
清道光 窑变釉贯耳瓶	高29.8cm	56,000	中国嘉德	2010.6.19
清道光 窑变釉贯耳瓶	高30cm	212,800	北京诚轩	2010.11.22
清道光 窑变釉贯耳方瓶	高30cm	313,600	北京保利	2010.6.5
清咸丰 窑变釉贯耳瓶	高30cm	537,600	中国嘉德	2010.11.22
清咸丰 窑变釉贯耳瓶	高30cm	313,600	中国嘉德	2010.11.22
清同治 窑变釉贯耳瓶	高30cm	313,600	北京翰海	2010.12.12
清同治 窑变釉贯耳瓶	高30.6cm	117,600	中国嘉德	2010.11.22
清光绪 窑变釉贯耳尊	高32cm	78,400	长风拍卖	2010.6.22
清光绪 窑变釉贯耳瓶(一对)	高30cm	347,200	中国嘉德	2010.11.22
清光绪 窑变釉贯耳瓶	高30cm	140,000	辽宁中正	2010.4.18
清光绪 窑变釉贯耳瓶	高29.5cm	112,000	上海大众	2010.1.3
清光绪 窑变釉贯耳瓶	高30cm	91,840	北京保利	2010.3.19
清光绪 窑变釉贯耳瓶	高30cm	89,600	北京翰海	2010.6.7
清光绪 窑变釉贯耳瓶	高30cm	89,600	北京翰海	2010.6.7
清光绪 窑变釉贯耳瓶	高30.1cm	246,400	北京翰海	2010.12.12
清光绪 窑变釉贯耳瓶	高30.5cm	201,600	北京翰海	2010.12.12
清光绪 窑变釉贯耳瓶	高30cm	179,200	北京保利	2010.10.23
清光绪 窑变釉贯耳瓶	高30.5cm	89,600	中国嘉德	2010.11.22
清光绪 窑变釉贯耳方瓶	高30cm	123,200	北京保利	2010.3.19
清光绪 窑变釉贯耳方瓶	高30cm	89,600	中鸿信	2010.3.28
清光绪 窑变釉贯耳方瓶	高30cm	212,800	北京荣宝	2010.11.14
清光绪 窑变釉穿带瓶	高30cm	123,200	北京保利	2010.6.5
清光绪 窑变穿带瓶	高30cm	201,600	北京翰海	2010.1.21
清光绪 窑变穿带瓶	高30.5cm	190,400	北京翰海	2010.9.19
清 窑变釉尊	高12.5cm	89,600	北京保利	2010.10.23
清 窑变加彩天球瓶	高37cm	61,600	辽宁建投	2010.11.15
清 窑变贯耳瓶	高31cm	53,760	雍和嘉诚	2010.6.3
炉钧釉				
清雍正 炉钧釉渣斗	高8.5cm	67,200	辽宁建投	2010.11.15
清雍正 炉钧釉双耳香炉	直径15cm	336,000	北京匡时	2010.12.4
清雍正 炉钧釉盘口菊瓣纹瓶	高23.3cm	336,000	深圳市拍	2010.6.12
清雍正 炉钧孔雀毛釉双耳香炉	高16cm	1,703,320	香港佳士得	2010.5.31
清乾隆 炉钧釉小天球瓶	高14.8cm	50,400	中国嘉德	2010.11.22
清乾隆 炉钧釉蒜头瓶	高40cm	1,100,000	天津瀚雅	2010.11.28
清乾隆 炉钧釉盘	直径18cm	44,800	辽宁中正	2010.4.18
清乾隆 炉钧釉梅瓶	高12cm	56,000	朵云轩	2010.12.17
清乾隆 炉钧釉菱口三足洗	直径15cm	58,240	中国嘉德	2010.5.16
清乾隆 炉钧釉灵芝九如花插	高19cm	3,360,000	北京保利	2010.12.6
清乾隆 炉钧釉贯耳瓶	高30cm	448,000	四川嘉禾	2010.7.25
清乾隆 炉钧釉观音瓶	高18cm	72,800	北京匡时	2010.12.4
清乾隆 炉钧釉各式小瓶(一组)	尺寸不一	896,000	北京匡时	2010.12.4
清乾隆 炉钧釉各式小瓶(三件)	尺寸不一	134,400	上海大众	2010.1.3
清乾隆 炉钧釉灯笼瓶	高23.5cm	913,120	香港佳士得	2010.5.31
清乾隆 炉钧双耳瓶	高31.3cm	470,400	北京匡时	2010.12.4
清乾隆 炉均釉洗口瓶	高15.6cm	61,600	朵云轩	2010.12.17
清道光 炉钧釉灯笼瓶	高23cm	168,000	中国嘉德	2010.11.20
清光绪 炉钧釉碗(一对)	直径16.2cm	56,000	上海新华	2010.9.5
清 炉钧釉雕瓷梅花纹文具	尺寸不一	49,500	天津文物	2010.5.24
清 炉钧釉无量寿三世佛	高39cm	61,600	广东古今	2010.6.20
清 炉钧釉铺兽耳壶	高23.5cm	42,560	北京纳高	2010.7.15
清 炉钧釉九芝如意	长26.5cm	67,200	北京诚轩	2010.5.17
清 炉钧釉瓷塑佛像	高55cm	134,400	中国嘉德	2010.11.22

拍品名称	尺寸	成交价RMB	拍卖公司	拍卖日期
清 炉均釉龙耳尊	高31.2cm	134,400	北京翰海	2010.12.12
仿官釉				
明 官窑花口盏	直径22cm	89,600	北京保利	2010.10.23
清初 仿官窑山子	长15.7cm	61,600	西泠拍卖	2010.12.14
清早期 仿官釉贯耳瓶	高29.3cm	69,440	北京翰海	2010.6.7
清雍正 仿官釉弦纹贯耳瓶	高27.7cm	1,680,000	北京诚轩	2010.5.17
清雍正 仿官釉五孔瓶	高27.5cm	436,800	中国嘉德	2010.3.20
清雍正 仿官釉花口洗	直径21.5cm	403,200	北京保利	2010.12.6
清雍正 仿官釉瓜形鸟食罐	长4.5cm	67,200	北京保利	2010.6.5
清雍正 仿官釉抱月瓶	高56cm	1,456,000	深圳市拍	2010.6.12
清雍正 仿官釉棒槌瓶	高16.8cm	616,000	北京匡时	2010.6.6
清乾隆 仿官釉御题诗文双耳炉	直径15cm	459,200	北京保利	2010.10.23
清乾隆 仿官釉印泥盒	直径7.8cm	42,560	中国嘉德	2010.5.16
清乾隆 仿官釉小水盂	直径8.5cm	89,600	北京保利	2010.6.5
清乾隆 仿官釉小水洗	直径9cm	84,000	北京保利	2010.6.5
清乾隆 仿官釉象耳双联瓶	高15.2cm	123,200	北京纳高	2010.7.15
清乾隆 仿官釉象耳双联瓶	高15.2cm	89,600	中拍国际	2010.11.27
清乾隆 仿官釉天球瓶	高33cm	106,400	中拍国际	2010.11.27
清乾隆 仿官釉双耳尊	高32.7cm	8,960,000	中国嘉德	2010.11.21
清乾隆 仿官釉双耳尊	高27cm	78,400	北京保利	2010.10.23
清乾隆 仿官釉兽耳海棠瓶	高31.5cm	201,600	中拍国际	2010.6.19
清乾隆 仿官釉三羊尊	高31.5cm	840,000	北京匡时	2010.6.6
清乾隆 仿官釉盘口铺首尊	高26cm	112,000	北京保利	2010.12.6
清乾隆 仿官釉盘口瓶	高21cm	134,400	广州嘉德	2010.6.16
清乾隆 仿官釉六方象耳瓶	高42.8cm	179,200	中国嘉德	2010.12.18
清乾隆 仿官釉六方瓶	高47cm	1,176,000	北京翰海	2010.6.7
清乾隆 仿官釉贯耳瓶	高31.3cm	616,000	北京中汉	2010.5.18
清乾隆 仿官釉贯耳方瓶	高31cm	1,120,000	北京保利	2010.6.5
清乾隆 仿官釉贯耳八方小壶	高14cm	598,400	香港苏富比	2010.4.8
清乾隆 仿官釉鼓式罐	高15.8cm	268,800	北京匡时	2010.6.6
清乾隆 仿官釉方瓶	高39cm	112,000	北京保利	2010.7.31
清乾隆 仿官釉大天球瓶	高72.6cm	9,856,000	北京九歌	2010.6.22
清乾隆 仿官釉八方贯耳小瓶	高14cm	560,000	北京保利	2010.12.6
清乾隆 仿官窑双耳六方瓶	高43cm	123,200	上海大众	2010.1.3
清乾隆 仿官贯耳方瓶	高36cm	50,400	北京匡时	2010.6.6
清嘉庆 仿官釉瓜棱弦纹瓶	高22cm	1,075,200	北京翰海	2010.6.7
清同治 仿官釉贯耳瓶	高31cm	190,400	北京保利	2010.12.6
清同治 仿官釉八卦琮式瓶	高28cm	246,400	北京翰海	2010.6.7
清同治 仿官窑琮式瓶	高30cm	168,000	雍和嘉诚	2010.12.3
清光绪 仿官釉琮式瓶	高28cm	44,800	中国嘉德	2010.11.22
清18世纪 仿官釉笔山	宽16.2cm	71,338	香港佳士得	2010.5.31
清 仿宋官窑水洗	直径8cm	56,000	西泠拍卖	2010.7.6
清 仿官釉三羊尊	高35.5cm	134,400	北京翰海	2010.9.19
清 仿官釉花盆	长21.7cm	80,640	中国嘉德	2010.3.20
清 仿官釉贯耳尊	高18.5cm	537,600	辽宁中正	2010.1.10
民国 仿官釉贯耳胆式瓶	高33cm	56,000	北京保利	2010.10.23
叶宏明 仿官窑坐莲观音	高45.3cm	145,600	深圳市拍	2010.6.12
叶宏明 仿官窑贯耳瓶	高34.3cm	190,400	深圳市拍	2010.6.12
叶宏明 仿官窑大盘	直径50.7cm	1,120,000	深圳市拍	2010.6.12
叶宏明 仿官窑大方口瓶	高39cm	425,600	深圳市拍	2010.6.12
仿哥釉				
明 哥釉羽觞	宽10.2cm	672,000	中国嘉德	2010.11.21
明 哥窑印池	长5.8cm	560,000	中国嘉德	2010.5.16
明 哥窑印池	长4.5cm	67,200	浙江一通	2010.9.5
明 哥窑乳足水盂	11cm×6cm	42,560	陕西诚挚	2010.9.26
清雍正 仿哥釉弦纹瓶	高18.6cm	4,368,000	北京诚轩	2010.5.17
清雍正 仿哥釉弦纹瓶	高18.5cm	3,319,600	香港佳士得	2010.12.1
清雍正 仿哥釉弦纹长颈扁肚花瓶	高26cm	280,000	福建拍卖	2010.6.21
清雍正 仿哥釉牺耳尊	高47cm	504,000	中国嘉德	2010.9.18
清雍正 仿哥釉三足洗	宽16cm	3,113,200	香港佳士得	2010.12.1
清雍正 仿哥釉三足洗	长21.7cm	220,000	天津文物	2010.5.24
清雍正 仿哥釉贯耳瓶	高47cm	190,400	福建拍卖	2010.6.21
清雍正 仿哥釉钵式洗	直径14.5cm	257,600	广州嘉德	2010.6.16
清乾隆 仿哥釉小水丞	宽5.8cm	42,560	中国嘉德	2010.5.16
清乾隆 仿哥釉小贯耳尊	高14cm	91,840	中国嘉德	2010.5.16

拍品名称	尺寸	成交价RMB	拍卖公司	拍卖日期
清乾隆 仿哥釉铁锈花兽耳盘口瓶	高36.5cm	50,400	中拍国际	2010.6.19
清乾隆 仿哥釉双耳尊	高25.5cm	76,160	中国嘉德	2010.9.18
清乾隆 仿哥釉双耳香炉	高9cm	87,360	中国嘉德	2010.5.16
清乾隆 仿哥釉三羊开泰尊	高33cm	537,600	福建拍卖	2010.6.21
清乾隆 仿哥釉瓶	高15.4cm	160,000	深圳市拍	2010.6.12
清乾隆 仿哥釉盘口瓶	高20.5cm	179,200	中国嘉德	2010.11.22
清乾隆 仿哥釉盘口八棱瓶	高21.4cm	1,400,000	北京诚轩	2010.5.17
清乾隆 仿哥釉六方贯耳瓶	高52cm	2,912,000	北京保利	2010.12.6
清乾隆 仿哥釉葵花式三足洗	直径22.5cm	3,113,200	香港佳士得	2010.12.1
清乾隆 仿哥釉贯耳瓶	高31cm	212,800	云南典藏	2010.4.25
清乾隆 仿哥釉贯耳瓶	高30cm	201,600	中国嘉德	2010.12.18
清乾隆 仿哥釉贯耳方瓶	高31cm	884,800	北京匡时	2010.6.6
清乾隆 仿哥釉浮雕"缠枝花卉"洗	长12.7cm	176,000	香港苏富比	2010.4.8
清乾隆 仿哥釉灯笼瓶	高23.8cm	123,200	中国嘉德	2010.9.18
清乾隆 仿哥釉琮式瓶	高29cm	403,200	中国嘉德	2010.11.22
清乾隆 仿哥釉琮式瓶	高28.5cm	134,400	中国嘉德	2010.11.22
清乾隆 仿哥釉壁瓶	高28.2cm	44,800	中国嘉德	2010.6.19
清道光 哥窑八卦纹琮式瓶	高28cm	134,400	辽宁中正	2010.10.31
清道光 仿哥釉喜上眉梢铺首瓶	高51cm	89,600	广州艺拍	2010.6.15
清道光 仿哥釉琮式瓶	高27.7cm	560,000	中国嘉德	2010.11.22
清道光 仿哥釉琮式瓶	高28cm	268,800	北京荣宝	2010.11.14
清道光 仿哥釉琮式瓶	高28cm	91,840	中国嘉德	2010.3.20
清中期 仿哥釉双耳炉	高8.4cm	134,400	北京中汉	2010.5.18
清同治 仿哥釉琮式瓶	高27.8cm	44,800	中国嘉德	2010.3.20
清 仿哥釉双耳瓶	高20cm	89,600	上海工美	2010.11.4
清 仿哥釉铺首尊	高31.7cm	58,240	中国嘉德	2010.3.20
陈先明 哥窑斗笠碗	25cm×36.5cm	56,000	北京保利	2010.12.5
仿汝釉				
清雍正 仿汝釉三管抱月瓶	高53cm	2,318,400	福建拍卖	2010.6.21
清雍正 仿汝釉如意耳尊	高23cm	1,344,000	北京荣宝	2010.11.14
清雍正 仿汝釉贯耳方瓶	高48.5cm	3,136,000	北京翰海	2010.6.7
清乾隆 仿汝釉纸槌瓶	高14cm	145,600	广州嘉德	2010.6.16
清乾隆 仿汝釉折肩贯耳尊	高52.8cm	1,597,960	香港佳士得	2010.5.31
清乾隆 仿汝釉鱼篓尊	高29.8cm	14,560,000	北京翰海	2010.12.11
清乾隆 仿汝釉摇铃樽	高14cm	145,600	福建拍卖	2010.1.10
清乾隆 仿汝釉小天球瓶	高14.4cm	56,000	深圳市拍	2010.6.12
清乾隆 仿汝釉双牺耳尊	高34.5cm	2,016,000	北京保利	2010.12.5
清乾隆 仿汝釉双耳方杯	宽9.3cm	84,000	中国嘉德	2010.5.16
清乾隆 仿汝釉三羊弦纹尊	高32cm	5,488,000	北京荣宝	2010.11.14
清乾隆 仿汝釉盘口八方瓶	21.3cm	2,024,000	香港苏富比	2010.4.8
清乾隆 仿汝釉六方瓶	高33.6cm	439,000	香港佳士得	2010.5.31
清乾隆 仿汝釉葵口洗	直径20.5cm	1,568,000	北京歌德	2010.11.19
清乾隆 仿汝釉贯耳小方瓶	高14cm	515,200	北京荣宝	2010.3.14
清乾隆 仿汝釉贯耳瓶	高41.8cm	3,136,000	北京九歌	2010.6.22
清乾隆 仿汝釉贯耳方壶	高38.8cm	3,629,200	香港佳士得	2010.12.1
清乾隆 仿汝釉凤眼炉	直径9.5cm	392,000	四川嘉禾	2010.7.25
清乾隆 仿汝釉大碗	直径35.5cm	392,000	中国嘉德	2010.3.20
清乾隆 仿汝釉螭龙捧寿双耳扁瓶	高20.2cm	112,000	北京纳高	2010.7.15
清乾隆 仿汝窑太白尊	高32cm	336,000	福建拍卖	2010.1.10
清嘉庆 仿汝釉八方瓶	高32.5cm	392,000	中国嘉德	2010.5.16
仿木釉				
清雍正 仿木纹釉鱼浅	长60.5cm	1,008,000	北京诚轩	2010.11.22
清雍正 仿木纹釉洗	直径36.5cm	672,000	北京保利	2010.12.6
清乾隆 仿木釉金里碗	直径23.2cm	156,800	北京翰海	2010.6.7
清乾隆 仿木釉笔筒	高16cm	425,600	北京保利	2010.6.5
清乾隆 仿木纹釉撇口碗	直径12.9cm	123,200	中国嘉德	2010.5.16
清乾隆 仿木纹釉开光诗文双螭耳斗杯	直径11cm	224,000	中拍国际	2010.6.19
清嘉庆 仿木纹釉料彩苍龙教子镗锣洗	直径16cm	42,560	广州嘉德	2010.12.8
清 木釉碗	直径13.5cm	89,600	中国嘉德	2010.6.19
民国 仿木釉花盆(一对)	直径14.3cm	56,000	中国嘉德	2010.3.20
仿古铜釉				
清乾隆 仿古铜洒金釉炉	长14cm	918,400	北京保利	2010.12.6
清乾隆 仿古铜釉点金银纹饰印盒	直径6.5cm	448,000	北京翰海	2010.12.12
清乾隆 古铜釉花觚	高14cm	380,800	北京保利	2010.10.23
仿石釉				
清雍正 仿花石釉小杯	直径5.5cm	89,600	雍和嘉诚	2010.12.3
清乾隆 仿石釉笔筒	高10cm	336,000	北京保利	2010.12.6

2010瓷器拍卖成交汇总

(成交价RMB：4万元以上)

拍品名称	尺寸	成交价RMB	拍卖公司	拍卖日期
清乾隆 唐英制仿石釉题诗小笔筒	高9cm	2,072,000	北京保利	2010.12.5
铁锈釉				
清 铁锈釉海棠瓶(一对)	高55cm	112,000	北京保利	2010.12.6
茄皮紫釉				
清康熙 茄皮紫釉暗刻云龙纹盘	直径24.7cm	257,600	北京翰海	2010.12.12
清康熙 茄皮紫釉暗刻云龙纹盘	直径25cm	515,200	上海崇源	2010.7.31
清雍正 茄皮紫釉暗刻八宝纹盘	直径11.3cm	44,800	中国嘉德	2010.9.18
清雍正 茄皮紫兽首尊	高27cm	649,600	长风拍卖	2010.6.22
清雍正 浅茄皮紫釉暗刻缠枝石榴纹盘	直径11.5cm	100,800	中拍国际	2010.6.19
清乾隆 茄皮紫釉蒜头瓶(一对)	高24.5cm	7,840,000	北京保利	2010.12.5
清乾隆 茄皮紫釉花觚(一对)	高23.7cm	145,600	中国嘉德	2010.6.19
清乾隆 茄皮紫天球瓶	高14.5cm	50,400	雍和嘉诚	2010.12.3
清乾隆 茄皮紫梅瓶	高22.5cm	448,000	北京保利	2010.6.5
清乾隆 茄皮紫龙纹盘	直径19cm	53,760	北京保利	2010.3.19
茶叶末釉(厂官釉)				
清雍正 茶叶末釉双耳炉	宽19cm	425,600	中国嘉德	2010.5.16
清雍正 茶叶末旋纹洗口瓶	高30cm	560,000	云南典藏	2010.4.25
清乾隆 蟹甲青双耳圈足炉	高12cm	313,600	北京翰海	2010.9.19
清乾隆 鳝鱼青釉扁瓶	高32.2cm	280,000	北京翰海	2010.6.7
清乾隆 鳝鱼黄荸荠瓶	高22cm	56,000	辽宁志和	2010.11.28
清乾隆 厂官釉仿铜式炉	宽12.5cm	91,840	中国嘉德	2010.5.16
清乾隆 茶叶末釉尊	高33cm	132,000	天津瀚雅	2010.11.28
清乾隆 茶叶末釉羊首尊	高26cm	3,136,000	中国嘉德	2010.5.16
清乾隆 茶叶末釉小胆瓶	高11.9cm	80,640	中国嘉德	2010.5.16
清乾隆 茶叶末釉弦纹大鸠耳双环尊	高46cm	6,720,000	北京永乐	2010.11.23
清乾隆 茶叶末釉水盂	高7.5cm	201,600	北京保利	2010.12.6
清乾隆 茶叶末釉双龙耳汉壶尊	高51.4cm	7,056,000	北京匡时	2010.12.4
清乾隆 茶叶末釉双耳炉	宽8cm	50,400	北京保利	2010.7.31
清乾隆 茶叶末釉如意瓶	高21cm	100,800	中翰清花	2010.12.12
清乾隆 茶叶末釉如意耳尊	高18cm	19,040,000	北京翰海	2010.6.7
清乾隆 茶叶末釉如意耳尊	高18.1cm	10,640,000	中国嘉德	2010.5.15
清乾隆 茶叶末釉盘口瓶	高44cm	56,100	天津文物	2010.11.21
清乾隆 茶叶末釉梅瓶	高25cm	60,000	金仕德	2010.5.19
清乾隆 茶叶末釉鸠耳尊	高46cm	728,000	北京九歌	2010.6.22
清乾隆 茶叶末釉海棠式象耳小尊	高15.8cm	67,200	北京保利	2010.6.5
清乾隆 茶叶末釉贯耳六方壶	高45.4cm	4,030,400	香港苏富比	2010.4.8
清乾隆 茶叶末釉长颈撇口瓶	高21cm	896,000	北京保利	2010.6.5
清乾隆 茶叶末釉荸荠瓶	高32.4cm	560,000	中国嘉德	2010.5.16
清乾隆 茶叶末釉荸荠瓶	高33cm	481,600	北京诚轩	2010.11.22
清乾隆 茶叶末釉荸荠瓶	33cm	451,000	天津文物	2010.11.21
清乾隆 茶叶末釉荸荠瓶	高32.1cm	224,000	中国嘉德	2010.11.22
清乾隆 茶叶末釉荸荠扁瓶	高34cm	369,600	北京保利	2010.12.6
清乾隆 茶叶末釉荸荠扁瓶	高33cm	352,000	天津瀚雅	2010.11.28
清乾隆 茶叶末釉卧牛摆件	长17cm	180,000	金仕德	2010.5.19
清乾隆 茶叶末花觚	高31cm	42,560	上海新华	2010.9.5
清嘉庆/道光 茶叶末釉高足碗(一对)	高17.9cm	123,200	北京永乐	2010.11.23
清嘉庆 茶叶末釉扁瓶	高32.5cm	235,200	北京翰海	2010.12.12
清道光 鳝鱼黄釉扁瓶	高32.7cm	324,800	北京翰海	2010.6.7
清道光 茶叶末釉荷叶形笔洗	长11cm	72,800	北京纳高	2010.7.15
清道光 茶叶末釉高足杯	高8.5cm	47,040	中国嘉德	2010.5.16
清道光 茶叶末釉扁瓶	高31.8cm	504,000	北京翰海	2010.12.12
清道光 茶叶末釉荸荠瓶	高33cm	95,200	北京纳高	2010.7.15
清咸丰 鳝鱼黄釉双耳炉	宽29cm	89,600	中国嘉德	2010.11.20
清光绪 鳝鱼黄釉贯耳瓶	高30.5cm	242,000	天津文物	2010.5.24
清光绪 鳝鱼黄釉扁瓶	高32.8cm	280,000	北京翰海	2010.12.12

拍品名称	尺寸	成交价RMB	拍卖公司	拍卖日期
清光绪 鳝鱼黄釉荸荠扁瓶	高33cm	179,200	北京九歌	2010.6.22
清光绪 鳝鱼黄荸荠瓶	高33.5cm	224,000	雍和嘉诚	2010.6.3
清光绪 茶叶末釉贯耳瓶	高33cm	84,000	长风拍卖	2010.6.22
清光绪 茶叶末釉贯耳方瓶	高30cm	179,200	北京保利	2010.6.5
清光绪 茶叶末釉扁瓶	高32cm	56,000	上海大众	2010.1.3
清光绪 茶叶末釉荸荠瓶	高32cm	76,160	上海国拍	2010.6.26
清光绪 茶叶末釉荸荠瓶	高32cm	165,000	天津文物	2010.11.21
清光绪 茶叶末釉荸荠瓶	高32.5cm	154,000	天津文物	2010.11.21
清光绪 茶叶末釉荸荠瓶	高32cm	56,000	中国嘉德	2010.3.20
清光绪 茶叶末釉荸荠瓶	高32cm	42,560	中国嘉德	2010.3.20
清末 茶叶末釉双象耳瓶	高31cm	61,600	北京保利	2010.10.23
清 茶叶末釉山形笔架	长14.3cm	50,400	北京纳高	2010.7.15
清 茶叶末釉三足双耳炉	直径39cm	40,000	金仕德	2010.5.19
清 茶叶末釉三系三足花插(一对)	高13.5cm	212,800	北京中嘉	2010.5.9
清 茶叶末釉贯耳尊	高44cm	168,000	上海嘉泰	2010.9.27
19世纪 鳝鱼黄铺首衔环尊	高52cm	840,000	上海嘉泰	2010.4.20
民国 茶叶末釉开光人物纹双耳瓶(一对)	高21.2cm	189,200	香港淳浩	2010.11.27
民国 茶叶末釉花觚	高16.5cm	179,200	北京保利	2010.10.23
其他色釉				
清乾隆 仿漆釉菊瓣盘	直径16.7cm	616,000	北京诚轩	2010.11.22
清嘉庆 仿雕漆釉锦地寿字盖碗	直径11.5cm	44,800	北京翰海	2010.12.12
李菊生 避邪驱恶 高温颜色釉瓷板	57cm×40cm	1,064,000	中国嘉德	2010.11.20
反瓷				
清道光 素胎雕瓷山水纹笔筒	高13cm	78,400	广州艺拍	2010.6.15
清 生瓷雕龙纹皇罗伞盖置筒供瓶	高125cm	168,000	上海嘉泰	2010.4.20
清乾隆 浆胎琮式八卦小瓶	高8.8cm	168,000	北京翰海	2010.6.7